语文品质谈

王尚文　著

华东师范大学出版社

目　录

序

傅惠钧

尚文先生写作本书较为直接的诱因，是有感于当下国民语文品质方面存在的问题。他说："现在语文世界（包括各种媒体、广告、杂志、论著等）语病之多，说是'满目疮痍'也不为过。""在教育领域，连关系到多少年轻人命运的高考语文试卷的题目也出现了不少语病，不能不让人感到触目惊心！"而我们的语文课堂却是"泛语文"甚至"非语文"泛滥成灾！作为一名语文教育学者，责任驱使着他不辞年迈继续提笔！

尚文先生对当下语文世界"语文品质"问题的评论并非危言耸听。别的不说，高等学府应该是最能代表一个国家的语文水平的。可是，当下的许多高校，语文问题触目皆是！一篇学位论文，第一句话就是错句；教室里的励志标语，竟话语不通、错字连连；打开网页，三五分钟就能发现语病；甚至有些红头文件也会表意不清以至影响执行。这些都是事实！语文教材则更应是优秀语文品质的代表。但事实上也不容乐观。前一阶段，因为一项研究的需要，我通读了当下的中小学语文课本，发现其中语文品质欠佳甚至话语不通的现象并不少见。比如下面的表达：

> 弄清这两个概念，很有必要，因为文化传统与传统文化并不一样，两者差别之大，几乎可以跟蜜蜂和蜂蜜的差别相媲美。（《传统文化与文化传统》，苏教版高中《语文》必修三，2008年第4版）

"媲美"的意思是"美（好）的程度差不多；比美"（《现代汉语词典》第6版），这里是说"文化传统"与"传统文化"在内涵上的差别之大，犹如"蜜蜂"和"蜂蜜"的差别一般，谈何"比美"！再如：

> 现在想来，才感觉到母亲的情感的丰富，并觉得她讲的故事能那样地感动着妹仔，如果母亲生在现在，有机会把自己造成一个教员，必可成为一个循循善诱的良师。（《我的母亲》，苏教版初中《语文》八年级上，2009年第6版）

此例"她讲的故事"，邹韬奋原文作"她的讲故事"。"的"的位置移动一个字，含义却大不相同！"她的讲故事"，主谓之间加上"的"，其功能由述谓变成了指称，整个结构具有了名词性特征，充当句子的主语，但尽管如此，由于其中心语"讲故事"是谓词结构，本身仍保留着动态性特征，因而整个结构指的是她讲故事这件事情，包括故事的内容，她讲故事的方式、情态等等，而不是仅指"她讲的故事"。"感动着妹仔"的应是"她的讲故事"，下文"必可成为一个循循善诱的良师"的推想，也正与此相呼应。课文改作"她讲的故事"，变成了只是故事的内容感动了妹仔，这样，下文的推想也就没有了依据。这个改动显然是失败的！

下面的例子，问题表现得隐蔽一些：

　　铁罐说，"走着瞧吧，总有一天，我要把你碰成碎片！"（《陶
罐和铁罐》，人教版小学《语文》三年级上，2003年第1版）

此例黄瑞云原文作："铁罐说，'我们走着瞧吧，总有一天，你要变成
碎片的！'""你要变成碎片的！"是一般主谓句；"我要把你碰成碎
片！"是处置式。原文的表达"你"是主语，结果是"你"自己导致
的，课文的表达"我"是主语，"你"则成了动作处置的对象，结果
是"我"导致的。分析全文，可以看出，作者想表达的是：物各有
所长，不能以己之所长比人之所短。（原文末尾有点题句："用自己的
强点比人家的弱点是不应该的，人家也会有比你强的地方。"）铁罐
是个傲慢的形象，自矜坚硬耐碰，恣意轻蔑、奚落陶罐，只见陶罐
容易破碎的弱点，无视其实用耐蚀的长处。作者只是在对比之中突
出铁罐的傲慢与偏见。从行文主旨看，无意强化铁罐对于陶罐的仇
恨之意。前文说："要不了几天，你就会破成碎片，我却永远在这里，
什么也不怕。"主语就是"你"，"破成碎片"也非他动所致。上引话
语进一步强化了这层意思。从教育的角度看，编者这样处理，对于
培养学生健康、积极的情感与价值观，也没有好处。因而，课文的
改动同样是失败的！

　　此类例子，还可以举出很多。说当下语文教材的语文品质尚待
提高，该不是虚妄之言。教材尚且如此，其他读物可想而知！

　　当年吕叔湘、朱德熙先生写作《语法修辞讲话》，是有感于当时
的报纸、杂志、书籍甚至政府文件"在语言方面存在着许多不能容
忍的混乱状况"，目的在于"匡谬正俗"，其影响及于几代人的语文
生活。尚文先生写作本书，在提升国民语文品质方面，接力吕、朱
二位先生，只是二位先生主要着力于语言本身，而尚文先生在重视
语言本身之外，主要把目标指向了教育。

有人问尚文先生：关于语文教育您影响较大的观点被同行归纳为三个关键词，即"人文""语感""对话"，现在为何又要开启"语文品质"的话题？这个问题，涉及尚文先生语文教育思想的发展。可以说，关于语文品质问题的见解，是其语文教育思想逻辑发展的结果，对于其语文教育思想体系的完善具有重要的意义。对此，书中《从语感到"语文品质"》等篇中已作出相应的回答。不过我们还可以从"新语文学"构建的角度来认识。鉴于基础教育中的各门课程都有自己可靠的学科支撑，唯独"语文"没有一门与之相应的"语文学"的支撑，尚文先生曾建议"建设一门新的语文学"，并认为这门学问"是基于汉语语言学、语言美学、哲学解释学的'言语学'"。尽管尚文先生没有着意去构拟这样一门"新语文学"，但是，在我看来，他的"语感论"和"语文品质论"，就是"新语文学"或说是"王氏新语文学"的两个重要支点。以"人的言语活动"为对象，语感立足于言语主体，语文品质对应于言语形式，这是语用研究的两个重要视角。它们互相联系、互为补充。当然，"新语文学"是一个大话题，内容自然也不止这些，尚文先生也有其他方面的论述，但本书的研究显然是其中重要的部分。

从语言学视角来看，尚文先生的语文教育研究有个显著的特点，即通过开拓语言研究的新领域来定位语文学科的对象范围与研究重点，从而解决当下最为关键也是急需解决的语文问题。而正是这种努力，使得他的语文教育研究更具引领的作用。

百年现代语文，经历了一个由义理中心向语言中心的转变，这是历史的进步。在这一转变过程中，不可否认，我国的语文教育受到了语言研究整体偏向的影响和制约。20世纪的语言学研究，在世界范围内都受到索绪尔学说的影响，重心在"语言的语言学"，重点关注的是语言的结构系统，我国也是如此。直到70年代末，语用研究、语言功能研究才渐渐引起重视。叶老关于"语文"是口头语言和书面语言的阐释，尽管也有学者理解为"口头使用的语言"和"书面使用的语言"，但语文界似乎多自觉不自觉地将"语文"定位为索绪尔"语言的语言学"研究的对象，即"语言"。这一逻辑起点，使"语文是工具""语文课是工具课"的认识成了语文界的主流。语文及语文课程的这种取向，原因是多方面的，但跟语言研究长期忽视语用的整体背景不无关系。上世纪 80 年代以来，语用研究、语言功能研究等有了长足的进展，也引起了不少语文教育研究者的重视。应该说，新时期的语文教改产生于这一阶段，从语言研究的角度看，也不是偶然的。尚文先生的语文教育理论构建，正是在这一语言研究背景下展开的。对于语文学科的性质，他从对工具论的批判中亮出了人文论的主张。"人"对语言的感知、理解和运用，或者说"人的言语活动"，成了他的语文教育理论构建的基础。为此，他向语言学寻求支持，事实上他的研究也借鉴了这一阶段的语用研究、语言功能研究以及语言哲学研究的成果。但他认识到，语文教学的牛鼻子在于"语感"培养，而国内语言研究中，这方面尽管有学者已经注意到，但却尚无系统成果可供借鉴，于是他下决心自己开拓。《语感论》就是这样诞生的。我以为，与其说《语感论》是一部教学论专著，不如说它首先是一部语言学著作。"语感论"的提出，对于改变"知识中心"的教学取向，起到了关键作用，促使新时期语文教改的核心转向得以实现。

在语文教改经历学科性质大讨论之后，"人文"的钟摆偏离了轨道，语文界出现了离开语文讲人文的"泛语文"甚至"非语文"现象，而且相当严重。尚文先生在呼吁"紧紧抓住语文的缰绳"的同时，也在反思自己构建的语文教育理论体系。他意识到"语感属于人的主观感知层面、精神层面，说起来觉得比较抽象，甚至似乎还有点神秘，难以捉摸"，在操作层面也难免有些"隔"。为了进一步促成向语文教育本体价值的回归，纠正"泛语文""非语文"现象，他提出了"语文品质"的概念。他认为，语文品质"是语感在言语作品中的对象化"，有了语文品质的视角，语感的把握便有了切实的抓手。

而"语文品质"，同样是一个语言学课题。尽管不像"语感"研究那般完全需要拓荒，其相关研究从不同的学科和不同学者的著作中或有所见，但作为一个独立的研究对象，学界尚未进行过系统研究，因而同样具有开创的意义。作者从语文品质的对象、范围与本质特征，衡量语文品质的标准，言语形式与语文品质的关系，语文品质论的学术遗产，语文品质与语文课程的关系等多个角度作了较为系统的论述。尤其是在本书的第一部分中为我们构建了一个衡量语文品质优劣高下的标准体系。这个体系包括了两个层次，即"基本要求"和"审美层次"。关于基本要求，有四个方面：就文章本身字词句段之间的关系而言，是"清通"；就文章与外部世界的关系而言，首先是"适切"，指文章表达的意涵与作者的言语意图要贴合，其次是"准确"，指文章所表达的与表达对象的实际情况要一致，第三是"得体"，指文章的语气、言语色彩等要契合文章作者与读者的真实关系。关于审美层次，则包括洁净美、情态美、节奏美等。在一般语言运用领域中，受毛泽东倡导的影响，衡量语言表达的优劣多以是否"准确、鲜明、生动"为标准。这个标准的问题是失之笼统，缺乏针对性，无法适应语言运用因素的多元性和领域的广泛性。一部宪法，显然不可能以是否鲜明生动去衡量其语言运用。陈望道的"适应题旨情境"，王希杰的"得体性"，都讲的是语言运用的原则，而不是具体的评价标准。尚文先生这个标准体系的特点就是区分评价对象的不同层次来确定评价依据，因而具有较强的针对性和可操作性。特别是基本要求中四种关系的确立，让我们可以针对影响语文品质的各种具体因素来作出具体评判，对语文学习也更为有利。需指出的是尚文先生的概念系统有他自己独特的内涵，与学界既有说法或不尽一致，如王希杰先生的"得体性"是以总原则提出来的，包含的内容更广，读者需细加分辨。在语用研究中，评价标准是个关键问题，毫无疑问，本书这方面的探索是非常有意义的。可以说，尚文先生关于语文品质研究的价值，首先体现在语言学方面。当然，他研究这一问题的目的不言而喻，是为了语文教学。他认为："语文教学的核心任务就是教师引导学生去发现、感悟课文美好的语文品质，进而探究它生成的原由，使学生得到借鉴，最终达到提升自身语言作品的语文品质的目的。"

　　语文的学科性质，决定了它与语言学的关系。语言学的发展，往往会影响到语文学科的发展，或者可以说，语文学科的发展在某种程度上依赖于语言学的发展，无论从历史和现状看，都是如此。因此要推动语文教学的科学化，推动新语文学的建设，语文教育学者需要更多关注语言学研究、参与语言学研究。这方面，尚文先生的经验给了我们极大的启示。同时，语言学者也要更多地从语文教学提出的问题出发开展语言学研究。就以"语文品质"而论，要将研究进一步推向深入，就需要语言学者与语文教育学者共同来努力。比如，尚文先生的衡量标准中有"清通"一项，它就关涉到语文规范化问题。一个不规范的语言现象，自然就说不上"清通"；而若是一个并无规范问题的语言现象，却被认为是语病，这不仅对语言发展不利，对于语文教育更是有害。而事实上这样的情况非但经常出现在教学中，甚至出现在高考试题中。目前，我国语文规范化研究在理论和实践两个层面均取得了丰硕的成果，出台了不少规范标准，但是还有许多有待于解决的问题，不少语言现象的规范性地位尚难确切认定，需要学界共同努力加以解决。这里举一个具体例子：

> 　　除去几座殿堂我无法进去，除去那座祭坛我不能上去而只能从各个角度张望它，地坛的每一棵树下我都去过，差不多它的每一米草地上都有过我的车轮印。（史铁生《我与地坛》）

"米"是长度单位而不是面积单位，这里的使用是否规范？苏教版高中《语文》（必修二，2008 年第 5 版）的编者觉得是不规范、不恰当的，因此改作了"平方米"。不过，我以为这是一个值得研究的问题。"米"的这种用法会不会使用开来，似乎还需要观察。长度单位有时会用于面积表达，"寸"用得最为普遍，如"以自己的生命捍卫中华民族的每一寸土地"（《人民日报》）。"寸"的这种用法，仅在北大 CCL 现代汉语语料库中就有几百例之多，"尺""丈""米"等也都有类似用法。如："在我们所拥有的一小片耕地上，每一尺都有父亲的足迹，每一寸都有父亲的血汗。"（《林清玄散文》）"国家的每一寸土地、每一丈领海，都是革命先烈用鲜血换来的。"（百度）"用一米土地，换一米阳光。"（新浪）这类用法多为非计量性的。其用例通常具有简洁之效，一般也不会产生歧义，对于其规范性似乎不宜简单否定。就本例说，尽管课文改得似乎合于一般规范了，但显然不如原文简洁，且用于非精确计量的语境中，也不如原文贴切。（参见拙著《修辞学与语文教学》，浙江大学出版社 2016 年版）需要指出的是，类似的现象，在当下的语文生活中是大量存在的，研究的任务相当艰巨。另外，语文品质研究，在理论层面和应用层面的进一步深入，也需要修辞学等相关学科的加入。

　　尚文先生的文字，文气充沛，张弛有度，笔端充满情感，富有文学色彩。由于学问扎实、底蕴深厚，所言往往发人所未发，引例信手拈来，贴切生动，读来让人如坐春风，享受到审美的愉悦。从语文品质上显示出大家风范。可以说，尚文先生学术的影响力在很大程度上得力于他的语言魅力，或说极高的语文品质！因为是谈有关语文品质的书，这是不能不说的话。

上个世纪末，尚文先生组织编写浙师大版初中语文课本（实验本），邀我参与，我有幸协助先生主编这套教材。回顾那段时光，真是难以忘怀！编写教材是个艰难的过程，尚文先生甚至用"下地狱"来形容，然而那却是一段很真、很诚，亦且很美的生活！大家为了一个教育的梦想聚集在一起，不计付出，不讲报酬，为了节约，甚至出差睡地铺，有时为了一篇文章的入选、课文中一个词语的改动，或是一道习题的编写，大家可以争得面红耳赤、各不相让。在这种氛围中，彼此结下了深厚的情谊。尽管后来我的主要学术兴趣在于修辞学和汉语语法史，但基于对基础教育的那份初心，并受尚文先生的影响，还一直保持着对语文教育的热情。

尚文先生书成后命我作序。我是后学，焉敢言序。谨借此机会写了以上一些心得，以此献给尚文先生八十寿辰，并祝先生健康长寿！

于 2017 年端午节作于知鱼斋

语文品质谈

尚文自署

第一辑

"语文品质"初探

试说"语文品质"

任何客观存在的对象，可以说都有一个品质的问题，有的甚至可以精确地测算出来，像水、空气、土壤，我们就可以通过科学仪器精确地测量出它们的各种品质如何。语言作品也无不都是物质性的存在，口头语言作品是延伸于时间中的一条线，书面语言作品是延伸于空间中的一条线，它们都具有可视或可听的客观实在性。和其他客观对象一样，对于语言作品，我们也可以从种种不同的角度去衡量它的品质（尽管目前好像没有相应的测量仪器），例如从内容看，可以看它是否真实，是否正确，描述是否混乱，说理是否充分，等等，以上这些可以统称为语言作品的内容品质；也可以从它的遣词造句、谋篇布局看它语言表达方面的品质，而这就是我所说的语文品质。

只要是语言作品，就一定都有一个"语文品质"的问题。好比任何人用笔写字，不管他写点什么，为什么而写，写给谁看，就一定都有一个字写得好坏的问题；字写得好与坏，就是一个书写品质的问题。这个书写品质，和他书写的目的、写给谁看的对象虽然相关，但评判者却完全可以单从书写品质的角度作出判断。所谓"语文品质"，就是指一篇语言作品遣词造句、谋篇布局的质量高下。它是语言作品的作者语义能力、语文水平的客观表现。

或问：既然已有语文能力、语文水平这样的概念，你为什么还要节外生枝另提"语文品质"呢？我并不是为了标新立异，更不是以此哗众取宠。因为在客观上确实有"语文品质"这一存在。语文能力、语文水平属于说写主体的主观范畴，而语文品质则是说写主体的说写意图、读者意识和语文能力在具体语言作品中的外化，具有可视可听的客观物质性。也就是说，"语文品质"和语文能力、语文水平虽然关系非常密切，但毕竟是两码事。更重要的是，提出"语文品质"这个概念，是有鉴于我们语文教育界有的同行由于轻视甚至完全无视语文品质所带来的严重后果。毋庸讳言，我们语文教学的实际效果并不理想，近些年来甚至还呈现出下降的趋势，原因当然是多方面的，而且有的还不是教育本身而是教育以外的因素，但我们对语文品质的忽视不能不说是原因之一。近朱者赤，近墨者黑，倘若我们的学生经常接触语文品质不良的语言作品甚至还当作范文来学，"近朱"只能是难以实现的奢望，"近黑"则几乎是必然的了。即使学生学的是语文品质优秀的作品，倘若老师不去引导学生发现、感悟其语文品质之优秀，最终还是难以取得"近朱者赤"的效果。我以为，语文教学的核心任务就是教师引导学生去发现、感悟课文美好的语文品质，进而探究它生成的原由，使学生得到借鉴，最终达到提升自身语言作品的语文品质的目的。从这个角度去理解、认识语文教学，也许有助于医治长期以来存在的语文教学泛语文化甚至非语文化的顽症。

衡量一篇语言作品的"语文品质"，可以有两个相互密切关联的角度。一个是从表层看，着眼于字词、语句、段落之间以及它们与整个文本之间的内部关系，主要是指能否让人听明白、看清楚，是否合情理、合逻辑，进一步，是否让人觉得入耳、中听，或者更进一步，是否觉得动听、耐看。这些都和语言作品的听者读者相关，更取决于语言作品本身的品质，例如：是否通顺，是否合乎当时当地的语言规范，是否得体，是否精确妥帖到位，等等。比如错字、别字、标点符号使用错误、词语使用不当、语句不通、表达不清、段落之间互不接榫等等，就是语文品质不好的表现，其中遣词造句方面的问题是主要的。上个世纪90年代后期，我参与主编浙师大版初中语文课本（实验本）时，第一册节选了老舍的散文《我的母亲》，其中有一句写道："当我在小学毕了业的时候，亲友一致的愿意我去学手艺，好帮助母亲。我晓得我应当去找饭吃，以减轻母亲的勤劳困苦。"（《老舍文集》第14卷，人民文学出版社1989年版）"减轻""困苦"可以，"减轻""勤劳"就不通了。后来我们将"勤"改为"辛"。——由于老舍先生当时已然去世，没法征得他本人的同意，只得在教参里作出说明。"减轻""勤劳"的语病比较明显，有的就比较隐蔽，非认真、反复品味不可。有一套小学语文课本收了《渔夫的故事》，课文第一段写道：

> 从前有一个渔夫，家里很穷。他每天早上到海边去捕鱼，但是他自己立下了一条规矩，每天至多撒四次网。

我总觉得"但是"前后的转折意味不浓，而且"每天"重出，读来总觉别扭。我大胆试改如下：

> 从前有一个渔夫，家里很穷。他每天早上到海边去捕鱼，但是至多撒四次网，这是他自己立下的一条规矩。

表层的语文品质问题，看得见摸得着，只要胸中有"语文品质"这一标尺，态度认真，往往比较容易发现和纠正。另一个是从深层看，指的是文章的遣词造句、谋篇布局与写作的目的、意图的匹配程度，以及作者对文章读者的预设与态度是否准确、正确等等。古今中外任何一个文本，其实都是一种语言行为，文本的作者必然有他的目的、意图，必然有对文本读者的预设，否则，就简直不可思议。一篇文章，遣词造句可能毫无瑕疵，清顺简洁流畅，从表层看没有任何问题，但从深层的角度一看，语文品质却有可能不好甚至可能很差。北师大版小学语文课本有一篇课文《语言的魅力》，讲一个老年盲人在路旁行乞，一块木牌上写着："我什么也看不见！"可是路人却无动于衷。后来有个诗人将他牌子上的话改成："春天到了，可是我什么也看不见！"过后就得到了很多人的布施。从表层看，前者的语文品质并无不妥，但却未能与其目的高度匹配，所以没有什么效果；后者虽然改动不大，起码基本意思是差不多的，但深层的语文品质却得到了极大的提高，效果也就随之发生了极大的变化。自然也有相反的情况。记得小仲马有一篇作品，写一个小青年，原来是叔叔的私生子，后来"叔叔"即他的亲生父亲终于和他相认，在一个两人单独见面的场合，父亲说："当我俩单独在一起时，你一定会允许我叫你儿子的。"儿子非常坚定、明确地回答道："是，叔叔。"从上下文看，儿子的这一回答是不通的，因为不合逻辑：既然答应了父亲，说了"是"，接下去应该称呼他"父亲"才对呀；但为了宣泄他对父亲长期郁积的不满甚至怨愤，他故意紧接着仍称他为"叔叔"，表面顺从实则反抗，极为成功地实现了他的言说意图。——这可以说是人物台词的经典案例，也是语文品质表层不及格而实际上极为优秀的经典案例。小仲马曾经说，他就是为了这两句台词才写这篇作品的。

可以把语文品质比作书法作品的艺术水平。我们欣赏一幅书法作品，当然不可能离开它所书写的内容，但其书法特点、书法成就和其内容之间又不能简单地等同起来，它有自己相对独立的价值。我们练习书法，少不了临帖，法帖作为语言作品当然有它自己的内容、意思、情感，但我们临帖的目的是学习它的书法，关注、探究的是，书法家如何运笔，笔画如何结构，字与字如何呼应等等；而不是别的。语文教学与此确有相似之处。我们学习课文是为了学习课文怎样运用语言文字，也就是怎样创造美好的语文品质，而主要不是课文说了些什么，所说有何意义等等。传播语文以外的知识绝不是语文教学的任务，把这也揽过来以为己任，只能证明这位语文教师的无知无能。语文教学对学生进行思想品德教育，也必须将其寓于课文语文品质的发现、感悟、探究之中，如果没有这个本领，那干脆还是去当政治老师为好。在书法课上，一味分析法帖作为语言作品的思想内容，以致学生的书法水平毫无提高，写字能力毫无进步，绝对不是一个及格的书法教师。当然比喻总是蹩脚的，考察一篇作品的语文品质，绝对不能把它和文本所表达的内容、意思割裂开来，但即使关注内容、意思，主要也还是为了探究、感悟文本的语文品质，而不是把它作为终极目标。

曾有机会看到一位老师《钓鱼的启示》的教学实录，对相关问题产生了兴趣。先是在网上找这篇文章，我知道这是一篇翻译作品，找到了起码两篇据称是"课文原文"的东西，却都是汉文。"原文"一词我以为被用错了。这分明就是语文品质的问题！有意思的是，一篇"原文"是用第三人称写的，另一篇则是用第一人称写的，我不知道哪一篇更忠实于真正的原文。后来终于找到了三个版本的小学语文课本里的课文，其中有两个版本是用第一人称写的。课文里有这么一句："转眼间34年过去了，我已经是纽约著名的建筑设计师了。"当然美国人不如我们谦虚，但我想，也不至于这么说话吧？——自称是"著名的"什么什么似乎太狂了一点，文章"作者"（译者？）的人文素养破坏了他语言作品的语文品质。另一用第一人称写的课文作了这样的处理："转眼间三十四年过去了，当年那个沮丧的孩子已是一位著名的建筑设计师了。"稍稍转了一个弯儿，但我觉得只是少走了五十步而已，也高明不到哪儿去。而且一篇文章从头到尾都是用第一人称写的，此处忽然冒出一句第三人称的句子，也是语文品质的问题，起码不太适合作为小学生的范文。课文的标题也颇有意思，有两个版本都是"钓鱼的启示"，另一个则是"规则"，而据称是原文的两篇又都是"做得对做得好：天知地知"。我觉得课文标题的语文品质都不如"原文"，不知课本编者是出于何种考虑加以如此这般的改动。

再来看这位老师的课堂实录。他曾就"选择""抉择"进行比较时说，"选择"有点通俗、平凡，"文章中用'抉择'，生活中尽量说'选择'"，却又要求学生对于一处究竟该用什么标点符号"开始抉择"——应该说都是语文品质的硬伤。但瑕不掩瑜，不管怎么说，这位老师实际上始终是紧扣课文的语文品质做文章的，而且做得有声有色，着实不易，应当向他表示敬意！另有不少老师似乎对课文内容更感兴趣，注重对学生进行思想品德教育，用心可嘉，只是几乎不太理会课文的语文品质，用上面书法的比喻来说，花在思想内容上的时间多了一些，花在书法学习上的时间则几乎被挤占殆尽，对学生语文的学习帮助似乎不是太大。不过，这也不能全怪执教的老师。有一套课本四道附在课文后面的练习题就全是关于课文内容和思想品德教育的，这对一线老师的实际教学显然具有不可低估的引导作用。

　　我一直认为语文课程的"语文"是"汉语"和"文学"的复合，但这次关于"语文品质"的探讨我仅仅限定在"汉语"这一范围，而且主要是书面语。"文学语言"应该说是另外一门学问；当然我也会用文学作品里面的例子，但也只是为了说明"汉语"方面的问题。我郑重建议大家都来关注课本的语文品质，关注教师教学的语文品质，致力于全面提升语文课程的语文品质，让我们的学生在优质的语文环境里把语文学得更好。讲到环境，我们的语言环境也有雾霾、污染，据《新民晚报》2014 年 2 月 7 日报道，由华东师大文学研究所、上海市语文学会等举办的"中文危机与当代社会"研讨会上，与会专家严厉批评当下汉语使用的混乱，已经由局部蔓延到了整体，由个人推及到了社会，由暂时发展成了长期。典型例证是一张小小的第二代身份证，其中印制了不到 40 个汉字，竟被汉语言专家挑出了四个值得商榷的语病：

　　一是"二代证"印有照片的一面有"公民身份证"字样，而另一面则印有"居民身份证"五个大字。那么，持证人的身份到底是"公民"还是"居民"？须知，这是完全不同的两个法律概念。

　　二是"公民身份号码"表达不妥，因为"身份"不具有数字性，只有"公民身份证"才能被编成一个个号码。

　　三是用"出生"来指某年某月某日，也属于不规范，"出生"包含了出生地与出生日等要素，若要指具体的生日就只能写明是"出生日"。

　　四是持有长期有效身份证的人，其"有效期限"标注为从某年某月某日到"长期"，"长期"是一个过程，不是临界点，没有"到长期"一说。

所谓"值得商榷"，只是一种委婉的说法而已，其实它的语病正如扁鹊所说的"病在肌肤"，一望而知，几乎没有商榷的余地。"当下汉语使用的混乱，已经由局部蔓延到了整体，由个人推及到了社会，由暂时发展成了长期"，是谁之责？不能全都归之于学校教育，当然更不能全都归之于语文课程；但语文课程也难辞其咎，不是老师不认真不努力，而是力量没有全部用在刀口上。我所说的刀口，就是语文品质，又特别是语文品质遣词造句这一层面。12年的语文教学如果都聚焦于语文品质，同时养成学生咬文嚼字、推敲语言表达的习惯，极大部分学生语言作品的语文品质达到文从字顺这一目标，应该说是没有什么问题的。

语文品质未可小觑

开口说话，下笔为文，当然不仅仅是遣词造句、谋篇布局的问题，牵涉的方面可谓多矣。例如你想就某种社会现象发表一点看法，是什么看法，看法本身正确与否，说理是否充分，等等，都得认真考虑。——这些都不是语文品质的问题。语文品质只管遣词造句、谋篇布局的正误优劣。尽管其正误优劣只是说话作文一个方面的问题，但于语言表达关系重大，千万不能小看。刘大櫆于两百多年前曾在《论文偶记》一书中说："论文而至于字句，则文之能事尽矣。""近人论文不知有所谓音节者，至语以字句，则必笑以为末事。此论似高实谬。"当然"重大"的程度和你所说所写之事是否重大相关。据知，西南某省国民党撤退前夕，曾向上级请示在押的参加反国民党政府活动的青年学生如何处置，复电称："其情可悯，其罪当诛。"侥幸的是译电员同情这些青年学生，于是就在遣词造句上——具体地说是在两个分句的顺序上做了点手脚，上交的文本变成"其罪当诛，其情可悯"。这些青年学生终于获释。此处句序所关不止一

11

条人命，谓之事关重大，一点也不过分。《文心雕龙》开宗明义就说，"文之为德也大矣"，信然！

曾在"腾讯·大家"看到一篇题为《主席"黑"了小平的猫》的文章，给我的印象极其深刻，反正这辈子是绝对不会忘记的——

邓小平"猫论"的原文如下：

生产关系究竟以什么形式为最好，恐怕要采取这样一种态度，就是哪种形式在哪个地方能够比较容易比较快地恢复和发展农业生产，就采取哪种形式；群众愿意采取哪种形式，就应该采取哪种形式，不合法的使它合法起来。这都是些初步意见，还没有作最后决定，以后可能不算数。刘伯承同志经常讲一句四川话："黄猫、黑猫，只要捉住老鼠就是好猫。"这是说的打仗。我们之所以能够打败蒋介石，就是不讲老规矩，不按老路子打，一切看情况，打赢算数。

……

1976 年的四号文件是根据毛泽东多次讲话整理成文，当时毛泽东已口齿不清，但头脑依然清晰，"黄猫黑猫"因为毛的记忆出错或记录者的失误变成"白猫黑猫"？ 毛远新的回忆给出了清楚准确的答案：

1976 年四号文件是我整理的，不能说百分之百，可以说百分之九十以上都有主席手写的文字根据，我加的只不过是一些"因此"、"所以"之类的连接词而已，整理好后送主席审阅，他只改了一个字，即把邓小平说的"黄猫黑猫"中的"黄猫"改成"白猫"——我为什么整理成"黄猫"呢？因为我查了邓的原话是"黄猫"。

——将"黄猫黑猫"变"白猫黑猫"，是毛泽东本人有意为之。

"白猫黑猫"与"黄猫黑猫"仅一字之差，而且都是所谓颜色词，由"黄"而"白"而已，有什么大不了的；可能有不少人还会因其"纯洁"而更喜欢"白猫"呢！可是，且慢！猫由"黄"变"白"，关于生产关系究竟以什么形式为最好的两种不同见解也就随之成了两条路线的斗争！——遣词造句能是小事吗？

这又使我联想起了孔夫子的"春秋笔法"。"春秋笔法"其实就是一种特殊的遣词造句的方式方法，可以造就一种特殊的语文品质。它有五条原则，这就是《左传》上说的"微而显，志而晦，婉而成章，尽而不污，惩恶而劝善"。该怎么理解？一查，说法甚多，我觉得周振甫的解释最为精到。为节省篇幅，下面的引文里尽量选用简短的例子：

> 第一例叫"微而显"，光看文字看不出它的用意，叫微；把同类写法一对照，就明白了，叫显。……又僖公十九年："梁亡。"照《春秋》的一般写法，应该作"秦灭梁"，这里却作"梁亡"，对比一下，就知道这是责备梁自取灭亡的意思。
>
> 第二例叫"志而晦"，记的文字隐晦，用极简单的字来表示，要对这些字加以推求才知道它的体例。像……出兵会合别国作战，要是事前同谋的叫"及"，事前没有同谋，被迫出兵的叫"会"。如宣公七年："公会齐侯伐莱。"表示齐侯出兵参与伐莱是被迫的。
>
> 第三例"婉而成章"，用婉转避讳的说法，把话说得很合理。如桓公元年："郑伯以璧假（借）许田。"鲁国有许田，郑国有枋田，两国互相调换，因为枋田少，所以郑伯加上块璧做补偿。但照礼制，诸侯的田不能交换，《春秋》替他们隐讳，不说交换，说成郑伯用璧来借许田，说得像很合理。

第四例"尽而不污",直书其事,不加歪曲。

第五例"惩恶而劝善",像卫国的卿叫齐豹,杀死了卫侯的兄,想求得勇敢的名声。《春秋》昭公二十年作"盗杀卫侯之兄絷(人名)",指斥齐豹为盗,不记他的名字。

(周振甫,冯其庸等:《古代作家写作技巧漫谈》,人民文学出版社1986年版,第3—4页)

仔细一看,其中第四例说的并不是遣词造句的方式方法,而是记人叙事的一种态度,在当时主要就是历史写作的态度。结合第五条"惩恶而劝善","尽而不污"就会成为一种巨大的道德力量,在某种程度上约束着活动于历史舞台的人们,尽管所谓"孔子作《春秋》而乱臣贼子惧"的说法未免失之夸张,而"留取丹心照汗青",却确确实实就是基于对"尽而不污"的史书作者的绝对信任。

第三例"婉而成章",直白地说,就是以花言巧语回避事实的真相。我这样说,并没有贬损孔子的意思。因为他这样做实在是出于无奈。《春秋公羊传·闵公元年》:"《春秋》为尊者讳,为亲者讳,为贤者讳。"(王维堤,唐书文:《春秋公羊传译注》,上海古籍出版社2004年版,第172页)此三讳,孔子是出于"礼"的原则。他认为"克己复礼为仁",而"悠悠万事,唯此为大",自然压倒一切。他一心一意为了推行周朝的礼乐制度,没有丝毫的私心杂念。不过,从史学看,这一条我以为是不值得提倡的。王阳明认为:"以事言谓之史,以道言谓之经。事即道,道即事。"(《王阳明全集》卷一,上海古籍出版社1992年版,第10页)把"史""经"混为一谈。其实,所谓"婉而成章",就是以事的书写迁就道,为道甚至不惜在语言叙述中对事进行阉割、歪曲,两者之间哪能画上等号?从语文品质的角度看,"婉而成章"实在是过莫大焉,自在摒弃之列。

第一、二两例，我觉得对阅读的指导作用似乎远超过对写作的启示。最后一例"惩恶而劝善"，有必要强调的是，孔子的意思是指在历史事实的叙述过程中，通过词语的运用达到惩劝的目的，而不是在此之外，通过写作者的议论、批评来进行惩劝。换言之，使恶成为恶，使善成为善；或者说通过词语的运用让事实本身彰显出善恶来，譬如"嫖宿幼女"的"嫖宿"二字虽然改变不了罪犯强奸幼女令人发指的罪行，但极有可能起到淡化这一罪行进而为罪犯开脱的作用，而用"强奸"二字就能彰显出它本身的罪恶。

以上是就正误言之，再说优劣。"言之无文，行而不远"，孔夫子说的这八个字，几乎人人耳熟能详。"文"——文采之有无是遣词造句水平优劣的问题，孔夫子断言它就是"言"能否行远传久的决定因素。这自然没错，但得有个前提条件：其言是正确的、深刻的、有用的。离开了这个前提，即使有"文"，而且文采飞扬，行远传久也是不可能的；除非被当作了反面教材的典型，如"莫须有"之类。

欧阳修行文不喜平铺直叙，而有曲折波浪，形成一种跌宕起伏、摇曳多姿的所谓"六一风神"。

> 客有问曰："六一，何谓也？"居士曰："吾家藏书一万卷，集录三代以来金石遗文一千卷，有琴一张，有棋一局，而常置酒一壶。"客曰："是为五一尔，奈何？"居士曰："以吾一翁，老于此五物之间，是岂不为六一乎？"（《六一居士传》）

试改写为：

> 吾家藏书一万卷，集录三代以来金石遗文一千卷，有琴一张，有棋一局，而常置酒一壶。以吾一翁，老于此五物之间，是为六一也。

改作只是少了一点曲折、一次问答而已，然而风神则几已荡然无存矣！又如《醉翁亭记》第一段，从"环滁皆山"起笔，由"琅琊"而"酿泉"而"醉翁亭"，再由"作亭者"而"名之者"，由"太守"而"醉翁"，又由"醉翁之意不在酒"一转，写到"山水之乐"，与开头关合。全段由山之美层层深入，环环相扣，结于人之乐，格高气逸，容与闲易。有如国画的皴法，在富于浓淡、疾徐、顺逆、缓促等等变化的文章脉络、纹路、肌理中，表现出了难以言说的空灵、飘逸之致。苏洵评价欧文曰"纡余委备，往复百折"（苏洵《上欧阳内翰第一书》，出自《嘉祐集笺注》，上海古籍出版社1993年版，第328页），此八字真可谓知言也。

我们几乎可以断言，没有洋溢于字里行间的"六一风神"，《醉翁亭记》就不可能成为脍炙人口的名篇。不过我们语文教学的目的并不是培养像欧阳修这样的文学家，只求学生之人和文都能走在正路上。网上有报道称："发改委人士：亿元司长魏鹏远行事张扬出事不意外"。（凤凰网，2014年5月17日，来源：《中国经营报》）单从语文的角度看，此句没有毛病；但在实际的阅读过程中，"单从"几乎是不可能的。且不管"单从"可能与否，"亿元司长魏鹏远行事张扬出事不意外"这个句子，我是怎么看都别扭：他若行事低调，难道就不会"出事"吗？或者"出事"就会让人感到"意外"吗？我是坚信，凡贪官迟早都会被绳之以法的。再说，为什么要用"出事"这个词？"出事"用在此处，总觉色彩不太对头。还是应该站在法律这边比较好！

无论在社会上语文品质关系是大是小，对于我们的语文课程来说，语文品质从来就是天大的事儿，尤其是在当前！让我们的学生"知道什么叫做好的文字，什么叫不好的文字"，自己能够写出清通的文字来，对于语文课程来说，难道还有比这更重大的事情吗？就好比治病救人是医院、医生天大的事儿一样。当然，如果全国人人都能重视语文品质，致力于语文品质的提升，那就不但能大大强化我们母语的功能，而且还会有助于我们母语在世界上地位的提升。

讲究语文品质，自古而然

一

说话作文要讲究语文品质，在我国古代，早在孔子之前已有十分经典的论述，见《左传·襄公二十五年》：

> 仲尼曰。志有之。言以足志。文以足言。不言。谁知其志。言之无文。行而不远。晋为伯。郑入陈。非文辞不为功。慎辞哉。

王伯祥注曰："言以足志，文以足言，即所引古书之辞。谓人之有言，所以成其志之趋向也。言之有文，所以成其言之条理也。足，犹成也。"（王伯祥：《春秋左传读本》，中华书局1957年版，第426页）言，要有条理；而条理就是语文品质的要素之一。这话是孔子在当时的古书上看到的，而"言之无文，行而不远"则是孔子对于"言以足志，文以足言"的祖述之言；但它流传更广，几乎人人耳熟能

详。然而，问题就来了："言之无文，行而不远"是否果真为孔子
所言？

上面来自《左传》的引文，我用的是上海古籍出版社 1990 年版
的《十三经注疏》之七《春秋左传正义》，黄侃经文句读。凭直觉，
我以为引"志"之言仅"言以足志，文以足言"八字，以下都是孔
子对此八字的解读和演绎。但不敢自是，得凭证据说话。然而证据
一时难以找到，因为古代没有现代白话文的标点符号。我不厌其烦
地查了 50 多种版本，用新式标点的有如下三种标法：

> 仲尼曰："志有之，言以足志，文以足言。不言，谁知其
> 志？言之不文，行而不远。晋为伯，郑入陈，非文辞不为功。
> 慎辞也。"

> 仲尼曰："志有之，'言以足志，文以足言。'不言，谁知其
> 志？言之无文，行而不远。晋为伯，郑入陈，非文辞不为功。
> 慎辞也。"

> 仲尼曰："志有之，'言以足志，文以足言。不言，谁知其
> 志？言之不文，行而不远。'晋为伯，郑入陈，非文辞不为功。
> 慎辞也。"（王云五：《春秋左传今注今译》中册，李宗侗注译，
> 台湾商务印书馆股份有限公司 1982 年版，第 945 页）

第一种，从标点上看不出来"言之无文，行而不远"到底是否
孔子的引文。我查阅的结果绝大多数都是第二种，即王伯祥的见解，
"言之不文，行而不远"非"志"所有，著作权应归孔子。第三种，
我所见到的仅此一例，已注明出处。这个问题，我想并不适用少数
服从多数的原则，第三种看法理应给予尊重，虽然我不太认同，尽
管我拿不出确凿的证据。由此我想到白话文标点符号对提升书面语

言的语文品质实在功不可没。

关于"言之无文，行而不远"之"文"，上引王伯祥释为条理的意思，不少注本、白话译本释为"文彩"。文，《说文》释曰："文，错画也，象交文。""错画"指的是线条与色彩的交错，像纹理纵横交错之形。文之为文，是"交错"的结果，讲究如何"交错"自然是其题中应有之义。由此似可断定"条理""文彩"两义相通，并不矛盾。而《广雅·释诂》："文，饰也。"似乎偏于"文采"。总而言之，孔子十分重视语言的语文品质；而且还有更为丰富、深刻的论述，至今对于我们探讨语文品质的问题仍有很高的理论价值。

《论语·雍也》："质胜文则野，文胜质则史。文质彬彬，然后君子。""质"，指内在的品质修养；"文"，指外在的言辞、仪容，即文采、风貌。"文质彬彬"，则指内在品质与外在风采相称、协调而统一。《论语·颜渊》记载曰：

> 棘子成曰："君子质而已矣，何以文为？"子贡曰："惜乎，夫子之说君子也！驷不及舌。文犹质也，质犹文也，虎豹之鞟犹犬羊之鞟。"

子贡认同孔子的观点，强调君子应有文的修养，否则（和小人相比）就如虎豹与犬羊的皮都被拔去有文采的毛一样分不清楚了。我们完全可以将此"文""质"关系的论述用于描述语言作品内容和语言形式的关系。陈望道认为，"文"字的本身就有语文组织的意义。（《文法论》，出自《陈望道全集》第二卷，浙江大学出版社2011年版，第293页）刘师培甚至说："词之饰者乃得为文，不饰词者不得为文。"（《刘师培中古文学论集》，中国社会科学出版社1997年版，第212页）足见文之有无，不仅仅是能否传远的问题，更是能否成"文"的问题。在刘师培看来，不具备一定的语文品质，就不能称之为文章。《史记》就举了一个粗鄙少文的典型例子。《绛侯周勃世家》云："勃不好文学，每召诸生说士，东乡坐而责之：'趣为我语。'其椎少文如此。""趣为我语"，相当于白话的"有话快给我说"。《史记会注考证》引中井积德曰："趣语，失谈论之理耳"，是极不得体的说法。

《论语·卫灵公》：子曰"辞达而已矣"。《论语正义》注云："辞皆言事，而事自有实，不烦文艳以过其实，故但贵辞达则足也。"（刘宝楠：《论语正义》，岳麓书社诸子集成本，第419页）据此，所达者为事实，"辞达而已矣"，说的是语言表达出来的应当与所表达的事实相符。一是一，二是二，仿佛没有"文"的用武之地，特别是"而已矣"于此有强调之意，似乎和"言之无文，行而不远"对"文"的重视并不完全吻合。《新编诸子集成·论语集释》引集注云："辞取达意而止，不以富丽为工。"（程树德：《新编诸子集成·论语集释》，中华书局1990年版，第1127页）重点放在不必追求"富丽"上。我的理解是两者并无矛盾，因为"辞"臻于"达"的境界，必然是讲究语文品质的结果，就不能说是"无文"。联系孔子"绘事后素""巧言令色，鲜矣仁""修辞立其诚"等相关论述，综合地看，孔子所追求的是既不过也不不及的中正之美。"辞达而已矣"偏重于不过，"言之无文，行而不远"则偏重于不不及，而《礼记·表记》所引孔子说的"情欲信，辞欲巧"，更强调对于语文品质的追求——此所谓"巧"非"巧言令色"之巧，而是如《庄子·天道》"巧者，为之妙耳"之巧。

对于上述孔子有关理念，后世无不奉之为经典，并多有申说，其中我以为苏东坡的论述既准确又透彻，更难能可贵的是他以自身丰富的阅读、写作实践而体贴之，因而具有独特的感悟和令人信服的发明与发挥。他在《答谢民师书》中说：

> 孔子曰:"言之不文,行而不远。"又曰:"辞达而已矣。"夫言止于达意,即疑若不文,是大不然。求物之妙,如系风捕影,能使是物了然于心者,盖千万人而不一遇也,而况能使了然于口与手者乎?是之谓辞达。辞至于能达,则文不可胜用矣。(《苏轼文集》第四册,中华书局 1986 年版,第 1418 页)

他对"辞达"作了几乎全新的诠释,从而在根本上把它和"言之不文,行而不远"统一了起来。在他看来,所谓"达",首先是使"物"了然于心,并进一步能"了然于口与手",实际上就是主观与客观、形式与内容的高度统一。这显然比此前将"达"笼统理解为"达意"清楚明白多了,也丰富深刻多了。"达"实在是语言表达一个极高的境界,而且没有止境。其《书诸集改字》云:

> 陶潜诗:"采菊东篱下,悠然见南山。"采菊之次,偶然见山,初不用意,而境与意会,故可喜也。今皆作"望南山",杜子美云:"白鸥没浩荡,万里谁能驯。"盖灭没于烟波间耳。而宋敏求谓余云"鸥不解'没'",改作"波"。二诗改此两字,便觉一篇神气索然也。(《苏轼文集》第五册,中华书局 1986 年版,第 2098—2099 页)

用"望"用"波"达意否?我们当然不可能起渊明子美于地下而问之,但由于原本作"见"作"没",特别是作"见"作"没"更能尽意尽物之妙,则完全可以肯定"望""波"为后人妄改。原本的遣词造句已经到了"达"的审美层次。所以他说:"辞至于能达,止矣,不可以有加矣。"(《与王庠书》,出自《苏轼文集》第四册,中华书局 1986 年版,第 1422 页)

为文能达,固不可一蹴而就,尤其是我们初学者;但也并非高

22

不可攀。他说："内外不一，心手不相应，不学之过也。"（《经进苏东坡文集事略》，文学古籍刊行社 1957 年版，第 813—814 页）对此欧阳修也有非常精到的论述，苏轼《记欧阳公论文》云：

> 顷岁孙莘老，识欧阳文忠公，尝乘间以文字问之。云："无它术，唯勤读书而多为之，自工。世人患作文字少，又懒读书，每一篇出，即求过人，如此少有至者。疵病不必待人指摘，多作自能见之。"（《苏轼文集》第五册，中华书局 1986 年版，第 2055 页）

这是提升语文品质的不二法门，也完全适用于我们今天的语文学习。

二

孔子以降，我们可以肯定地说，历代诗人作家、文学批评家对语文品质的重视、探求已经蔚为传统，相关理论不断得到深化、发展。限于篇幅，我们只能选取数个具有典型性的例子以见一斑，挂一漏万之责、蜻蜓点水之讥在所不辞。

汉代王充《论衡·正说篇》指出："夫经之有篇也，犹有章句也。有章句，犹有文字也。文字有意以立句，句有数以连章，章有体以成篇，篇则章句之大者也。谓篇有所法，是谓章句复有所法也。"足见其对遣词造句的态度。《论衡·语增篇》就是专门研究经传遣词造句之得失的。兹举两例如下：

> 传语曰："圣人忧世深，思事勤，愁扰精神，感动形体，故称尧若腊、舜若腒，桀、纣之君垂腴尺余。"夫言圣人忧世念人，身体羸恶，不能身体肥泽，可也。言尧、舜若腊与腒，桀、纣垂腴尺余，增之也。

传语曰："文王饮酒千钟，孔子百觚。"欲言圣人德盛，能以德将酒也。如一坐千钟百觚，此酒徒，非圣人也。饮酒有法，胸腹小大，与人均等。饮酒用千钟，用肴宜尽百牛，百觚则宜用十羊。夫以千钟百牛、百觚十羊言之，文王之身如防风之君，孔子之体如长狄之人，乃能堪之。案文王、孔子之体，不能及防风、长狄。以短小之身，饮食众多，是缺文王之广，贬孔子之崇也。

无论其说价值高低，作者对语文品质的讲究是毋庸置疑的。

在此要特别提出来的是南朝梁沈约的通声律始可言文说："夫五色相宣，八音协畅，由乎玄黄律吕，各适物宜。欲使宫羽相变，低昂舛节，若前有浮声，则后须切响。一简之内，音韵尽殊，两句之中，轻重悉异。妙达此旨，始可言文。"（《四部丛刊》影宋本六臣注《文选》）此所谓宫、羽，低、昂，浮声、切响，轻、重，都是相对的两个方面，实际上就是所谓声音的抑扬顿挫，这对遣词造句来说，作用实在不可低估；但在我们今天确实有所忽视，甚至根本忽略了前哲"妙达此旨，始可言文"的警示。

关于文字章句间的关系，刘勰在王充的基础上进一步指明："夫人之立言，因字而生句，积句而成章，积章而成篇。篇之彪炳，章无疵也，章之明靡，句无玷也；句之清英，字不妄也；振本而末从，知一而万毕矣。"（《文心雕龙·章句》）刘勰还认识到了语言是表情达意的中枢、关键，他说：

故思理为妙，神与物游。神居胸臆，而志气统其关键，物沿耳目，而辞令管其枢机。枢机方通，则物无隐貌；关键将塞，则神有遁心。（《神思》）

24

《体性》认为："夫情动而言形，理发而文见，盖沿隐以至显，因内而符外者也。"而思、意、言之间在写作过程中的复杂关系，他分析道：

> 方其搦翰，气倍辞前，暨乎篇成，半折心始。何则？意翻空而易奇，言征实而难巧也。是以意授于思，言授于意；密则无际，疏则千里；或理在方寸而求之域表，或意在咫尺而思隔山河。（《神思》）

这就把陆机《文赋》所说的"恒患意不称物，文不逮意，盖非知之难，能之难也"明晰化、具体化了。他认为"写气图貌"既要"随物"亦必用"心"：

> 写气图貌，既随物以宛转；属采附声，亦与心而徘徊。故"灼灼"状桃花之鲜，"依依"尽杨柳之貌，"杲杲"为出日之容，"瀌瀌"拟雨雪之状，"喈喈"逐黄鸟之声，"喓喓"学草虫之韵。"皎日"、"嘒星"，一言穷理，"参差"、"沃若"，两字连形：并以少总多，情貌无遗矣。虽复思经千载，将何易夺？（《物色》）

与语文品质相关的论述，在《文心雕龙》一书中所在多是，极大部分都是作者的真知灼见，不少是经典之论，我们这里只是管窥筐举而已。

南朝宋范晔在其《狱中与诸甥侄书》感慨说："吾思乃无定方，特能济难适轻重，所禀之分，犹当未尽。但多公家之言，少于事外远致，以此为恨。"此所谓"公家之言"，实际上相当于我们今天的所谓套话、大话、空话，读之不禁莞尔一笑。唐王昌龄《诗格》云：

> 凡属文之人，常须作意。凝心天海之外，用思元气之前。

> 巧运言辞，精炼意魄。所作词句，莫用古语及今烂字旧意。改他旧语，移头换尾，如此之人，终不长进。为无自性，不能专心苦思，致见不成。

可以看作是范晔见解的必要补充。

唐刘知几《史通》虽说是一部史学理论著作，但其中却有探讨遣词造句的篇什，如《叙事》写道：

> 又叙事之省，其流有二焉：一曰省句，二曰省字。《左传》宋华耦来盟，称其先人得罪于宋，鲁人以为敏。夫以钝者称敏，则明贤达所嗤，此为省句也。《春秋经》曰："陨石于宋五。"夫闻之陨，视之石，数之五，加以一字太详，减其一字太略，求诸折中，简要合理，此为省字也。

紧接着又从《春秋公羊传》《汉书·张苍传》里举出烦句烦字，的为不刊之论。

南宋朱熹为理学宗师，有一段"文便是道"的议论颇可注意：

> 才卿问："韩文《李汉序》，头一句甚好。"曰："公道好，某看来有病。"陈曰："文者贯道之器，且如《六经》是文，其中所道，皆是这道理，如何有病？"曰："不然，这文皆是从道中流出，岂有文反能贯道之理。文是文，道是道，文只如吃饭时下菜耳。若以文贯道，却是把本为末，以末为本。可乎？其后作文者皆是如此。"（《朱子语类》139 卷，中华书局 1986 年版，第 3305—3306 页）

他所说的道，当然就是理学之道；倘若我们把它理解得宽泛一点，就不能不承认这番议论确实有它独到之处，发前人之所未发。除非不在一定语境中而是游离于空中的语句，没有不表达一定的意思的，这"意思"便是"道"，这"语句"便是"文"，如此，"文"当然就是"道"。

因此，"文以贯道""文以载道"无论如何在逻辑上是说不通的。"文"不是下饭的菜，它本身就是饭，"道"是其中的营养成分；把"道"比成菜，也是一样的道理。遣词造句，就是在建构内容，词句和内容只是一体两面而已。

最后，我们还得说一说金圣叹的贡献。他说：

> 古来至圣大贤，无不以其笔墨为身光耀。只如《论语》一书，岂非仲尼之微言，洁净之篇节？然而善论道者论道，善论文者论文，吾尝观其制作，又何其甚妙也！《学而》一章，三唱"不亦"（《论语·学而》有"不亦说乎"、"不亦乐乎"、"不亦君子乎"）；叹觚之篇，有四"觚"字，余者一"不"，两"哉"而已（《论语·雍也》有"觚不觚。觚哉！觚哉！"）。"质胜文则野，文胜质则史"，其文交互而成。"知之者不如好之者，好之者不如乐之者"，其法传接而出。"山、水""动、静""乐、寿"（《论语·雍也》有"知者乐水，仁者乐山。知者动，仁者静。知者乐，仁者寿"），譬禁树之对生。子路问闻斯行（《论语·先进》："子路问：'闻斯行诸？'子曰：'有父兄在，如之何其闻斯行之？'冉有问："闻斯行诸？'子曰：'闻斯行之！'公西华曰：'由也问闻斯行诸，子曰有父兄在；求也问闻斯行诸，子曰闻斯行之。赤也惑。'"），如晨鼓之频发。其他不可悉数，约略皆佳构也。（《第五才子书》序三）

这一段讲遣词造句，下一段说的是一段之内文句的组织布局：

……即如松林棍起，智深来救。大师此来，从天而降，固也；乃今观其叙述之法，又何其诡谲变幻，一至于是乎！第一段先飞出禅杖，第二段方跳出胖大和尚，第三段再详其皂布直裰与禅杖戒刀，第四段始知其为智深。若以公（《公羊传》）、谷（《谷梁传》）、大戴（《大戴礼记》）体释之，则曰：先言禅杖而后言和尚者，并未见有和尚，突然水火棍被物隔去，则一条禅杖早飞到面前也；先言胖大而后言皂布直裰者，惊心骇目之中，但见其为胖大，未及详其脚色也；先写装束而后出姓名者，公人惊骇稍定，见其如此打扮，却不认为何人，而又不敢问也。盖如是手笔，实惟史迁有之，而《水浒传》乃独与之并驱也。

（《贯华堂第五才子书水浒传》上册第八回文前评语）

这些文字可以说和他评点的小说同样精彩。

为了说明讲究语文品质自古而然，我不得不做了文抄公，盼读者诸君有以谅我。不过，最后我还得回到文章开头所引孔子关于"慎辞"的训戒，遣词造句、谋篇布局正误优劣的语文品质问题，我们确实应该慎之又慎，不能有丝毫的疏忽大意，这对于我们语文课程来说尤其是如此。

语文品质的基本要求一：清通

　　衡量一篇语言作品的语文品质如何，应当有个标准。由于相关标准不止一个层次、一个方面，还得建立一个标准体系。这不是一件容易的事情；由于事关重大，它又是一件非常严肃的事情。我参考了前辈的一些研究成果，提出了一个初步的小小体系，它包括如下两个层次："基本要求"和"审美层次"。关于基本要求，有四个方面。就文章本身字词句段之间的关系而言，是"清通"，也就是文从字顺，符合语法、逻辑和言语习惯；篇章结构合理、条理清晰。就文章与外部世界的关系而言，首先是"适切"，指文章表达的意涵与作者的言语意图要贴合，内外无间；其次是"准确"，指文章所表达的与表达对象的实际情况要一致，不能走样；第三是"得体"，指文章的语气、言语色彩等要契合文章作者与读者的真实关系，文章作者要摆正自己的位置，认清自己的角色。关于审美层次，我想以"语文审美品质面面观"为题，只作些举例性质的说明。以上所说的基本要求和审美层次，相关专家学者都已经做了非常全面、系统、深入的研究，我只能从语文品质的角度说点个人的学习心得，零碎而又肤浅，恳望读者见谅。

首先是"清通"。《文心雕龙·才略》："温太真之笔记，循理而清通。"现代修辞学家陈望道也曾提过"清通"的要求。（见陈光磊，李熙宗：《陈望道论语文教育》，河南教育出版社 1989 年版，第 100 页）现在我们一般只说"通顺"，确实，遣词造句，"通顺"是最基本最起码的要求。文章就像一条溪流，溪水应当流得通畅，无阻碍，无扞格。所谓语句不通，一般是字词与字词之间，不能搭配的硬生生把它们扯在一起，就像戏曲里演的"拉郎配"。如"很差强人意"。这样的搭配不合逻辑，"很"是副词，表示程度相当高，与"甚"同义，而"差强人意"的"差"，也是程度副词，与"尚""略""稍微""勉强"等同义，所表示的程度恰恰与"很"相反，怎么能放在一起形容同一个对象呢？另一种比较常见的情况就是语句看上去是通顺的，但语句的意思或有歧义或晦涩难懂。例如网上有篇题为《阿富汗的选择》的报道（2014 年 4 月 4 日，来源：《东方早报》）：

> ……众多总统候选人中，拉苏尔、阿卜杜拉和贾尼比较拥有竞争优势。拉苏尔来自普什图名门望族。他不但主张改革，有群众基础（在阿富汗长老会很有影响力），而且深得卡尔扎伊总统的信任和扶持。卡尔扎伊拒绝在美阿安全协议上签字、释放塔利班犯人，以及说服其哥哥退选，都是为支持拉苏尔当选。

光看这段文字，我就闹不清，"释放塔利班犯人"到底是卡尔扎伊"拒绝"的宾语，还是卡尔扎伊作为主语的谓语。换言之，"释放塔利班犯人"究竟是卡尔扎伊的政见还是美国的主张，没说清楚。出版物、媒体上类似的情况不少。

2014 年高考已经过去了，各种（包括各省）语文高考试卷也都陆续公布了。在我的心目里，高考试卷有它的严肃性，甚至神圣性，但不少语文卷子竟也有语文品质方面的瑕疵。下面举出数例语句不通之处——当然也极有可能是我以是为非，好在语句通与不通是有客观标准的，是非自有公论，岂能容我一人胡说八道！

某卷论述类文本阅读题："有的人年龄虽然不大，但却走过许多地方，经过诸多历练，体验过各种身份和角色，经历过复杂岗位的锻炼和艰苦生活的磨砺……""阅历则是一个人对社会、对事件的经历及理解程度"。何谓"复杂岗位"？以"复杂"修饰"岗位"，我以为就是"拉郎配"。"阅历则是一个人对社会、对事件的经历"，没有问题，但说"阅历"是"……理解程度"就不合我们的言语习惯了。

某卷阅读题："技术是艺术生产的组成部分，艺术的创作与传播从来没有离开技术的支持。但即便如此，技术也从未扮演过艺术的主人。"在现代汉语里，"即便"略同于"即使"，表示假设的让步。但此处"技术是艺术生产的组成部分，艺术的创作与传播从来没有离开技术的支持"说的已是既成事实，"即便"用在这里，显然无此必要，用表示转折的"但"已经足够，"即便如此"四字多余。

某卷阅读题："说到底，艺术之所以为艺术，不在于认识，不在于教化，而在于给人想象的空间和情感的慰藉，是对遭受异化痛苦的人们所进行的精神关怀。""进行……关怀"，明显不通。这又使我联想起了 2014 年 4 月 11 日《文摘周报》上《公务员工资向基层倾斜》一文中的句子："……同时，工资体系也适当向基层公务员进行倾斜"。"进行"可删！应删！必须删！就像"进行吃饭""进行走路"，还有这里的"进行关怀"中的"进行"一样。

某卷阅读题："人是建筑服务的主要对象，人一直处在不断的繁衍和传播之中……"说"一直处在不断的繁衍之中"，通；但"传播"一词一般都不指人，换成"迁徙""播迁"等词会更恰当。

某卷阅读题："大数据教育提供了另外一种可能，标准化的教育将转向网络完成，而人才培养和个性化将主要由学校承担：越来越小的班级、越来越近的学校、越来越聚焦的教育支持、越来越个性的培养方式。""越来越聚焦的教育支持"，显然无此说法。

需要说明的是，阅读题的阅读材料都取自正规出版物（有的作了删节），其中的错误一般出自出版物作者的笔下，命题者只是失察而已。

我之所以不提"通顺"而提"清通"，是因为在语言表达中还有"通"而不"清"的现象——"清"与"浊"相对；文句看起来是通的，但所要表达的意思却并不清楚不明白，或是句与句之间似连非连，疙疙瘩瘩，等等——值得引起我们的重视。吕叔湘、朱德熙曾指出，语言表达就是表之于外、达之于人。表之于外，就是为了达之于人，而达之于人，是为了让人明白你表达的内容、意图等等，否则一切等于白费，徒然浪费了别人的和自己的宝贵时间不说，可能还会因此而误事，甚至是大事。因此，表达者的表达一定要让人听清楚，看明白，懂得你的意思；也就是不晦涩，不糊涂，不别扭，没有歧义，不会引起误解——当然误解也可能由于听者读者的原因而产生，在此勿论。

不少出版物的语文品质也不敢恭维。如"康熙自己对《四书》不仅'日日读书'，而且还'字字成诵'……"看来就是说"康熙不仅日日诵读《四书》，而且还能字字背诵"这点意思，为什么写得那么别扭呢？"日日读书"之"书"与上文"《四书》"重复，尤其从逻辑看，"日日读书"之"书"与"《四书》"似乎也没必然关系。《康熙创皇帝读书之最》一文是这样写的："他五岁开始读书，八岁登极，于儒家经典，日日必读，字字成诵。"（中国网，2007年12月10日）这就清通多了。

重读陀思妥耶夫斯基于 1850 年 12 月 24 日写给他哥哥的信，其中讲了他"被处死"的经过，再次让我感到震撼。但我当时看的译文有一处写道："我还来得及拥抱了普列谢耶夫和杜罗夫并同他们诀别，他们俩就站在我的身旁。"我想，死刑犯临刑时一般两只手臂都是被绑着的，怎么能够"拥抱"别人呢？于是我又查了三种别的译本。此处它们分别译作：

> 我还勉强拥抱了挨着我站的普列许杰也夫和杜罗夫，向他们道了别。

> 我还试着拥抱了站在我身旁的普列什耶夫和杜诺夫，并向他们说了再见。

> 我也曾试图拥抱紧站在我身边的普列谢耶夫和杜罗夫，并向他们诀别。（陈燊：《陀思妥耶夫斯基全集·书信集》上册，郑文樾、朱逸森译，河北教育出版社 2009 年版）

第一种，虽然"勉强"但还是"了"，第二种用了"试着"但也还是"了"；看来第三种译文最为清通。

让人有点哭笑不得的是郑州 2014 年民办初中"小升初"的一个题目：

> 50 人有 50 条狗，有病狗，只能观察其他人的狗，只有主人才能打死狗。不能交流，不能通知狗的主人。如果推断出自家狗是病狗，就要枪毙，只能枪毙自家狗。第一天没有枪声，第二天有一阵枪声。问有几只病狗？（《读写月报·新教育》2014 年第 7 期）

一句一句单独看，似乎都通，但如此这般连在一起，就有点搞笑的意味了。然而，这不是搞笑，而是"小升初"试卷上的一个题目。

清通与否，不仅仅是语句方面的问题，一篇文章的段落、层次也有同样的问题。有的文章里，这一句或这几句和别的几句或一句，不是顺着同一个意思或同一件事情说下来，而是毫无过渡地说另一个不相干的意思或另一件无关联的事情；还有就是段落与段落之间相互脱榫，不连贯，无照应，等等。但要举例，篇幅就会拉得很长；而且相对比较少见。清通，毕竟主要是语句方面的要求，也最容易在这上头犯错。

最后，且引周有光《语文闲谈》所抄录的钱昌照《简要清通诗》来结束这篇短文：

> 文章留待别人看，晦涩冗长读亦难；
> 简要清通四字诀，先求平易后波澜。

语文品质的基本要求二：适切

一

　　人是语言的动物，生活在人与人的对话关系之中。作为一种行为，言语，如偶尔的自言自语，往往是无意识的；某些时候，如寒暄、随意的交谈，有意识然而不强；但一般的言语行为都具有自觉的意图，它是言语行为的动机和理由。从语文品质的角度看，总是要求遣词造句、谋篇布局对于言语意图具有适切性。游离于言语意图之外的所有言语都是赘疣。

　　据报道，2014 年 7 月 22 日，联合国安理会在通过关于马航MH17 客机的 2166 号决议时，曾因行文中究竟是用"被击落"还是"坠落"发生过激烈争论。从表面看起来，仿佛都是"落"，"被击落""坠落"似乎也差不了多少；但主张"坠落"者却坚持不肯让步，据知是为了淡化惨烈程度，以减轻事件已经形成的对自己的巨大压力。说话作文时如何遣词造句、谋篇布局，往往受到说话作文者意

35

图的支配和监控，换言之，言语意图是遣词造句、谋篇布局幕后的导演。言语意图的实施，当然离不开言语内容——说什么；不过必须指出的是，与其说主要依靠言语内容，还不如说是主要依靠言语形式——怎么说更加切合实际。尽管影响怎么说的因素不少，但遣词造句、谋篇布局的讲究不可或缺，甚至有着特殊的重要性。《欧也妮·葛朗台》中的葛朗台，其实说话非常流利，但有时却会假装磕巴：

> ……磕磕巴巴地让商业对手着急，忙于替他表达思想，从而忘掉自己的观点。而今天晚上要谈的问题的确更需要装聋、装口吃，更需要用莫明（名）其妙的兜圈子来掩盖自己的真思想。首先，他不愿对自己的主张承担责任；其次，他又愿意说话主动，让人摸不透他的真正意图。

葛朗台的磕巴当然是一个极端的例子，但为了实现言语意图，遣词造句的推敲、谋篇布局的斟酌肯定是一条普遍规律。

由上述普遍规律又衍生出如下两种现象：一是，言语意图有当场就说出来的，也有试图藏起来的；说出来的也有真有假；无论真假，也无论意图说出与否，意图一定会在遣词造句、谋篇布局中有所体现，只是有隐晦曲折与清楚明白的区别而已；然而可以肯定的是，体现于遣词造句、谋篇布局的言语意图又一定比言语主体自己说出来的更真实、更可靠。二是，言语意图往往并不单一，甚至有多个意图同时在起作用，其主次强弱也会在遣词造句中留下痕迹。请看《红楼梦》第六回中的一段描写：

> ……（周瑞家的）又问刘姥姥："今日还是路过，还是特来的？"刘姥姥便说："原是特来瞧瞧嫂子你，二则也请请姑太太

的安。若可以领我见一见更好，若不能，便借重嫂子转致意罢了。"

　　周瑞家的听了，便已猜着几分来意。只因昔年他丈夫周瑞争买田地一事，其中多得狗儿之力，今见刘姥姥如此而来，心中难却其意，二则也要显弄自己的体面。听如此说，便笑说道："姥姥你放心。大远的诚心诚意来了，岂有个不教你见个真佛去的呢。论理，人来客至回话，却不与我相干。我们这里都是各占一样儿：我们男的只管春秋两季地租子，闲时只带着小爷们出门子就完了；我只管跟太太奶奶们出门的事。皆因你原是太太的亲戚，又拿我当个人，投奔了我来，我就破个例，给你通个信去。……"刘姥姥道："阿弥陀佛！全仗嫂子方便了。"周瑞家的道："说那里话。俗语说的：'与人方便，自己方便。'不过用我说一句话罢了，害着我什么。"

刘姥姥对周瑞家的问是路过还是特来的回答，便把前来寻求救济的意图在字面上藏起来了，但已相当透明，只是隔了薄薄的一张纸而已，以勉强保住自己最后那一点点尊严。接下来周瑞家的"便笑说道"的话语，就有两个意图。第一个意图主要体现于言语内容中，第二个自然不宜直说，但既然要"显弄"，就只有在遣词造句上做文章了，尤其是"不过用我说一句话罢了，害着我什么"这一句，不仅说明自己是能在太太面前说得上话的人，而且是说话管用的人，更是"说一句"就管用的人——"显弄"之意昭然，但也没有过分，还是相当得体的。两个意图前者为主，后者为从。

　　这里我们要趁曹雪芹提供的这个机会说一说言语意图和言语主体价值观的关系。周瑞家的这番话的主要意图是答应帮刘姥姥的忙玉成此事，言语间透着亲切、体谅，原因是："只因昔年他丈夫周瑞争买田地一事，其中多得狗儿之力，今见刘姥姥如此而来，心中难却其意"。看来她还是念旧的，于别人曾经帮过的忙懂得有所回报，她真的不算势利，尚存恻隐之心，悲悯之意。也许都是成年妇女的缘故，也许都是由于大文学家的提携而得以真正永垂不朽的缘故，我由周瑞家的联想起了鲁迅笔下《朝花夕拾》里的衍太太：

> ……假如她看见我们吃冰，一定和蔼地笑着说，"好，再吃一块。我记着，看谁吃的多。"
>
> ……我已经十多岁了，和几个孩子比赛打旋子，看谁旋得多。她就从旁计着数，说道，"好，八十二个了！再旋一个，八十三！好，八十四！……"但正在旋着的阿祥，忽然跌倒了，阿祥的婶母也恰恰走进来。她便接着说道，"你看，不是跌了么？不听我的话。我叫你不要旋，不要旋……。"
>
> ……父亲故去之后，我也还常到她家里去，不过已不是和孩子们玩耍了，却是和衍太太或她的男人谈闲天。我其时觉得很有许多东西要买，看的和吃的，只是没有钱。有一天谈到这里，她便说道，"母亲的钱，你拿来用就是了，还不就是你的么？"我说母亲没有钱，她就说可以拿首饰去变卖；我说没有首饰，她却道，"也许你没有留心。到大厨的抽屉里，角角落落去寻去，总可以寻出一点珠子这类东西……。"这些话我听去似乎很异样，便又不到她那里去了，但有时又真想去打开大厨，细细地寻一寻。大约此后不到一月，就听到一种流言，说我已经偷了家里的东西去变卖了，这实在使我觉得有如掉在冷水里。

"好，再吃一块……""好，八十二个了！再旋一个，八十三！好，八十四！……"等等，诱导怂恿的意图真是跃然纸上，"心术不正"应该算是比较宽容的评语了。不过，衍太太能力毕竟有限，手段也并不高明。她和那些专事设置陷阱以言语忽悠让人往里面钻的，实不可同日而语。

二

人的本质、人的个性在很大程度上其实就是人的欲望、需求、意图。对话，有时就是相互间意图的揣摩、验证、交流；但往往不是直话直说，而是如瑟尔的间接言语行为理论所揭示的，是通过字句的表面意思来表达间接的"言外之力"，也就是说，字句直接表现出来的意图并非真正的意图，而是实施真正意图的载体，"这"字句和"那"意图之间当然并不完全吻合，甚至从表面看去是风马牛不相及的；因而就需要在说出来的"这"载体上，通过特殊的遣词造句技巧植入没有说出来的"那"意图。我下面又得做文抄公了。曹禺《雷雨》：

> 周朴园 （忽然严厉地）你来干什么？
> 鲁侍萍　不是我要来的。
> 周朴园 谁指使你来的？
> 鲁侍萍 （悲愤）命，不公平的命指使我来的！
> 周朴园 （冷冷地）三十年的工夫你还是找到这儿来了。

钱谷融对周朴园看似简简单单的三句话作了如下分析：

> 我们听得出，周朴园在说前两句话时，一定是声色俱厉的，而后一句话又是多么的冷酷无情。
> "你来干什么？"他的内心的语言（潜台词）其实是说："你想来敲诈我吗？"侍萍说"不是我要来的"。他一定想：不是你自己要来敲诈我，那么准是有人指使你来敲诈我的了，所以

39

他接着问:"谁指使你来的?"这一问一答不过是三二秒的时间,但是,我们可以想象到,周朴园的内心变化却是异常激烈的,他的思想却是经历了很长的路程的。他一定会想到这个人多半是鲁贵,而鲁贵又是那样的狡猾难对付,他就更感到事态的严重。等到听侍萍说了是"不公平的命指使我来的"后,他才觉得还好,还只是她自个儿找来的,总算并没有别人夹在里头,因而他就不象原先那么紧张了。但他还是认定侍萍是有意找上门来的,要摆脱她,解除这个麻烦,他想是总得费些周折,花些钱财的了。但不知她此来的意图究竟如何,且先听听她的口风再说吧。因而他才冷冷地说了一句"三十年的工夫你还是找到这儿来了"。他的潜台词,他的内心的真正意思,其实是:"那么你究竟想怎样呢?"(王兴平等:《曹禺研究专集》下册,海峡文艺出版社1985年版,第619—620页)

在这里,我们看到了剧作家和批评家在剧本人物台词里相遇,剧作家笔墨的成熟和批评家眼光的犀利相辅相成、相得益彰;不过,周朴园在这短短几秒钟时间里思想的曲折变化、心情的跌宕起伏,恐怕连他自己也未必能够清楚地意识到;旁观者清嘛,我们不得不钦佩钱谷融对人物心理的洞察力,他的相关描述和判断是真实、准确的。这其实是周朴园、鲁侍萍两人之间心灵战场一次血淋淋的搏斗的开始,对于两个人来说都是出乎意料、猝不及防的遭遇战,鲁侍萍一直处于守势,她太善良了! 周朴园则始终处于攻势,他太阴暗了! 他的遣词造句完全实现了他的真正意图。从这个角度而言,周朴园确实是个成功的典型案例,但就其形成他这几句言语的意图看,他的价值观显然是恶的丑的。

三

以上数例说的都是口语，再说书面语——文章。第一例是鲁迅《野草》的最后一篇《一觉》里的一段：

> 漂渺的名园中，奇花盛开着，红颜的静女正在超然无事地逍遥，鹤唳一声，白云郁然而起……。这自然使人神往的罢，然而我总记得我活在人间。

众所周知，《野草》研究的领域里本来只有一种声音，后来有了不同的声音，以为其中有的文字是抒写作者和许广平的爱情的；胡尹强于 2004 年 1 月出版了《鲁迅：为爱情作证——破解〈野草〉世纪之谜》一书，才比较深入透彻地对此作出了系统论证。上引《一觉》中的一段，我至今尚未读到比胡尹强更有说服力的论证。这的确是"一个遥远而飘渺的诗意盎然的爱情故事"。胡尹强对上引这一小段中"名园""奇花""静女"等词语的含义、色彩以及相关的典故作了准确而又深入的考察，发现了它和鲁迅、许广平爱情之间的联系。鲁迅从来不是下笔千言、文不加点的所谓才子，他对文字的讲究、认真、执著几乎人尽皆知，他会随便用"名园""静女"等词语吗？而正是这几个词语，醒目、显豁地泄露了《一觉》为爱情作证的真正意图。

另一例也和鲁迅有关。据吴海勇先生的研究，许广平的《鲁迅回忆录》有两个版本：手稿本和初版本。出版手稿本的目的（亦即本文所说的意图，仔细考究起来，"目的"与"意图"两者在心理学上是有所区别的；本文属于漫谈性质就不再细分了），是"还原"，除此之外如果还有另外的目的，那也应当说"还原"是主目的。但由于种种原因，为了使主流意识形态性更加鲜明，这一原本应当是副目的的目的却成了主目的。"实际上，二者仅是五十步与百步之距离，有些手稿本提法较初版本有过之而无不及。比如，'鲁迅是一个战士，指挥者是党，是党的领导。'（手稿本，第 13 页）'革命最快收效的是火与剑。要有党，这鲁迅是知道的。'（手稿本，第 16 页）诸如此类言论，为初版本所无。"（《旧稿纸上的鲁迅——许广平〈鲁迅回忆录〉手稿本与初版本对照》，《新民周刊》2010 年 5 月 5 日）

记得高尔基说过这样意思的话：已经写出来的东西，就是用斧头也砍不掉。而我们读者正是循着作者笔下的字句，不断走近作者真正的写作意图，不断走进作品自己的世界。

四

读陈丹青的《荒废集》，觉得其中《请媒体人善待公器》一文是讨论我们现在这个题目极好的例子。这篇文章其实是某报纸文学版发表该报一位前记者致作者公开信的复信。看"公开信"，似乎不可能是随意随便之作，而是精心结撰的文字。例如，题目就挺能吸引眼球的——"您这架老炮还能挺多久"，真可谓言有尽而意无穷：炮者，所谓进攻性武器也，且颇有杀伤力的；老炮之老，当指"您"的年龄，也有从事发炮攻击颇有一些时日的意思；尤其是"还能挺多久"，含义丰富复杂而微妙（如："您"这"老炮"为何"挺"着，向谁"挺"着；"您"其实没有什么力量，只是"挺"着而已，勉强得很；"您"实际上已经"挺"不了多久了……）。对此，陈丹青说，"但也就放一边"而已；直到"今天记者催复信"，于是就有了集子里的这封复信。我们首先要问的是，复信的意图是什么？我们只能就"信"论之，看来就是标题所说的那句话。照理，复信应当写给当初给你写信的人，怎么开头却是"《新京报》文学版编辑先生大鉴"呢？由此又会产生另一个问题：所写会不会对"公开信"作出有针对性的具体回应呢?

　　我以为,陈丹青此文好就好在他的写作意图。如果只是单对"公开信"作出回应,就很有可能变成两个人之间的口水战,如对所涉某事、某细节是否真实等等的辨析,对读者来说当然也有意思,但意思不会太大,甚至只成为茶余饭后的消遣。陈丹青的复信没有落入此套,而是着眼于媒体人应有的职业道德展开。这是小题大做吗?非也,因"公开信"自称是"命题作文",应谁之命?当是媒体无疑。不过,陈丹青没有指这份报纸,而是它的"文学版"。

　　至于对"公开信"的回应,当然是题中应有之义——陈丹青把它当作媒体应有之职业道德的反面例证。可以说复信有两重写作意图,相互呼应,相得益彰。陈丹青就"公开信"所指斥的,指出"他忘了记者的身份,忘了代表媒体公器",并就此进行论说,没有离开"请媒体人善待公器"这一主要意图,不但没有离开,还成了向媒体人提出这一建议的原由。在这里,"命题作文"四字甚为要紧,倘若没有这四个字,文章这样写就多少会有些生硬。意图决定了主旨,意图、主旨又决定了思路、结构,还左右着语言表达。例如:

　　……自我回国,嘲讽笑骂不曾断,前几天也还收到网络一篇长文,就我在《南方周末》谈美术现状的文章,痛骂我是拿了美国护照的"帝国主义走狗"……难道我不能嘲讽?不能骂?非也,谁有兴致,尽管骂,但诸位明鉴:暗夜留言的博客生人,为文痛斥的各路写家,与张先生身份不一样:他是职业记者,记者发文,占据公器,与圈外的言路不是一回事,而记者下笔理应有根据、敢负责、懂约束。此信一不负责,二没根据,三不知约束,通篇语气卑怯而谵妄,不坦荡,所以我回信的这点小面子,不想送给张先生。

"我"对"你"回应，并非"我不能嘲讽""不能骂"，而是由于"你"是"占据公器"的记者——这就主动避开了容易产生的"我"因被嘲讽、被骂才写此复信的误会（当然任何人都可以对"被嘲讽""被骂"作出回应或反击，但这不是陈丹青的写作意图）——作为"占据公器"的记者，"下笔理应有根据、敢负责、懂约束"：两重写作意图在这里交汇在一起，几乎天衣无缝。

　　陈丹青的复信，我以为是"懂约束""留余地"的。例如文中关于对方"心态"的剖析，"什么心态呢，这倒一时难觅准确的词，觅到了，也给留一点最后的面子，不来点破吧"——这就证明他不是来对骂的，他的意图不在回骂，而在提建议，说道理。"也给留一点最后的面子"，当然可以写成"也给他留一点最后的面子"。我不知道作者是否有意省去这个"他"字，反正他没写。我总觉得不用这个"他"字，语气要缓和一些。

　　我特别感兴趣的是作者这一段话："我写稿，虽常为情绪所染，多偏激，然而遣词造句力求知进退，留余地，照顾到种种事实与事理，人情与国情……怎么做呢，就是字句审慎而有度，稍一轻忽，意思就会不对、不妥，不良，以至不堪。"这把何谓语文品质，尤其是如何讲究语文品质，讲得相当清楚。总之，在确定意图之后下笔之时，遣词造句、谋篇布局就必须在"适切"上认真下功夫，不要出现"不对、不妥，不良，以至不堪"之处，以使文章具有良好的语文品质。

语文品质的基本要求三： 准确

　　语文品质的第三个基本要求是准确，即言语所表达出来的与表达对象的实际情况要一致，不能走样。《词和词汇》一书有一个绝妙的例子——鲁迅《〈坟〉的题记》，有一段话原是这样写的：

　　　　我的可恶有时自己也知道。即如我有时吃鱼肝油以望延长我的生命，倒不是为了我的爱人，大大半是为了我的敌人，给他说得冠冕一点，就是敌人罢——给他的好世界上留一些缺点。

定稿时，鲁迅先生把它改成：

　　　　我的可恶有时自己也觉得，即如我的戒酒，吃鱼肝油，以望延长我的生命，倒不尽是为了我的爱人，大大半乃是为了我的敌人，——给他说得体面一点，就是敌人罢——要给他的好世界多留一些缺陷。

接着编著者指出："其中，将'知道'、'冠冕'、'留'、'缺点'改为'觉得'、'体面'、'多留'、'缺陷'，使所要表达的概念更准确了；'不是'改为'不尽是'逻辑上也更严密了。"（张静，蒋荫朔：《词和词汇》，东北师范大学出版社1988年版，第20—21页）说得很准确，不过我想作点补充。首先是鲁迅自己觉得"敌人"一词是用得不很准确的，只是为了"给他说得体面一点"而已，加了这一夹注，就准确了，即恰到好处地表现了对"敌人"的鄙视之意。另，将"不是"改为"不尽是"，逻辑上确实是变得严密了，即能与下一句的"大大半"严丝合缝；但更主要的则可能是为了更符合实际：延长寿命一定也有为爱人的动机在，否则似乎不近人情。古人谓"一字之失，一句为之蹉跎；一句之误，通篇为之梗塞"（清·刘淇《助字辨略》），遣词造句确实不可不慎。

文字表达所要求的准确，其实包含两个方面的对象，即文字所要描述的客观世界的情况和主观世界的状态，两者都不走样。且以司马迁为例。他的《报任安书》，明代孙执升在《评注〈昭明文选〉》中的评价是："史迁一腔抑郁，发之《史记》；作《史记》一腔抑郁，发之此书。识得此书，便识得一部《史记》，盖一生心事，尽泄于此也。"特别是倾诉生不如死的悲愤、表现忍死以生的坚韧，曲曲传出，淋漓尽致，谓之感天地泣鬼神，亦不为过！《报任安书》我常常是爱读又怕读，每读，借古人的话说是"辄作数日恶"。而其《史记》，则又是"史家之绝唱"，是真实描述过往世界的伟大典范。例如《万石张叔列传》写万石君一家的谨慎："万石君少子庆为太仆，御出，上问车中几马，庆以策数马毕，举手曰：'六马'。庆于诸子中最为简易矣，然犹如此。"马只六匹，还是要"以策数马"，其事上之恭谨可见一斑。石庆的"六匹"二字，固然准确，然无足奇，所可奇者实为得出这一准确数字的过程，又特别是司马迁对此过程的准确描写，如若写成"上问车中几马，庆曰：'六马'"，你不能笼统地说这不准确，但石庆的恭谨就完全模糊甚至彻底不见了。

其实，上文把客观世界的情况和主观世界的状态分为"两者"，是不准确的。就记叙文而言，确有"客观""主观"不同的偏重，从表面看，有的甚至只有"客观"而不见"主观"；但实际上，笔下的"客观"却无不由"主观"而来，即来之于"主观"之所见、所闻、所感、所想。由此，我们似乎可以对陆机所说的"意不称物，文不逮意"有进一步的理解。"物""意""文"三者，"文"不用多说，就是文字、文章；"物"实为"意"中之物；"意"，就是作者对"物"的感知、认识，当然也包括对自己的感知、认识。这里值得一说的是，对自己的感知、认识往往有助于对"物"的感知、认识，最典型的例子还是来自《史记》，《屈原列传》关于《离骚》创作动机和思想感情的剖析，司马迁简直就是借屈原的酒杯，浇心中的魂磊。

准确，首先应当是"意"的准确，即能"称物"，然后是"文"能"逮意"。如此说来，"意"的准确是根本，是关键；但最后还得落实于文字之中，表现为语文品质。往往有这样的情况，"意"自己以为是明确、准确的，落实为文，似乎也未变形走样，可在读者看来，却辨不清你说的究竟是东还是西，因为你所表达出来的意思在东、西两可之间，这就是所谓"歧义"。吕叔湘、朱德熙在《语法修辞讲话》中所举的"我们的图书馆珍藏了著名学者章炳麟的书""一边站着一个孩子，看来年纪还很小"，和赵元任在《汉语中的歧义》中所举的"鸡不吃了"等例子，想必大家都耳熟能详。歧义语句，在说者写者心目里多数可能是只有他真正想表达的一种意思，如实际想说的就是"章炳麟（所著）的书"——我明明说的就是"章炳麟（所著）的书"嘛，清清楚楚，你怎么会听不明白呢？他不清楚"章炳麟的书"也可以理解为"章炳麟所拥有的书"。可见语言表达要做到准确无误没有歧义是需要学习、训练的。

准确，由"意"而"文"，有三点特别值得注意。一是准确与否和"意"相关相连，我们甚至可以说准确之意的形成，同时也就是准确之文的形成。二是"意"虽准确，"文"却模糊，因作者缺乏"逮"的能力，所谓词不达意是也。三是"逮"是一个过程，作者若能穷追不舍，坚持到底，春风就很有可能"绿"遍江南岸。讲究语文品质，这三点都不可忽视，但最主要的是二、三两条。

准确，其实就是对真实的追求和体贴；甚至可以说，准确在很大程度上就是真实。因而，这不是一件容易的事情，就是《史记》，也难免会有个别瑕疵。如《吕不韦列传》："始皇帝益壮，太后淫不止。吕不韦恐觉，祸及己，乃私求大阴人嫪毐以为舍人，时纵倡乐，使毐以其阴关桐轮而行，令太后闻之，以啖太后。太后闻，果欲私得之。吕不韦乃进嫪毐，诈令人以腐罪告之。""使毐以其阴关桐轮而行"，其真实性大可怀疑，也许是司马迁听信了当时不实的民间传说之故吧。不过，另有一种主观的真实，如蚊与鹤相去何止千里，但在《浮生六记·闲情记趣》里，蚊就是鹤却是千真万确的真实：

> 余忆童稚时，能张目对日，明察秋毫，见藐小微物，必细察其纹理，故时有物外之趣。夏蚊成雷，私拟作群鹤舞空。心之所向，则或千或百果然鹤也。昂首观之，项为之强。又留蚊子素帐中，徐喷以烟，使其冲烟飞鸣，作青云白鹤观，果如鹤唳云端，怡然称快。

这就是上文提到"意""文"同时成就的绝佳例证，蚊即鹤，何其相似乃尔！这是沈复的独特发现，自是"怡然称快"。苏东坡说："某平生无快意事，惟作文章，意之所到，则笔力曲折，无不尽意。自谓世间乐事，无逾此者。"（《春渚纪闻》）对于文章大家来说，以笔尽意，就是披肝沥胆的宣泄，就是游刃有余的创造，当然也就是一种精神的盛宴。

　　精确固然往往就是准确，但模糊也未尝不常常是准确的表现。当年读书时初学"隐喻"，以为只是许许多多修辞格中的一种，在我们的语言世界里虽不罕见，却也不多见，直到自己教书多年以后才知道它"是我们赖以存在的世界"（莱考夫），我们几乎一时一刻也离不开它。其实，与"准确"相对的"模糊"，情况也颇为相似：我们追求准确，却又离不开模糊。波兰哲学家沙夫说得好："语词的模糊性，就表现在它有一个应用的有限区域，但这个区域是不明确的。而模糊的语词总是有某种'交界的'区域，我们从来不能确定地说出某个语词能够或者不能够应用于这个区域。"（沙夫：《语义学引论》，罗兰、周易译，商务印书馆 1979 年版）就拿本文开头由不准确而准确的例子来说，试问："有时吃鱼肝油"准确，还是去掉"有时"准确？常识告诉我们，鱼肝油不可能时时都在吃，当然加"有时"才准确，但此处却是不加为宜。其余如定稿里的"可恶"，到底有何"可恶"之处？有多可恶？"有时"又是何时？"我的敌人"只"他"一个吗？如果不是一个又为何不在"我"字后面加"们"？还有"大大半""多留"之"多""一些"，等等，几乎全是模糊之词，至少有模糊之嫌：难道不是吗？再请看下面两段文字：

　　　　人们经常问我：运动神经细胞病对你有多大的影响？我的回答是，不很大。我尽量地过一个正常人的生活，不去想我的病况或者为这种病阻碍我实现的事情懊丧，这样的事情不怎么多。（史蒂芬·霍金《我的病历》）

其中"不很大""尽量""不怎么多"都是所谓模糊词语。

　　　　我们每一个人都可能经历了一些我们知道的危险，但可能

49

还有许多我们并不知道的危险呢。也许那天你没出门，对你就是一个幸运；也许那天即使你出门了，但走的是这条路而不是那条路，对你也是一种幸运；也许即使你出门走的是那条路，但你在那条路口前停了停，而没有径直往前走，对你也还是一个幸运；因为，可能恰恰就在那一天的那一个时候，有一个喝醉了酒的司机在那条路口开车撞倒了一个人，当然，那不是你，你是幸运的，但你不可能知道这一幸运。无论如何，现在这生命是握在你的手里了，那么，珍惜它吧，你的生命，这是在无数的偶然性中、在各种各样的危险中很不容易才产生出来的、世界上最美丽的花朵！（何怀宏《生命的幸运》）

模糊词语就更多了。因此，我们似乎有理由相信，我们人类的语言世界离不开模糊，甚至可以说，没有模糊，我们几乎就无法开口。我们不是不要准确，但准确似乎总是相对的，真正的准确，难矣哉！遣词造句，在该力求准确的地方力求之，在该模糊或难以准确的地方就准确地模糊之。何谓"准确地模糊"？请看张爱玲《姑姑语录》：

去年她生过病，病后久久没有复元。她带一点嘲笑，说道："又是这样的恹恹的天气，又这样的虚弱，一个人整个地像一首词了！"

"像一首词"，当然就排除了"像一首诗"的可能，从这个角度看，"像一首词"是说得精确的；但是，把人比成"一首词"，又毕竟是太模糊了，说它模糊，主要还不是它没有说清楚到底是婉约词还是豪放词，究竟是短章还是长调，而是两者压根儿似乎就没有什么相像之处；但它却是《姑姑语录》中最精彩的一条。是的，它太模糊了，同时又太精确了！

语文品质的基本要求四：得体

　　言语作品面对的是读者听者，说者写者以何种态度对待听者读者，取决于他们之间的关系；更准确地说是取决于说者写者对这种关系的意识、认识。所谓"得体"，一是说者写者对这种关系的意识、认识是正确的，二是这种意识、认识在其言语中的表达是准确的。王希杰认为得体性是修辞学的最高原则，有的修辞学家干脆就把修辞学看作"言语得体学"。有的修辞学家还提出了关于得体的"合境、合位、合礼、合俗、合式"等五项要素和可接受性、整体性、向善性等三个特点。在西方，亚里士多德在《修辞学》中也早就提出了"恰当""切题""掌握分寸""求其适中""适合身份"等有关言语得体性的要求。王充在《论衡·超奇篇》中说："文由胸中而出，心以文为表。……有根株于下，有荣叶于上，有实核于内，有皮壳于外。文墨辞说，士之荣叶、皮壳也。"得体，心是"根株"，文是"荣叶"。确实，说者写者对于自我身份的正确意识、认识是最根本、最关键的。

《阿Q正传》里有如下一段描写：

> 他下半天便又被抓出栅栏门去了，到得大堂，上面坐着一个满头剃得精光的老头子。阿Q疑心他是和尚，但看见下面站着一排兵，两旁又站着十几个长衫人物，也有满头剃得精光像这老头子的，也有将一尺来长的头发披在背后像那假洋鬼子的，都是一脸横肉，怒目而视的看他；他便知道这人一定有些来历，膝关节立刻自然而然的宽松，便跪了下去了。
>
> "站着说！不要跪！"长衫人物都吆喝说。
>
> 阿Q虽然似乎懂得，但总觉得站不住，身不由己的蹲了下去，而且终于趁势改为跪下了。

奴性已经深入他的骨髓，即使叫他"站着说！不要跪！"，而且于此他自己也"似乎懂得"，但最终还是"身不由己"地跪下了。"身不由己"，太可怕了！赵树理《李有才板话》中的"真好汉"张得贵，同样也丝毫没有人的自觉，无疑也是阿Q家族的成员：

> 张得贵，真好汉，
>
> 跟着恒元舌头转；
>
> 恒元说个"长"，
>
> 得贵说"不短"；
>
> 恒元说个"方"，
>
> 得贵说"不圆"；
>
> 恒元说"砂锅能捣蒜"，
>
> 得贵就说"打不烂"；
>
> 恒元说"公鸡能下蛋"，
>
> 得贵就说"亲眼见"。

要干啥，就能干，

只要恒元嘴动弹！

所以，我觉得"得体"是语文品质中最人文的一项要求，要把它落实到言语作品中，也极不容易，因"身不由己"之故也。阿 Q 当年的表现，可怜可哀，然而似乎情有可原；但在我们人民已经当家做主以后，阿 Q 气就有点让人感到"不合时宜"了。如有一篇修辞学论文如此这般地写道——

> 不得体的语言在特定的条件下也会转化成得体的语言。以错为美，以丑为美，以不通为美是随处可见的。例如下面一段文字：
>
> 有一小轿车与一独轮车相遇。司机令老汉让道，老汉道：为何？司机道：我开的是小车。老汉道：我的也是小车。司机道：小车是首长车。老汉道：我的也是手掌车。司机道：首长车是小轿车。老汉道：我的也是小叫车。不信你听。听毕，驾起车，果然吱吱作响，象蝈蝈唱，蹒跚而去……
>
> 这是刊登在《读者》1994 年第 6 期上的一篇题为《乡间小路》的短文。如果不将其视为文学作品，在现实生活中，这老汉强词夺理，语言绝不能说是得体的。但作为幽默作品而言，我们又不禁为老汉的谐音妙答叫好，发出会意的笑声，绝不会评头论足批评老汉的语言不得体。

按照此文的逻辑，"在现实生活中"，手推小车应当给机动小车特别是小轿车让路，老百姓的车尤其应当给"首长车"让路；"这老汉"不让路，还说出了不愿让路的道理，就是"强词夺理"，就是"不得体"。这是什么逻辑！这是什么话！如果该"首长车"不是公车私用，又假设"首长"确有要事急事，也不能"令"老汉让道，完全可以好好商量；司机口出狂言，坐车的"首长"也应当及时阻止并下车向老汉道歉。这是起码的！这是应该的！这是必须的！起火了，"让首长先走！"得体吗？另有一本相关论著，在论及"得体"时，把人际关系分为"上下关系""平等关系""供求关系"等，似乎"上下关系""供求关系"等就不是"平等关系"，用语就不必"是尊重的，谦恭的"似的。

还有一本相关论著写道：

> 三国时期，诸葛亮的哥哥诸葛瑾在吴主孙权手下谋事。他的儿子诸葛恪，不仅自幼聪明，还拥有良好的口才。有一次，孙权见到诸葛恪时，问他："你认为你父亲与叔叔比较，哪个更有才能？"
>
> "我父亲比我叔叔才能大！"诸葛恪以坚定的口吻说。
>
> 诸葛亮是智慧的化身，他的才智深得天下人的赞许和认可。因此，孙权问诸葛恪："你为什么要这样说？"
>
> 诸葛恪回答："我父亲知道自己该侍奉哪位君王，我叔叔却不知道。"
>
> 孙权听后，高兴地笑了，从此对他们父子愈加看重，并委以重任。诸葛恪一番得体话，取悦了孙权，为他带来了好前程。
>
> 会说得体话，不仅能取悦对方，有时还能改变自己的命运。

我总觉得，为人处世，包括在言语交际中，个人尊严不可须臾或失，把"取悦对方"作为"得体"的要素予以过分强调是很不合适的；否则，就有巧言令色之嫌。吕祖谦在《易说》中说得好："辞之所发，贵乎诚敬，修于外而不诚于内，此乃巧言令色。"常听到有的老师举纪晓岚在乾隆面前解释"老头子"三字的含义作为例子，我以为纪晓岚也只是巧言令色而已，虽然也是无可奈何。

上文说过，得体这一要求是最人文的，我们在教学实践中千万不能把得体只是当作一种说话作文的技巧，而是要把遣词造句的得体和人的自觉、公民的自觉自然而然联系起来。

俞平伯《红楼心解——读〈红楼梦〉随笔》中的《增之一分则太长》有云：

> 如第二十一回"贤袭人娇嗔箴宝玉"，脂砚斋庚辰本有一段：
>
> 袭人冷笑道："我那里敢动气，只是从今以后别进这屋子了，横竖有人伏侍你，再别来支使我，我仍旧还伏侍老太太去。"
>
> 只说，"从今别进这屋子"，谁别进这屋子？似乎上边缺一个字。再看有正本程甲本。引程甲之文：
>
> 袭人冷笑道："我那里敢动气，只是你从今别进这屋子了……"
>
> 通行各本大抵相同（有正本亦有"你"字）。"只是你从今别进这屋子了"，意思虽比较清楚，这个"你"字却大可斟酌。你看，袭人如何能叫宝玉别进他自己的屋子呢？岂非把和尚赶出庙么？改为"我"字如何？如作"只是我从今别进这屋子了"也不通。袭人本在这屋里，只可出去，无所谓进；应该说"只是我从今别耽在这屋子了"才对。但本书文字又不是那样的。

俞平伯接着对此作了非常具体细致的分析，结论是："虽只一字之差，却有仙凡之别。"（俞平伯：《红楼心解——读〈红楼梦〉随笔》，陕西师范大学出版社2005年版，第61—62页）

俞平伯真是独具只眼，发现了这一字之差；又作了鞭辟入里的精彩分析，让人五体投地。但如果在语文教学中作为"得体"的例子，我宁肯把袭人在遣词造句中渗透出来的丫头意识作为重点。这又使我想起第四十五回赖嬷嬷的话："你那里知道那'奴才'两字是怎么写的！"用现在流行的句式来说就是"你那里知道那'奴才'是怎么炼成的！"袭人并不特别聪明，乃环境使然也！就像阿Q见了当官的就会自然而然下跪一样，在几千年的封建社会里，臣下见了皇上就一定会自然而然自称"犬马"，清朝的官服袖口还配有所谓的"马蹄袖"，"犬马"在主子面前匍匐下跪时两手着地，看上去真的就像两只马蹄。犬马能是人吗？而我们的教育就是要培养学生作为人的意识，语文教学当然也不能例外，甚至责任更重。

由此我又联想起陈寅恪与汪篯之间交往最后的故事。1953年11月汪篯受命从北京南下劝说他多年的恩师陈寅恪北上就任中国科学院历史研究所二所所长，却碰了一鼻子灰。其中的原因当然复杂而又微妙，但汪篯"显然用了'党员的口吻''教育开导的口吻'与陈寅恪谈话"（陆键东：《陈寅恪的最后20年》修订本，生活·读书·新知三联书店2013年版，第97页）不能不说是重要原因之一。"在1953年岭南这个初冬里，陈寅恪在火气正盛时说出了这样的气话，'你不是我的学生！'"且看陈寅恪另一位学生刘节在"文化大革命"中的表现：

……红卫兵要抬（陈寅恪）去大礼堂批斗，师母阻止，被推倒在地。结果，由前历史系主任刘节代表先生去挨斗。会上有人问刘有何感想？刘答：我能代表老师挨批斗，感到很光荣！（同上书，第180页）

刘节的回答掷地有声，真正代表了我们民族尊师的美好传统！再回过头来讲陈、汪两师徒的事。据知，"这次会面后，陈、汪两师徒从此再也没有见面的机会。于陈寅恪，此事给他的伤害无法估计；于汪篯，亦是一个终生的遗憾。最具悲剧意味的是，从始到终，汪篯一直都挚爱着自己的老师"（《陈寅恪的最后 20 年》，第 98 页）。汪篯的错，根子在于他忘了自己曾是恩师的爱徒，而"无论从辈分、地位都不足以与陈寅恪作正式对话的其时才三十七岁的后学"（同上），更无论学识、修养、节操也都不在一个档次上，却反而把自己当作老师去"教育开导"自己的老师。这样时时、处处、事事都以教育者自居的人现在又何尝少呢？

"教育者"的另一变种是"代表者"，一个人当然可以代表经过合法授权的任何人，但没有资格代表未经授权的任何人，可就有个别人不知天高地厚动辄代表全村、全乡、全县甚至全省、全国、全亚洲、全世界的人民或部分人群怎样怎样，可谓荒唐之至，其实这也是一种违法行为。

说到汪篯，就不能不说一说陈寅恪。这次和汪篯的会面，他仍然坚持他一以贯之的"独立之精神，自由之思想"，口述了《对科学院的答复》这一长文。他的这篇长文，和作于 1929 年的《海宁王静安先生纪念碑碑文》，确实是"历千万祀，与天壤而同久，共三光而永光"的传世之作。可以毫不夸张地说，它才是"得体"的典范！

"得体"的"超语言学"内涵

毋庸置疑，语言学对语文教育理论与实践的探索是不可或缺的，不可替代的；但语文教育也不能只在语言学的圈子里转悠。此所谓语言学，当然也包括语用学在内。众所周知，语用学是"语言学研究的一个分支学科"，是"从使用者的角度出发去进行研究的语言科学"（何兆熊：《新编语用学概要》，上海外语教育出版社2000年版，第9页）。不管是普通语言学还是语用学视野中的"言语"，正如巴赫金在讲到索绪尔语言学时所指出的，"言语"这一概念都有它的局限性或者说缺陷。索绪尔认为，言语是"个人意愿和智力的行为"，是说话者"表达他个人思想的手段"。他明确指出："言语中没有任何东西是集体的，它的表现是个人的和暂时的。"（索绪尔：《普通语言学教程》，商务印书馆1980年版，第42页）几年前有学者提出了"积极语用"的概念，它不同于消极语用偏重接受主体的根本特征，是强调基于表达主体的"表现性"言语行为。总之，普通语言学、语用学（哪怕是所谓"积极"的）认为言语是表达、表现，它是说者个人世界的存在。而巴赫金则从语言的社会学立场出发，发现了言语的交往性、对话性，强调语言的社会关系本质，认为语言必然是交往、对话的语言，即使是单方面陈述，它也总是交往、对话之链条中的一个环节。我们不能只看见说话者，只关注说话者表达了什么意思。

众所周知，人是社会的动物，人是"社会人"；人是语言的动物，人是"语言人"；人在一定的社会关系中生成为人，同时这也意味着人是在语言中生成为人的。必须从人的交往需要，从人与人的关系去理解语言文字，因为正如巴赫金所指出的："说者的话语里总带有诉诸听者的因素，总以听者的回应为旨归"（巴赫金：《文本对话与人文》，白春仁等译，河北教育出版社1998年版，第191页），而"任何理解或多或少都蕴涵着回应"（同上书，第198页）。也就是说，如果离开了关系，而仅仅着眼于说者一方，我们就不可能真正理解话语，也不可能生成任何话语。杜威甚至认定"语言是一种关系"（杜威：《经验与自然》，商务印书馆1964年版，第144页）。话语不是主体的现象，而是一种主体间的现象。在话语中不是只有一个说话者，而是有两个相互交往者——对话者。表达，不仅仅是为了表达说者某一意思；为什么要表达、向谁表达、这个"谁"又是怎样影响着表达，都是绝对重要因而必须正视的问题，因而必然涉及叙事学和阐释学等等。这就是巴赫金从"超语言学"的角度考察言语所得出的结论。巴赫金指出：

　　语言只能存在于使用者之间的对话交际之中。对话交际才是语言的生命真正所在之处。语言的整个生命，不论是在哪一个运用领域里（日常生活、公事交往、科学、文艺等等），无不渗透着对话关系。不过语言学仅仅研究"语言"本身，研究语言普遍特有的逻辑；这里的语言，仅仅为对话提供了可能性。而对于对话关系本身，语言学却向来是抛开不问的。这种对话关系存在于话语领域之中，因为话语就其本质来说便具有对话的性质。（钱中文：《巴赫金全集》第五卷，河北教育出版社1998年版，第242页）

……超语言学不是在语言体系中研究语言，也不是在脱离对话交际的"篇章"中研究语言；它恰恰是在这种对话交际之中，亦即在语言的真实生命之中来研究语言。（同上书，第269页）

我们探讨衡定一篇言语作品之语文品质的标准，当然也必须超越传统语言学的局限，从"超语言学"的角度来发掘它的丰富内涵。其中最典型的就是"得体"这一基本标准。

《红楼梦》第四十回，刘姥姥参加了一场以贾母为首的女眷盛宴。开宴前，凤姐"把一盘子花"给刘姥姥"横三竖四的插了一头"，弄得像个"老妖精"似的：

贾母和众人笑的了不得。刘姥姥也笑道："我这头也不知修了什么福，今儿这样体面起来。"众人笑道："你还不拔下来摔到他脸上呢，把你打扮的成了老妖精了。"刘姥姥笑道："我虽老了，年轻时也风流，爱个花儿粉儿的，今儿索性作个老风流！"

在宴会上：

只见一个媳妇端了一个盒子站在当地，一个丫鬟上来揭去盒盖，里面盛着两碗菜，李纨端了一碗放在贾母桌上，凤姐偏拣了一碗鸽子蛋放在刘姥姥桌上。贾母这边说声"请"，刘姥姥便站起身来，高声说道："老刘，老刘，食量大如牛。吃个老母猪，不抬头！"说完，却鼓着腮帮子，两眼直视，一声不语。众人先还发怔，后来一想，上上下下都一齐哈哈大笑起来。

单纯从刘姥姥的角度看，从她的话语本身理解它的意思，实在是太不得体了：人家把她当猴子耍，她不但毫不恼怒，而且还把这打扮说成是"体面"；更加不能接受的是，"众人"提醒之后，丝毫没有"悔改"的表现，反而愈说愈离谱，愈说愈不像话了，最后竟然说出"今儿索性作个老风流"这样不堪的话来！如果这里多少还有点被动的意思，那么宴会上"便站起身来"，"高声"打趣自己，简直就是自我作践了！不过，从"超语言学"的观点看来，刘姥姥这不是单纯的"自我表现"，她如此这般作践自己，是为了迎合贾母，特别是凤姐等人的需要。刘姥姥从凤姐等人的作为和言语中听出了这种需要，对此她主动自觉地作出了迎合的反应。她再进荣国府，是报答来的，是感恩来的，特别是继续"乞讨"来的；上这宴会她也不是为了享用美食，而是为了让贾母、凤姐她们高兴来的。正所谓是：满"嘴"荒唐言，一把辛酸泪！后来凤姐、鸳鸯向她道歉时，她说"咱们哄着老太太开个心儿，有什么恼的！"可谓石破天惊，一个"哄"字，说明她心里明白着呢，而"咱们"的称谓又着实挽回了一点可怜的脸面和自尊。这一着眼于"关系"、交往、对话和言语"真实生命"的解读，让我们得出了刘姥姥上述"荒唐"之言完全符合"得体"的要求，不过这不是语言学所说的"得体"，而是超语言学视野中的"得体"。一进荣国府时她个别话语曾显露出"粗鄙"的毛病，那时的粗鄙是不自觉的粗鄙，是所谓真粗鄙；而这一次她能以粗鄙为粗鄙，特别是能巧用粗鄙，化粗鄙为神奇，质变而为含金量极高的幽默。这是超乎不得体的得体，比一般的所谓得体更为得体的得体。

《红楼梦》众多人物里，能说会道者当数凤姐；但在我看来，真正最能说话最会说话的非刘姥姥莫属。理由是唯有她能在最难处的位置上说出最得体的话来，在错综复杂的矛盾夹缝里游刃有余，最终实现自己的言语意图。她这次面见贾母，是第一次，她不可能没有自卑感："我这生像儿，怎么见得呢？好嫂子，你就说我去了罢！"但此中也有自谦的成分——这次见面固然是贾母主动，刘姥姥自己也未必没有"这可是一次难得的机会"的欣喜。当然要去，必须去，但"去"又谈何容易！首先面临的就是一个称呼问题。称呼可是一件天大的事儿，千万马虎不得！因为它就是关系，而且是最明白、最直接的关系。当然这种关系具有客观性，而称呼是说话者对这种关系的肯定、否定或修正。"我"怎么称呼"你"，就是"我"对说话者双方属于何种关系的认定，也是"我"对"你"采取何种态度的标杆。刘姥姥一进荣国府时，就因对凤姐自称板儿为"你侄儿"而受到周瑞家的的批评。现在火烧眉毛的是，她该怎么称呼贾母？当时的情境不容她多想，也来不及、不好意思跟人商量，向人讨教。可是她，刘姥姥，却天才地解决了这个难题。她是再也不能以亲戚本家自居来称呼贾母了，那么两人之间还有其他什么关系可以作为称呼的依凭吗？好像没有。这时，天上居然掉下来一个"老寿星"！"老寿星"，还有比这更合适、更妥帖的吗？绝对没有！其中透着敬重、亲切、仰慕、祝福……，特别是把它镶嵌在"请安"两字之间，"老寿星"就更加熠熠生辉了，因为这不是自卑，而是自谦，恰到好处，天衣无缝！其实，她一进荣国府之前就已经深深意识到："可是说的，'侯门深似海'，我是个什么东西，他家人又不认得我……"这次见了贾母，一开局就有如此出色的表现，不能不让人由衷佩服！

在现实生活中，称呼又往往会偏离称呼者和被称呼者的实际存在的关系，而成为一种交往的策略。请看《史记》鸿门宴上刘邦的一段台词：

> 臣与将军戮力而攻秦，将军战河北，臣战河南，然不自意能先入关破秦，得复见将军于此。今者有小人之言，令将军与臣有郤。

刘邦以"臣"自称，称项羽为"将军"，这得体吗？项羽这时当然已经是将军，刘邦称他为将军，符合实际，颇为合适；但刘邦自称为"臣"，就大有讲究了——此时他已是所谓的"沛公"，心里头和实际上都不是任何人的"臣"，恰恰相反，他迟早要让所有的人成为他刘邦的"臣"，他的这一心思正所谓"司马昭之心路人皆知"，这时在项羽面前他却故意自称为"臣"，这不是一般所谓的低调或谦虚，而是自我降格，有意表现出自己臣服于项羽的姿态。特别是与"将军"对举，尤其是在短短的两句话里反复强调，一而再，再而三，三称自己为臣，把项羽"哄"得舒舒服服，甚至晕头转向，成功地达到了自己的既定目的。此处一个似乎并不起眼的"臣"字，其功劳恐不在千军万马之下，如此，即使不得体也就是得体了。

与此有异曲同工之妙的是《阿Q正传》里赵太爷和赵白眼对阿Q的称呼。在阿Q大嚷"造反了！造反了！"之后：

> ……赵府上的两位男人和两个真本家，也正站在大门口论革命。阿Q没有见，昂了头直唱过去。
>
> "得得，……"
>
> "老Q，"赵太爷怯怯的迎着低声的叫。

"锵锵，"阿Q料不到他的名字会和"老"字联结起来，以为是一句别的话，与己无干，只是唱。"得，锵，锵令锵，锵！"

"老Q。"

"悔不该……"

"阿Q！"秀才只得直呼其名了。

阿Q这才站住，歪着头问道，"什么？"

"老Q，……现在……"赵太爷却又没有话，"现在……发财么？"

"发财？自然。要什么就是什么……"

"阿……Q哥，像我们这样穷朋友是不要紧的……"赵白眼惴惴的说，似乎想探革命党的口风。

"穷朋友？你总比我有钱。"阿Q说着自去了。

赵太爷由"阿Q"而"老Q"、赵白眼由"阿Q"而"阿……Q哥"的变化，主要的并非基于阿Q本人的变化，而是由于形势的变化使得赵太爷、赵白眼心目中所意识到的他们与阿Q之间关系的变化。可见人与人之间的称呼，常常是和客观环境的变化以及由此带来的人与人之间关系的变化紧密联系的，"得体"与否的标准也随着改变。一言以蔽之，还是离不开现实的"关系"，离不开话语的对话性。

"得体"如此，衡定语文品质的其他标准也都富于超语言学的内涵，语文品质并非不食人间烟火，并不单纯是语言文字的事儿。

语文品质的审美层次

以前曾听长辈说过这么一件趣事：某著名书法家因求字者甚众而疲于应付，一日身心疲惫之际又有人上门纠缠不休，书法家遂书"不可随处小便"六字付之。不料此求字者回去将其重新"剪接"为"小处不可随便"，经装裱后挂于厅堂之上。写文章，归根结底就是字句的安排。清代刘大櫆《论文偶记》指出："作文如字句安顿不妙，岂复有文字乎？"字句安顿之妙与不妙，亦即语文品质之高下优劣；前面讲了语文品质的基本要求，语文品质之高者优者自然也就具有审美的价值，比仅仅达到基本要求者又高了一个层次。

一、情态美

刘大櫆所说字句安顿之妙，与我们所说的语文品质之美，其实是一码事，它客观地实实在在地存在着，我们也能明明白白地感受到；但其何以为妙、何以为美，却又难以言说清楚，因为它是洋溢、流动于字里行间的一种神气、韵味，也就是作者在遣词造句、谋篇布局的过程中有意无意将他的思想情感灌注其间，让文字在它所处的位置上关系里替代作者说出（或直白，或含蓄，或闪烁其词，或痛快淋漓……）他希望表达的一切，实现特定的表达意图；这就是前人所说的笔力、笔气、笔趣、笔致等等。读者所直接见到的是"字"，但语感灵敏者却分明能够感受到站在字后面的人，人的世界，人的心灵……字只是由"字面"说出了一小部分，没有说出的却更丰富、更深沉、更复杂、更微妙。我在 2000 年出版的《语感论（修订本）》中曾以《诗经·硕人》的"手如柔荑，肤如凝脂，领如蝤蛴，齿如瓠犀，螓首蛾眉。巧笑倩兮，美目盼兮"为例说明何谓言语美，现在我要补充的是前五句远不如后两句，前五句虽然具体形象，但后两句富于空灵、飘逸之致，明显具有更高的审美价值。

语文品质审美价值的高下丰吝，往往在比较中表现得最明显、最充分。《红楼梦》第十五回和第八十五回都曾写到贾宝玉谒见北静王的情形，前者字到人立，一个是平易近人的王爷，一个是秀慧聪明的公子，人物间的对话、动作，无论是内容还是流程都十分熨帖；而且还能使我们读者有充分的现场感，并深深为其吸引，这就是文章语言的情态美。而后者几乎都是"骨感"的叙述，所写的事情、对话要么没有细节（如宝玉吃饭），要么不伦不类（如关于贾政的"喜兆"），如一页干巴巴的流水账，不见情态。为节省篇幅，姑且检出两小部分来对比一下，便见分晓：

……水溶笑道："名不虚传，果然如'宝'似'玉'。"因问："衔的那宝贝在那里？"宝玉见问，连忙从衣内取了递与过去。水溶细细的看了，又念了那上头的字，因问："果灵验否？"贾政忙道："虽如此说，只是未曾试过。"水溶一面极口称奇道异，一面理好彩绦，亲自与宝玉带上，又携手问宝玉几岁，读何书。

宝玉一一的答应。(第十五回)

……只见北静郡王穿着礼服,已迎到殿门廊下。贾赦贾政先上来请安,挨次便是珍、琏、宝玉请安。那北静郡王单拉着宝玉道:"我久不见你,很惦记你。"因又笑问道:"你那块玉儿好?"宝玉躬着身打着一半千儿回道:"蒙王爷福庇,都好。"北静王道:"今日你来,没有什么好东西给你吃的,倒是大家说说话儿罢。"(第八十五回)

再一组例子是来自巴尔扎克小说《欧也妮·葛朗台》的两种不同中译的开头一小段:

译文一:《葛兰德·欧琴妮》(海燕书店 1946 年版)

外省的一些城市,有许多房子,他的外观可以使人生出忧愁的感觉,就好像是最苍黑的修道院,最荒凉的野地或最悲惨的残墟一样。也许这些房子是和修道院的寂寞,野地的荒芜,和残墟的遗骸一样,那里的生活和动态是清净得可以使一个外来的人以为是没有人烟的地方,除非他忽然碰到一个在十字窗的栏杆上因为听到陌生的步声而望外探视的半道士式的面孔所发出的惨白冷酷的眼光。

译文二:《欧也妮·葛朗台》(傅雷译,浙江文艺出版社 2006 年版)

某些内地城市里面,有些屋子看上去像最阴沉的修道院,最荒凉的旷野,最凄凉的废墟,令人悒郁不欢。修道院的静寂,旷野的枯燥,和废墟的衰败零落,也许这类屋子都有一点。里面的生活起居是那么幽静,要不是街上一有陌生的脚步,窗口会突然探出一个脸孔像僧侣般的人,一动不动的,黯淡而冰冷的目光把生客瞪上一眼的话，外地客人可能把那些屋子当做没有人住的空屋。

译文一之第一句，就不免使人顿生别扭之感，用"苍黑"而且"最"形容"修道院"合适吗？"道士"不是咱们中国的特产吗？最后一句竟有50字之长，而其中"面孔"一词竟有29个字的定语，几乎会让读者喘不过气来。而译文二则分成几个分句来写，显得眉清目楚。正如苏轼所说："文章如金玉，各有定价。"（《答毛滂书》）仅就其语文品质而言，傅译本始终显得从容，流畅，平匀，妥帖。

具有情态美的语文品质总是能使言语主体、言语对象、言语环境达至高度的统一，特别是言语主体的个性、意图、评价、情志得到恰如其分的表现，让人感到"增之一分则太长，减之一分则太短；著粉则太白，施朱则太赤"，这确实不是轻易就能达到的境界。

二、节奏美

《文心雕龙·章句》谓："夫人之立言，因字而生句，积句而成章，积章而成篇。"尽管从现代语言学的角度看，实际的话语生成过程未必如是，但看既成的篇章，其组成的最小单位无疑是一个个的字，然后是一个个句子、一个个段落。满足了语文品质的基本要求，言语作品就能传达一定的意义，但未必能够传递感情。若要传递感情，遣词造句、谋篇布局就得进入审美层次，其主要标志就是字句的安排要有节奏。凡自然、生命都有节奏，节奏"流动着生命的生动气韵"，"是人的生命形式的对象化"（宗白华），只有富于节奏感的文章才能成为一个真正的独特的生命体，于是作者、读者能在文章的节奏中相遇、感应、沟通、共鸣、交流。

刘大櫆认为"文章最要节奏"，因为无节奏即无生命，无生命即无审美，而节奏就是由字句形成的。所以他又说："……余谓论文而至于字句，则文之能事尽矣。盖音节者，神气之迹也；字句者，音节之矩也。神气不可见，于音节见之；音节无可准，以字句准之。"当然字句之所以能够成为音节的标记，进而成为神气的载体，源于字句声音的大小、强弱、长短、快慢、刚柔、高下等；但它们与抽象的乐曲音符不同，它们是字句的声音，因而具有意义，用索绪尔的话来说，是"概念和音响形象的结合"。字词的概念和音响形象是约定俗成的，任何个人只能承认而无法改变；但语词的安排、文章的组织却是作者个人意志的行为，个人可以通过语词的安排、文章的组织等等使之形成独特的节奏，达到字句的意义与文章的节奏的有机统一，完美结合，让读者体验到文章传递出来的作者的感情。试比较下面的两个句子：

> 我没有亲见；听说，她，刘和珍君，那时是欣然前往的。

> 我没有亲见，听说刘和珍君那时是欣然前往的。

第一句是鲁迅《记念刘和珍君》的原文，后一句我只是改了一个标点、删了三个标点和一个人称代词而已，但由于节奏变了，变得快了，虽然意义没变，情调却变了，少了一种强忍的悲愤，于是"神气"也变了，两者相去实不可以道里计。

又如老舍《月牙儿》的开头："是的，我又看见月牙儿了，带着点寒气的一钩儿浅金。多少次了，我看见跟现在这个月牙儿一样的月牙儿；多少次了。"若改成："我又看见月牙儿了，带着点寒气的一钩儿浅金。多少次了，我看见跟现在同样的月牙儿。"改文只删了一两个看似可有可无的和前后重复的词语，但月牙儿面对月牙儿时那深长悠远的情味也就消失殆尽了。

再看野夫《江上的母亲》中的两小段：

> 母亲终于带着全家迎来了 1978 年。父亲升迁，她获平反，大姐招工，我考上大学，外婆又回到我们身边。……

> 1983 年外婆辞世，85 年父母离休，87 年父亲患癌，89 年我辞去警职，随后入狱，母亲又开始了她的忧患余生。……

每段首句领起后，紧接着的都是相当整齐的短句，前段基本上是四字句，讲的都是让人高兴的好事，字里行间喜气洋洋；后段句子则较长，也相对整齐，说的却多是令人痛苦的事，一连串的打击接踵而来，真让人透不过气来。两段相连，又给人一种人生无常的感觉。我相信，字句如此安排，必是作者有意为之。

余世存《非常道》写道："王小波在国学热中说，古宅闹鬼，老树成精，一门学问最后可能变成一种妖怪。就说国学吧，有人说它无所不包，到今天还能拯救世界，虽然我很乐意相信，但还是将信将疑。""古宅闹鬼，老树成精"，真是妙对，用在此处，别有情趣，令人难忘。由此我联想起德令哈的海子诗歌陈列馆门口挂的一副对联：几个人尘世结缘；一首诗天堂花开。构思不俗，唯上下两联都以平声（无论依平水韵，还是现在的普通话）收尾，总觉别扭。据《汉语大词典》，对联最低的格律要求是上下两联末字平仄相对，如"结缘"改为"气合"即可。"志同而气合"，见韩愈《徐泗濠三州节度掌书记厅石记》。

三、洁净美

也许是由于先入为主之故，我年轻时胸中先有顾炎武《文章繁简》的有关判断，读刘大櫆《论文偶记》中关于"文贵简"的论述，根本没有深究就立刻以为片面、迂腐而弃之一旁。后重读刘著，方觉其观点至今仍具有很高的理论价值和实践指导意义，在顾炎武的基础上又前进了一大步。刘大櫆说："文贵简。凡文，笔老（笔法老道）则简，意真则简，辞切则简，理当则简，味淡则简，气蕴则简，品贵（文品庄重）则简，神远而含藏不尽则简。故简为文章尽境。"

从语文品质的角度看，诚如刘氏所说，"简"确为"尽境"，属于审美的最高层次。我认识的转变来之于对《论文偶记》"简"的较为深入的理解。此处所谓"简"，并不是与"繁"相对立的"简"，而是指文笔所达到的"意真""辞切""理当""味淡""气蕴""品贵""神远"的境界，不是"简单""简省""简约""简直""简易"之谓"简"，说得简洁一点，就是语言表达没有一点赘疣的意思。罗丹说得好："什么是雕塑？那就是在石料上去掉那些不要的东西。"由此可以断言：至简即至美也。

这其实是中外语言艺术大师们所一致追求的境界。

契诃夫说："写作的艺术，实际上就是怎样把不好的部分删去的艺术。"

鲁迅说："写完之后，至少看三遍，竭力将可有可无的字、词、句删去。"

海明威说："我站着写，而且用一只脚站着，使我处于一种紧张的状态，迫使我尽可能简短地表达我的意思。"

为了"意真""辞切""理当""味淡""气蕴""品贵""神远"，"把不好的部分删去"，"竭力将可有可无的字、词、句删去"，"尽可能简短地表达我的意思"，这就是真正的"简"。"简"不是把"好的部分"简化、压缩，不是把应有必有的字、词、句删去，因而它绝不是对"意真""辞切""理当""味淡""气蕴""品贵""神远"任何一丝一毫的损伤和破坏，而是原原本本地呈现它本来的样子，"啊！就是它，就是这个样子！"它虽然装在玻璃罩里，人们却根本感觉不到玻璃的存在，因为任何妨碍它真实地呈现的污点等已经全都被删得干干净净，读者虽然始终在文字的世界里遨游，却往往感觉不到作者文字的存在。以顾炎武《文章繁简》里的例子论之，郑子产与校人的故事："于齐人则必曰：'其妻疑而瞷之'，于子产则必曰：'校人出而笑之'"。如此三言两语，也就大致交代清楚了，但言少而意单味寡，何得为"简"？再看《孟子》原文："有馈生鱼于郑子产，子产使校人畜之池。校人烹之，反命曰：'始舍之，圉圉焉，少则洋洋焉，悠然而逝。'子产曰：'得其所哉，得其所哉！'校人出，曰：'孰谓子产智？予既烹而食之，曰：得其所哉，得其所哉！'"尽管就字数看多了不少，却没有一个多余的字，正如顾氏所言："此必须重叠而情事乃尽，此孟子文章之妙。""必须"者删去哪怕一个字也与"简"无缘。总之，"简"与字数多寡无关，对于"表达我的意思"是否多余才是衡量的唯一标准。鲁迅《秋夜》开头："在我的后园，可以看见墙外有两株树，一株是枣树，还有一株也是枣树。"若改成"在我的后园，可以看见墙外有两株枣树"，就不是语言表达之简，而是把作者原先要表达的"我的意思"给阉割了。上引契诃夫、鲁迅、海明威三位的话，我想绝没有简化、压缩甚至改变、丢弃"我的意思"的意思，恰恰相反，是要把"我的意思"真切、恰当地表达出来，同时没有多余的文字。鲁迅《我的兄弟》与《风筝》关于"我"不爱放风筝的文字，两相比较，后者文字几乎增加了五倍还多，但前者只能称为"瘦"，后者却是真正的"简"。因为前者只是透露出一点或有的悔意，让我们读者有所知而已——"我的意思"既不鲜明，更不完足；真像有人告诉我们说"某某事我后悔了"，因此我们也就知道他于某某事是后悔了。如此而已。后者活活画出"我"的弟弟当年对风筝爱之深，风筝被破坏时惊惶之甚，从而反衬出"我"当年的残暴；而凡此种种，作者是让我们在字里行间感受到的，正所谓"笔老""意真""辞切""理当""味淡""气蕴""品贵""神远"。"将要完工了"：他已经花了多少心血、多少工夫！他心里有着怎样的期待，又有何等的兴奋！破坏一只风筝，他是敌不过"我"的，这"论力气"已够，又何必"论长幼"呢？这不多余吗，连同那个"都"字？不！正是"论长幼"才赋予我"虐杀"的合理性，而"论力气"只是提供我实施"虐杀"的可能性；因有"论长幼，论力气"两者，"都"也就是必需的了。真的，没有一点多余的地方。此，即所谓"简"也。

鲁迅文笔的简练，世所共知；那么何其芳的《画梦录》呢？从前读时留给我的是繁缛华美的印象。后重读，却不能不许之以"简"。试看其中《秋海棠》里的两段：

> 寂寞的思妇，凭倚在阶前的石栏干畔。
>
> 夜的颜色，海上的水雾一样的，香炉里氤氲的烟一样的颜色，似尚未染上她沉思的领域。她仍垂手低头的，没有动。但，一缕银的声音从阶角漏出来了，尖锐，碎圆，带着一点阴湿，仿佛从石砌的小穴里用力的挤出，珍珠似的滚在饱和着水泽的绿苔上，而又露似的消失了。没有继续，没有赓和。孤独的早秋的蟋蟀啊。

我反复地审视、挑剔，竟找不出一个多余的字。真是"画"家啊，他画出了"夜的颜色"，更画出了蟋蟀鸣叫的颜色，还有形状、湿度，还有经过的路径，等等；我虽未亲见，但我毫不怀疑，它们就是这种颜色。这也是"简"的一种表现。

然而，我知道，像当年的我一样，误会刘大櫆之"简"的人可能还会有，因此我想替之以"洁净"两字。2014 年友人送我高尔泰的新著《草色连云》，我觉得其序就是"洁净"的典范之作，文不长，兹照录如下：

我这辈子，和沙漠有缘。

青年夹边沟，中年敦煌，晚年拉斯维加斯。

拉城是沙漠中的华都，万紫千红相幻，纸醉金迷。就精神生活而言，单一唯物一如城外风景。

收入本书的文字，都是在这个双重沙漠中写的。就像沙漠里的植物，麻黄、骆驼刺、仙人掌，或者芨芨草，在连天砂石中渺小。

渺小，惨淡，但绿着。绿是普世草色，故起"连云"之想。

气：遣词造句的原动力

　　语文品质是指写作中遣词造句、谋篇布局水准的高低优劣。无论是遣词造句，还是谋篇布局，光从字面就可以看出它们都是一种行为、活动；既然如此，就都需要一定的能量、动力。关于这种能量、动力，我国古代写作理论有不同的见解，其中最主要、影响最大的就是所谓"气"，曹丕《典论·论文》最早指出："文以气为主"。

　　"文以气为主"，我们语文老师人人耳熟能详，但细究起来，问题似乎就不那么简单了。首先，何谓"气"？当有人问孟子何谓"浩然之气"时，孟子就回答说"难言也"。气，这个概念或者说这个词，在我们汉语里是含义非常丰富、复杂、微妙的，由"气"衍生出来的词起码在千数以上。气为何物？数千年来众说纷纭，须有大部头的专著才有可能进行比较系统的梳理。我们这里只能不揣浅陋地长话短说。气，原是我们古人关于世界本原的哲学概念，是一切生命力量的源泉。这种学说认为世界和人都是由气化生而成的。语云"人活一口气"，此气就既指人的身体之气，也指人的精神之气。王

75

充就认为人就是由气化生而成的，说："气凝为人"（《论衡·无形》）。不仅人呼吸的就是气，即如人的精神、气质、情感与性格等等也无不和其气相通相关。而人的身体、精神又是密切相关不可须臾分离的。例如领悟文字的声音节奏，就是身心协同作用的结果，不单单是耳朵听的事情。朱光潜说："就我个人的经验来说，耳朵固然要紧，但是还不如周身筋肉。我读音调铿锵、节奏流畅的文章，周身筋肉仿佛做同样有节奏的运动；紧张，或是舒缓，都产生出极愉快的感觉。"（朱光潜：《谈文学》，北京大学出版社 2013 年版，第 128 页）人是有机的生命体，文（文辞、文章）也是有机的生命体。文不单是文字的存在，也是精神的存在。从文的角度看，我觉得可以简单地这么说，气是基于人的禀赋、气质、阅历、教养、学识、思想、情感、志趣甚至体魄等在一定情境中所产生的一种精神力量（包含理性、情感两个方面在内），就是它催化写作动机，形成写作意图，推进构思和表达的进程。与文章有关的神气、才气、辞气、气象、气格、气势、气韵、气脉、气骨、声气等等归根到底都是气，只是气的不同表现形态。

我觉得曹丕《典论·论文》中的一段话颇有意思：

> 气之清浊有体，不可力强而致。譬诸音乐，曲度虽均，节奏同检，至于引气不齐，巧拙有素。虽在父兄，不能以移子弟。

在他看来，气有极其鲜明强烈的个人性，两个人即使在演奏同一乐曲，但由于他们的气质、气性不同，所渗透的情感有所差异，演奏的效果当然也就不一样，显然这一认识几乎已经达到现代阐释学的高度。下文将要谈到谭嗣同、林觉民、傅雷的例子，都具有孟子所说的"浩然之气"，但也都各自富于极其鲜明的个人性，他们不同的作品也常常具有不同的特色，谭嗣同的临终语如一道闪电，林觉民的《与妻书》如悬河泄海，傅雷遗书则是无形的火焰。

说到情感，我们可能又会马上想起"为文造情""为情造文"的话头。章学诚说："凡文不足以动人，所以动人者气也；凡文不足以入人，所以入人者情也。"（《文史通义·史德》）这里就又生出了气和情的关系问题。我以为章学诚此处气、情虽分而言之，事实上两者是相关相通、不可分割的。章氏之言若改成"凡文不足以动人，所以动人者情也；凡文不足以入人，所以入人者气也"，似也无不可。但往深里看，应该说气较之于情更具本源性、生成性，上引《论衡》语及刘勰谓"情与气偕"（《文心雕龙·风骨》）均可为佐证，实际上情已经包含在气之中。当然，刘勰所谓"为情造文"之"文"主要是指文学作品，与我们语文教学说的实用文是有区别的，不过即使是今之实用文也仍然不能没有包含情在内的气的贯穿、推动。

由"文以气为主"，我们可能也会想起杜牧关于"文以意为主"的见解，到底何者为是？我们先来看看杜牧在《答庄充书》里是怎么说的：

> 凡为文以意为主，气为辅，以辞彩章句为之兵卫，未有主强盛而辅不飘逸者，兵卫不华赫而庄整者。四者高下圆折，步骤随主所指，如鸟随凤，鱼随龙，师众随汤、武，腾天潜泉，横裂天下，无不如意。苟意不先立，止以文彩辞句，绕前捧后，是言愈多而理愈乱，如入圜阓，纷纷然莫知其谁，暮散而已。是以意全胜者，辞愈朴而文愈高；意不胜者，辞愈华而文愈鄙。是意能遣辞，辞不能成意，大抵为文之旨如此。（《樊川文集》卷十三，上海古籍出版社1978年版，第194—198页）

论者一般引得较多的就是这一段，它把意的主帅作用讲得相当充分、透彻而且精彩，只是没有对"气为辅"作出任何说明。其实，他紧接着就提到了："观足下所为文百余篇，实先意气而后辞句，慕古而尚仁义者。"原来在杜牧心目中"意气"是紧密相连的，甚至可以说他说"意"，"气"已在其中。易言之，杜牧的"文以意为主"和曹丕的"文以气为主"根本上是并不矛盾的，意必带气，气必伴意。只不过"意能遣辞，辞不能成意"，似乎过分强调意的主帅地位，同时大大低估了辞彩章句对"意"的修正、补充、激发、延伸等功能，以为它们在为文过程中只是完全消极被动地接受意的指挥调遣而已。不得不承认的是，就在今天，学界也没有对言语（包括所谓文章）的生成过程获得非常清晰、准确的认识，且歧见颇多，未能形成共识。但有两点则似基本可以肯定，首先是完全游离于语词之外而又足以驱遣语词的意，是根本不可能存在的。其次，意和言大体上是一个相生相成的互动过程，而不可能是意的单向运动。

关于言和气的关系，韩愈有一个非常著名的比喻，他说："气，水也；言，浮物也。水大而物之浮者大小毕浮。气之与言犹是也，气盛则言之短长与声之高下者皆宜。"（《答李翊书》）由此可见，气并不是与言共时并列的关系，而是言的生成基础。苏辙进一步指出："文者气之所形"（《上枢密韩太尉书》），在他看来，文就是"气"的物质形态。众所周知，任何一个读者在一篇文章中实际所接触到的只能是一个个文字，现代还有标点；气、意、个性、风格等等全由一个个的文字表达出来，显现出来，它们在字下、字外，主要在字和字的关系之中；离开了文字，就什么都化为乌有了。至于"言之短长与声之高下"分明就是一个言语形式问题，理所当然地会表现出一定的语文品质。韩愈《答李翊书》还说过："根之茂者其实遂，膏之沃者其光晔。仁义之人，其言蔼如也。"文如其人，如果把言也比成一个人，"蔼如"就是言语的一种精神状态，而造就这种状态的能量、动力就是气，即由人的精神、气质、情感等相互融合而成的力量，外部表现为遣词造句所产生的一种效果。

关于气、意、言，我们是否可以这样理解：气在一定的情境之中产生了意（意向、意图、意思），然后伴随意不断鼓荡向前，直至最后以字句表达出来？打个比方，气是土壤，意是从土壤中生长出来的植物，言是植物的根、茎、叶、花。以气贯之，自然本固枝荣，根深叶茂。我国书法讲究"行气"，就是指书法作者之气要能灌注于整篇作品之中，使字与字、行与行之间有一种呼应映带、笔断意连的关系。写文章其实也是"行气"的过程，以气行之，特别是"一气呵成"者就使文章获得了和人一样的鲜活生命。

在平常的时候，气沉潜蕴蓄在人的心里，同时也随人的活动不断酝酿着、变化着，而一旦受到外部事物的刺激，它就会被激活，寻求突破口得以宣泄，甚至像火山那样喷发出来，表现为诗歌文章。——韩愈在《送孟东野序》中提出了"物不得其平而鸣"的观点，很有价值：

> 大凡物不得其平则鸣。草木之无声，风挠之鸣。水之无声，风荡之鸣。其跃也或激之，其趋也或梗之，其沸也或炙之。金石之无声，或击之鸣。人之于言也亦然，有不得已者而后言，其歌也有思，其哭也有怀。凡出乎口而为声者，其皆有弗平者乎？

为文之气产生于特定情境、遭遇对气的激发，就像火点燃了汽油一样，如谭嗣同临刑时高呼："有心杀贼，无力回天，死得其所，快哉快哉！"特别需要指出的是，其气乃其一生郁积而成，决非一时心血来潮。他因"死得其所"而感到"快哉快哉"，固然根源于他的这一认识："各国变法，无不从流血而成。今中国未闻有因变法而流血者，此国之所以不昌也。有之，请自嗣同始"，其实也与他一生中所遭遇的千千万万各种不同的大小事情或直接或间接相关，或说正是它们所参与化成的气凝聚而成的一种感觉，并发为"快哉快哉"这一呼声。正如恩格斯所说的那样，它是"有无数互相交错的力量，有无数个力的平行四边形"所产生出来的一个"总的结果"（《马克思恩格斯选集》第 4 卷，第 478—479 页）。

这还只是从内容的角度看，若说到遣词造句，完全是水到渠成，自然而然，绝对不是有意为之的结果。而这才是遣词造句的最高境界，好比一朵花，没有谁特别去栽培过，它就自然开放了，而且那么美丽！有学者比较过《论语》中孔子的下面两句话：

子曰：求，无乃尔是过与？（季氏篇）
子曰：赐也，始可与言诗已矣。（学而篇）

前者有责备的意思，呼冉求为"求"，与后者相比，口气就显生硬；后一句是表扬，加了一个语气词，曰"赐也"，相对就缓和多了。这也一定是孔子随兴为之，并非刻意选择的结果。又如林觉民《与妻书》，读时，我们所见到的只有他的血泪，他心的跳动。——在其气的喷发过程中，语词自会奔趋笔下，既无必要也无余裕去斟字酌句，就像飞流直下，黄河奔腾，当其直下、奔腾之时，计较何时何地是不可思议的事情。再如傅雷的遗书，看似平和甚至平淡，实则有极其强烈的不平之气贯穿其中，也可以说是他一生人格修炼的结晶。

一、代付九月份房租 55.29 元（附现款）。

二、武康大楼（淮海路底）606 室沈仲章托代修奥米茄自动男手表一只，请交还。

三、故老母剩余遗款，由人秀处理。

四、旧挂表（钢）一只，旧小女表一只，赠保姆周菊娣。

五、六百元存单一纸给周菊娣，作过渡时期生活费。

……

其中"代付""附""请""由""赠""给"等词语的使用，都非常准确稳妥，四之"赠"是出于感情，五之"给"，在傅雷看来是理当如此，是出于义务，两者是有区别的，可以说完全是习惯使然。遣词造句和待人接物一样常常都是一种习惯。当然，习惯的形成会是一个漫长的学习过程。

遣词造句对任何人来说都不可能全是气盛时之习惯使然，总有寻觅、斟酌、推敲的时候，这时气虽然看起来退居幕后，技能、技巧等等走上前台，其实归根结底仍然离不开气最后的决定作用。大家听得耳朵已经起茧的"屡战屡败""屡败屡战"的故事，其实就是气与遣词造句两者之间关系的最典型的例子，词序不同意味着文章气势的差异，文章气势的差异又意味着作者精神状态的分野，决非"雕虫小技"也。这里也许有如下两种情况：一是"屡战屡败"的作者确实有屡败带来的颓唐之气；一是他只是说明这一事实而已，心里还是想再战的，甚至可能还有最终必胜的信心。若是前者，他几乎绝无可能把它改成"屡败屡战"；若是后者，也许他自己最终也能够发现"屡战屡败"之不妥，起码能够立刻接受别人"屡败屡战"的改笔——这属于词不达意，不是精神状态的局限，而是遣词造句的问题。

我以为，文章之事（包括阅读与写作，下面专指写作）一般有如下三种状态：以气主之即为文行气，是为文的最高境界，遣词造句、谋篇布局自然生成，有如天籁；其次是以意主之，只求把要说的意思写明白说清楚；第三是功利为主，如为发表、为分数等等，往往言不由衷，敷衍成篇。后面两种情况，遣词造句有习惯的成分，也有临渴掘井的时候。不过，有的初学为文者遣词造句有时难免把遣词造句当作仅仅是所谓"码字"而已的技术活，甚至是想一句写一句，意也是断断续续，并不连贯，根本谈不上有"气"的贯穿、推动。子曰："辞达而已矣。"没有气的贯穿、推动，"达"是不可能的。"……虽有英词丽藻，如编珠缀玉，不得为全璞之宝矣。"（李德裕《文章论》）也就是缺乏一贯性、完整性，死气沉沉，无生命活力可言。

对于学生来说，遣词造句的技能、技巧也是需要学习的。夏丏尊、叶圣陶合著的《文章讲话》就曾专门作过精彩的论述。如他们谈到"看所谓文气旺盛的文章，形式上构造上有什么特殊的地方"：

（一）以一词句统率许多词句，足以加强文气，因为许多词句为一词句所统率，读去就不能中断，必须一口气读到段落才可停止。凡具有这种构造的文章，文气都强。

（二）在一串文句中叠用调子相同的词句，也足以加强文气。

（三）多用接续词，把文句尽可能地上下关连，也是加强文气之一法。

唐弢的《文章修养》也有精到的论述，如他指出："标点是传达说话时的语气的，所以，从标点上，往往可以看出文章的气势来。""就长短说，大抵句短则气促，句长则气和。就张弛说，大抵句张则气势紧凑，句弛则气势松懈。凡属较长的句子，在顿逗处意义即已完备，随时可以截断的，是弛句，读起来费时较多，气势也就松懈……"

前辈的指点值得我们珍惜、继承。

网络语言的语文品质问题

"届时我电话你。"——我 70 岁才开始学电脑，后来一直几乎就用电脑写东西，至今还时不时地庆幸自己当年幸亏学了电脑，能够享受电脑写作带来的种种便捷，例如引文一项，就不但是省了时间，还能基本保证不出差错，真是天大的好事！但打字，我还是多多少少有点怕，有时仅仅为少写几个字，也会尽量把行文弄得简洁一点。再到后来，在给交往较多的亲友发微信、短信时，就会冒出上面这样的句子，我深信对方一定能够理解我的意思，不会误事，只会省事，何乐而不为？不过拿我自己提出的语文品质衡量一下，只能说"狗屁不通"，"电话"明明是名词，怎么可以当动词用呢？"清通"是语文品质的第一要求呀！

由此，我想到了网络语言。好像"网络语言"至今还没有一个大家一致公认的权威定义。我比较保守，凡不用汉字而用阿拉伯数字或拉丁字母的所谓词语可以暂时不予讨论，但我也反对禁止，喜欢用的尽管用就是，说不定将来真有那么一天，极大部分人都离不开这样的词语，于是大摇大摆地登堂入室，成为真正的汉语词汇了，不过现在似以谨慎为宜。另一方面，我又比较开放，像"忽悠""嗨瑟"这样未必先在网络流传而直接从方言中"拿来"的，也应视作网络语言，因其凭借网络才能广为流传。网络语言的特质其实就是一个"新"字。语言是人的语言，语言是社会的语言，生于生活，长于生活，有些词语也必然死于生活。生活生活，生生不息，活而不僵，活而不死，语言就是一条川流不息、奔腾向前的大江大河，一边吸收小溪雨水，一边又在不断沉淀其中的泥沙。新的词语，有的硬是成了基本词汇，尽管有人曾必欲置之死地而后快；也有的如昙花一现，其兴也勃，其亡也忽，尽管有的人爱不释手，爱不释口。它们的命运如何，似乎并不取决于部分人的好恶，具有某种程度的偶然性、不确定性。但有一点可以肯定：个别人甚至部分人有意禁止或提倡都无济于事。正如武则天要大家把"國"里的"或"改成"八方"，结果还是"或"，而不是"八方"。语言在变，衡量语文品质高下优劣的标准也不能不随之而变。由于变在变中，词汇语法的变有的变成了不变的规矩，有的早已变得无影无踪；特别是由于这种或沉淀或消失的变，一般会经历一个较长时段的过程，在此过程中断言其终将接受或终将抛弃是一件风险极大的事。要把握好语文品质高下优劣的度也极为困难，因为"度"也在变，不变是不可能的，我们只能跟在变的屁股后面做事后诸葛亮。形势比人强。我后来发现，"我电话你"别人也有用的，毕竟比"我打电话给你"少了两个字，不过也只有在这一语境里"电话"才会变成动词，也许十分短命。网上"我不懂"先生认为"墙裂比强烈更有表现力"，我猜想"墙裂"取代"强烈"的日子我老头也许是见不着的了。至于"猴赛雷"，很可能随着猴年的过去而走进历史。我没有忽悠你的主观意图，但"忽悠"已经把大家都忽悠得屁颠屁颠地跟定了。

语文品质谈

尚文自署

第二辑

语文教育前辈谈语文品质

胡适 · 白话文 · 语文品质

近读胡适文集，发现一段他有关辜鸿铭的言论，很有意思：

"中国十人有九人不识字，正是我们应该感谢上帝的事。要是四万万人都能读书识字，那还了得吗？要是北京的苦力、马夫、汽车夫、剃头匠，小伙计……等人都认得字，都要像北京学生那样去干预政治，那还成个什么世界……"我看了这篇妙文，心里很感动，辜鸿铭真肯说老实话，他真是一个难得的老实人。（《胡适全集》第 21 卷，第 196 页）

现在我们回过头去看看，当年胡适倡导的白话文运动推动历史前进的作用实在是太伟大了。有人说胡适只是"改良"而已，我却以为真正当得起"革命"二字！究竟是以文言还是以白话为通用的书面语，事关国家的命运、民族的前途。许多头脑冬烘的守旧文人其实并没有辜鸿铭这样的见识，只是中旧学的毒太深而已，迂腐得还有一点点可爱，辜鸿铭这样目光锐利能够一眼看穿、一语道破者可能并不太多。当时文白两派，一新一旧，一强一弱，你死我活，各不相让，斗得杀声震天、"尸"横遍地，很是热闹！不想辜鸿铭无意间泄露了天机，给论敌帮了一个大忙。胡适等确实就是要反其道而行之，让"四万万人都能读书识字"。在胡适看来，此实乃"树人"必由之路：

> 适近来劝人，不但勿以帝制撄心，即外患亡国亦不足顾虑。倘祖国有不能亡之资，则祖国决不致亡。倘其无之，则吾辈今日之纷纷，亦不能阻其不亡。不如打定主意，从根本下手，为祖国造不能亡之因，庶几犹有虽亡而终存之一日耳。
>
> ……适以为今日造因之道，首在树人；树人之道，端赖教育。故适近来别无奢望，但求归国后能以一张苦口，一支秃笔，从事于社会教育，以为百年树人之计：如是而已。（《胡适留学日记》下册，安徽教育出版社 1999 年版，第 257 页）

他之"社会教育"，主要内容就是在全社会推广白话，因为他认定，文言早已是与社会大众隔绝、与社会生活脱节的死的语言，难读难写难说难听难教难学；白话却是真正富于生命力、属于全社会的活的语言，而白话文则是"'开通民智'的利器"（《胡适文集》第 5 卷，第 436 页）。1934 年他发表文章，恳切呼吁"报纸文字应该完全用白话"。他说："用白话作文章，这也是近十六年的新风气。十六年前，白话报是为'他们'老百姓办的……"（《胡适全集》第 20 卷，第 440 页）此与"他们"相对的是指读书人的"我们"。他让"我们睁眼看看世界，今天还有一个文明国家的公文报纸用死文字的吗？"（同上书，第 443 页）

单就语文的表现力而言，古代学者文人写出了多少不朽的传世之作，这些具有极高语文品质的作品大大半都是从文言的土壤中生长出来的，它们承载着我们中华民族的传统文化，没有人能够否定文言的历史功勋。虽说白话当年也有不少优秀之作，但毕竟难敌文言强大的威势。然而，文言的优势在历史，白话的优势在未来。胡适他们的伟大不单在于他们高瞻远瞩的眼光，更在于不畏似乎坚不可摧的文言阵营的强大、威风，在百般的咒骂、嘲弄、攻击、侮辱、诋毁中，本着坚定的信念，坚持韧性的战斗，同时加强白话文学的建设，竭尽一切努力在媒体、教育等领域拓展国语的地盘，从而影响全社会，并最终取得不可逆转的优势。平心而论，白话文运动实为新文化运动之滥觞，是新文化运动提倡民主，反对专制、独裁，提倡科学，反对愚昧、迷信，提倡新道德，反对旧道德，提倡新文学，反对旧文学的极其重要、不可或缺的巨大力量。

了解了上述背景，我们就能较为透彻地理解他何以特别推崇"明白通畅"这一语文品质。他一再声称："文字的第一个作用便是达意。种种符号都是帮助文字达意的，意越达得出越好，文字越明白越好，符号越完备越好。"（《胡适全集》第 23 卷，第 235 页）他曾解释"白话"之"白"道：

> "白话"有三个意思：一是戏台上说白的"白"，就是说得出，听得懂的话，二是清白的"白"，就是不加粉饰的话，三是明白的"白"，就是明白晓畅的话。（《胡适全集》第 3 卷，第 716 页）

后来，他可能意识到这话有点极端，曾补充说"白话但须要'明白如话'，不妨夹入几个文言的字眼"；"白话便是干干净净没有堆砌涂饰的话，也不妨夹入几个明白易晓的文言字眼"，但"明白易晓"的原则始终未变。他认为："凡是说话作文能叫人了解的人，都是富于同情心，能细心体贴他的听众（或读者）的。"（《胡适文集》第 5 卷，第 445 页）

白话之最后占了优势，文言几乎彻底败下阵来，各有其自身的原因。孙中山有云："世界潮流，浩浩荡荡，顺之者昌，逆之者亡。"白话使文字淋漓尽致地发挥了全社会人与人之间相互交流的功能，走上由新文字而新思想而新人的康庄大道，因而能够所向披靡。相比之下，当时的文言老态龙钟，气息奄奄，已然经不起风风雨雨。从语文品质的角度来看，也许我们更能看清它难以挽回的颓势。

且不论两者审美价值的高低，清通是语文品质最基本的要求，作文言，清通不易。——我觉得文言的地位和势力与封建社会的科举是分不开的，为了科举得中，几乎整个社会的人才尽入彀中，从深夜到黎明，从春夏到秋冬，从私塾到书院，从少年到白头，心无旁骛，没有外语数学物理化学等等的干扰，孜孜矻矻，几乎把全部心力都无比虔诚地奉献给了文言，行文清通者当不在少数。清末科举一废，对于文言无异釜底抽薪。当时真正能通文言者，日渐凋零。鲁迅在《学衡》这反白话派刊物上随手捡了一点材料作《估〈学衡〉》一文，说：

《弁言》说，"籀绎之作必趋雅音以崇文"，"籀绎"如此，述作可知。夫文者，即使不能"载道"，却也应该"达意"，而不幸诸公虽然张皇国学，笔下却未免欠亨，不能自了，何以"衡"人。

……

以上不过随手拾来的事，毛举起来，更要费笔费墨费时费力，犯不上，中止了。因此诸公的说理，便没有指正的必要，文且未亨，理将安托，穷乡僻壤的中学生的成绩，恐怕也不至于此的了。

总之，诸公掊击新文化而张皇旧学问，倘不自相矛盾，倒也不失其为一种主张。可惜的是于旧学并无门径，并主张也还不配。倘使字句未通的人也算在国粹的知己，则国粹更要惭惶煞人！"衡"了一顿，仅仅"衡"出了自己的铢两来，于新文化无伤，于国粹也差得远。

我所佩服诸公的只有一点，是这种东西也居然会有发表的勇气。

文章无可辩驳地指出了包括《弁言》在内的六篇文言不通之病，给了反白话派以致命的一击。

鲁迅所说的是"写不通"，王国维则着重讲了"读不通"。王国维在《与友人论〈诗〉〈书〉中成语书（一）》中开篇就说：

> 《诗》、《书》为人人诵习之书，然于六艺中最难读。以弟之愚闇，于《书》所不能解者殆十之五，于《诗》亦十之一二。此非独弟所不能解也，汉魏以来诸大师未尝不强为之说，然其说终不可通，以是知先儒亦不能解也。其难解之故有三：讹阙，一也（此以《尚书》为甚）；古语与今语不同，二也；古人颇用成语，其成语之意义与其中单语分别之意义又不同，三也。唐宋之成语，吾得由汉魏六朝人书解之；汉魏之成语，吾得由周秦人书解之。至于《诗》、《书》，则书更无古于是者。（《观堂集林·外二种》上册，河北教育出版社 2001 年版，第 40 页）

难读，说的虽然是《诗》《书》，但讲到三个"难解之故"，除了"讹阙"，二、三两条又何尝不适用于《诗》《书》之外其他的文言古籍。王国维又举了"不淑"一例。"不淑"是文言里一个并不罕见的词语，一般都解作"不善"，似乎又多指性行而言。他指出：

> 《左》庄十年传，宋大水，公使吊焉。曰："天作淫雨，害

91

于粲盛，若之何不吊！"又襄十四年传，公使厚成叔吊于卫，曰："寡君使瘠，闻君不抚社稷而越在他竟，若之何不吊！"古"吊""淑"同字，"若之何不吊"，亦即"如何不淑也"。是知如何不淑者，古之成语，于吊死唁生皆用之。《诗·鄘风》"子之不淑，云如之何？"正用此语，意谓宣姜本宜与君子偕老，而宣公先卒，则子之不淑，云如之何矣。不斥宣姜之失德，而但言其遭际之不幸，诗人之厚也。《王风》"遇人之不淑"，亦犹言遇人之艰难，不责其夫之见弃，而但言之遭际之不幸，亦诗人之厚也。诗人所用，皆当时成语，有相沿之意义。毛、郑胥以不善释之，失其旨矣。（同上书，第41页）

一个看似平常的"不淑"，竟让王国维费了如此功夫，由此可见"难读"之一斑。而读不通又常常是写不通的病因。

"准确"是语文品质的基本要求之一，严复从自己翻译的实践中深切感到文言"准确"之难。他说：

> 新理踵出。名目纷繁。索之中文。渺不可得。即有牵合。终嫌参差。译者遇此。独有自具衡量。即义定名。顾其事有甚难者。即如此书上卷导言十余篇。乃因正论理深。先敷浅说。仆先繙厄言。而钱塘夏穗卿曾佑病其滥恶。谓内典原有此种。可名悬谈。及桐城吴丈挚父汝纶见之。又谓厄言既成滥词。悬谈亦沿释氏。均非能自树立者所为。不如用诸子旧例。随篇标目为佳。穗卿又谓如此则篇自为文。于原书建立一本之义稍晦。……

如此折腾再三，"一名之立。旬月踟蹰"，最后决定"质译导言"。（刘靖之：《翻译论集》，生活·读书·新知三联书店1981年版，第2页）

由此我们似可断言，以文言翻译外文典籍，有如钝刀割肉，绝难准确；若死守文言，无异筑一长城抵挡世界先进文明的滚滚洪流于国门之外。坦率地说，我们能够自读外文原版者少之又少，文化交流几乎全赖翻译，倘若翻译不通畅不准确，带来的负面影响实难估量。

我发觉，自废科举以来，文言大多数只是用于应酬，其中多数往往如前人所说是雕琢的、阿谀的、陈腐的、铺张的、迂晦的、艰涩的，语文品质真正做到"适切""得体"者，凤毛麟角。难道不应革掉这种恶劣品质的命吗？

关于白话之白，我们万不可误会胡适所追求的只是通俗、浅白，他要求今日之文学大家"把那些活泼泼的白话，拿来锻炼，拿来琢磨，拿来作文演说，作曲作歌"（《胡适文集》第 3 卷，第 201 页）。也就是说，他希望成就更高的语文品质，真正成为"活的、不鄙俗、优美适用、有趣味……可读、可听、可歌、可讲的言语"（《胡适文集》第 1 卷，第 149 页）。这就要说到胡适关于"国语的文学，文学的国语"的主张。

胡适认为要有标准国语，必须先有用这种语言所写的第一流文学。而这种文学的产生，又必须从"文的形式"一面下手，先要求语言文字文体等方面的大解放。他先是提出了所谓的"八不主义"：

一曰须言之有物。

二曰不摹仿古人。

三曰须讲求文法。

四曰不作无病之呻吟。

五曰务去烂调套语。

六曰不用典。

七曰不讲对仗。

八日不避俗字俗语。

后来又发展成为四大主张：

（一）要有话说，方才说话。

（二）有什么话，说什么话；话怎么说，就怎么说。

（三）要说我自己的话，别说别人的话。

（四）是什么时代的人，说什么时代的话。

有人据此批评他是形式主义。其实这是一个误会。实际上他追求的是"活的文学""人的文学"。他明确主张："文学有三个要件：第一要明白清楚，第二要有力能动人，第三要美。"（《胡适文集》第2卷，第149页）"明白清楚，明白之至，有逼人而来的'力'。美就是'懂得性'（明白）与'逼人性'（有力）二者加起来自然发生的结果。"（同上书，第150页）所谓"懂得性"，其实就是要达到语文品质的基本要求；所谓"逼人性"，就是要追求语文品质的审美层次。提倡白话和白话文学，胡适并不仅仅是为了它们的白，他指出："如果尊重新文学，要努力修养，要有深刻的观察，深刻的经验，高尚的见解，具此种种去创造新文学，才不致玷辱新文学。"（《胡适全集》第12卷，第89页）他说："吾以为文学在今日不当为少数文人之私产，而当以能普及最大多数之国人为一大能事。吾又以为文学不当与人事全无关系；凡世界有永久价值之文学，皆尝有大影响于世道人心者也。"（《胡适文集》第3卷，第197页）两者相得益彰。以形式主义责备胡适，有失公允。

胡适还不遗余力地推进白话、白话文学的教育。他说："我们认定一个中学生至少要有一个自由发表思想的工具，故用'能作国语文'为第一标准。"（《胡适全集》第20卷，第292页）以便"人人能用国语自由发表思想——作文，演说——都能明白晓畅没有文法上的错误"。特别需要注意的是，他不是为白话而白话，为文学而文学，他指出："所谓新文学的运动，简单地讲起来，是活的文学之运动，以前的那些旧文学，是死的，笨的，无生气的；至于新文学可以代表活社会，活国家，活团体。"（《胡适全集》第 12 卷，第 80 页）这里似乎我们开始从语文品质跑题了，赶紧就此打住吧。

叶圣陶论语言表达

叶老是"五四"以来语文教育的一代宗师。他有关语言表达的论述，对我们探讨语文品质问题具有不容忽视的巨大价值。下面以读书笔记的形式分条写一点自己的学习心得。

一、学习语文就是为了提升语文品质

叶老曾经恳切地指出：

> 学习国文就是学习本国的语言文字。语言人人能说，文字在小学阶段已经学习了好几年，为什么到了中学阶段还要学习？这是因为平常说的语言往往是任意的，不免有粗疏的弊病；有这弊病，便算不得能够尽量运用语言，必须去掉粗疏的弊病，进到精粹的境界，才算能够尽量运用语言。……尽量运用语言文字并不是生活上一种奢侈的要求，实在是现代公民所必须具有的一种生活的能力。（杜草甬：《叶圣陶论语文教育》，河南教

育出版社 1986 年版，第 92 页。原文题目是《略谈学习国文》，作于 1942 年）

　　学习语文就是学习语言的运用，这是叶老一以贯之的基本观点。他在这里所说的运用语言"必须去掉粗疏的弊病，进到精粹的境界"，其实指的就是语文品质的提升，首先达到遣词造句、谋篇布局的基本要求（不粗疏），而后逐渐进到审美层次（精粹）。他在另一处说得更加明白："一段文字由许多句子合成，句有句式；一句句子由许多词儿合成，词有词义。句式要用得妥帖，词儿要用得得当。"（同上书，第 91 页）造句妥帖，用词得当，说的不就是语文品质吗？"粗疏""精粹"指的无疑就是语言运用，是遣词造句、谋篇布局的正反两个方面的概括。

　　语文品质的具体内涵，大家的理解或有出入，用以描述的词语或有差异，但基本标准应该说是大体一致的；而且，说话写作应当具备起码的语文品质，以使人们交际顺畅、沟通高效，这也是整个社会生存、发展之必需。语言运用的妥帖、得当只能学而得之，理所当然地成为基础教育语文课程的"独当之任"，语文教师自应致力于此，以求圆满完成。但社会上有不少人却以为造句妥帖、用词得当不过是雕虫小技而已，无需费心力下苦功学习，甚至有的语文教师、语文教育工作者也存有这种无知偏见。叶老于 1964 年给友人的信里有如下自白："凡我所作，其质皆甚平庸。至于语言文字之间，虽欲求其精当，而实践不足以副之，文集固经修改，疏漏宁能尽免？足下谓有若干不妥之处未加改动，复有改而转见弗当者，即其著例。……今承指明，良为汗颜。"（《叶圣陶语文教育论集》，第 734 页）不禁让人感慨万千！语言文字运用欲达至"精当"的境界，语文水平之高、自我要求之严如叶老者，晚年尚有"实践不足以副之"

之叹，我们有的人却还以为是"小菜一碟"因而错误百出、笑话连篇，正可谓是"无知者无畏"了。

二、"工于表达"事关做人

叶老指出：

> 所谓善于说话，决不是世俗所称口齿伶俐，虚文缴绕的意思。要修养到一言片语都合于论理，都出于至诚，才得称为善于说话。所以这简短的标语实在含蕴得很丰富，分析开来，有精于思想、富于情感、工于表达等等的意思。这就牵涉得很广了，要精于思想，应当有种种的经验推断，要富于情感，应当有种种培养陶冶，要工于表达，应当有种种的学习准备。爽直地说，这就包括了人生的一切活动，成了所谓正当地做人的事情了。（同上书，第 34 页）

所谓善于说话就是"一言片语都合于论理，都出于至诚"。如果说"出于至诚"主要指的是态度，"合于论理"就是思想、感情等等的内容问题。在另一处，他举例道，教师订正学生言语的错误，"与其说'这应当这样说'，不如说'按诸事理，这还有更妥当的说法'，或者'试从实际上想，会发现更切当的词了'。这无非因为发见贵于受来，自觉愈于外铄的缘故"（同上书，第 37 页）。由"这应当这样说"而"按诸事理，这还有更妥当的说法"或"试从实际上想，会发见更切当的词了"，看起来意思好像"差不多"，只是说法变了一下而已；但在实际上，第一种只是"告知"较正确的说法，而后面两种则是"启发"学生自己去寻求"更妥当的说法""更切当的词"，体现了完全不同的教育理念。"精于思想、富于情感"在实际上和"工于表达"密切相关，不可也无法割裂；只是"工于表达"着眼于遣词造句、谋篇布局这个侧面，即语文品质方面的高要求。由此可见，"工于表达"也是"正当地做人"的有机组成部分就是自然而然的事情了。

叶老反复强调："思想，语言，文字，三样其实是一样。思想不能空无依傍，思想依傍语言。思想是脑子里在说话——说那不出声的话，如果说出来，就是语言，如果写出来，就是文字。朦胧的思想是零零碎碎不成片段的语言，清明的思想是有条有理组织完密的语言。"（同上书，第448页）因此，对"修辞立其诚"这一古老的原则，叶老就有他独到的见解。他说：

> 向来看重"修辞立其诚"，目的不在乎写成什么好文章，却在乎绝不马虎地想。想得认真，是一层。运用相当的语言文字，把那想得认真的心思表达出来，又是一层。两层功夫合起来，就叫做"修辞立其诚"。（《叶圣陶论语文教育》，第112页）

"修辞立其诚"，我本来的理解是，说话写文章态度一定要真诚，指的就只是内容而已。叶老认为这是片面的，只是它的一层意思；还有另一层意思，这就是一定要讲究语言表达，注重表达的语文品质，努力做到"一个字都不乱用，一句话都不乱说"。他一再指出遣词造句不是所谓"小节"，若有毛病亦非什么"小毛病"，没有不认真不重视的任何理由。

三、语言表达有"追寻""返照"两端

语言"表达"，一般地说，是已有所要表达者在，才有表达出来的需要或可能，即所谓表之于外、达之于人。正如叶老所指出的：

> 好文章有许多条件，也许可以有百端，在写作教学上势难

———顾到，但好文章有个基本条件，必须积蓄于胸中的充实而深美，又必须把这种积蓄化为充实而深美的文字，这种能力的培植却责无旁贷，全在写作教学。（同上书，第63—64页）

又说：

> 我们期望于我们的写作能力，最初步而又最切要的，是在乎能够找到那些适合的"字眼"也就是适合的"词"。怎样叫作适合呢？我们内面所想的是这样一件东西，所感的是这样一种情况，而所用的"词"刚好代表这样一件东西，这样一种情况，让别人看了不至感到两歧的意义，这就叫作适合。（张定远：《作文教学论集》，新蕾出版社1982年版，第42页）

他强调的是"追寻"，即能找到合适的字词准确地"代表"所想所感。他举了不少生动的实例。如归有光《先妣事略》末一句"世乃有无母之人，天乎痛哉！"，又如《孔乙己》中"孔乙己是这样的使人快活，可是没有他，别人也便这么过"等，他都作过非常经典的分析。我们自己也可以联想到一些别的例子，语言表达都是犹如"东家之子，增之一分则太长，减之一分则太短，著粉则太白，施朱则太赤"。这里要作补充申说的是：所说只是"代表"被说的东西，而这被说的东西并不是东西本身，只是我们对这东西、情况的感知。由此可见，语言所表达出来的"东西"已经留下了表达者个人的印记，"代表"并不完全客观。对于学习语言表达的中小学生来说，就不是单纯学习语言表达，就不光是所用的"字眼"合适地表达所想所感，还得考量所想所感是否正确、准确。于此，有两种值得注意的现象，一是认为语文课程就管"合适地表达所想所感"，至于所想所感的质量可以撇开一边；二是关注的重点只落在所想所感的内容，而于语言表达是否合适却并不关心。目前似乎后一倾向比较严重。细味叶老的意思，所谓"合适"，既指所用字眼是否能够贴合表达者之所想所感，也指其所想所感是否就是"这样一件东西""这样一种情况"，因为两者在实际上是不可分割的，实际是雪白，你写成灰白，甚至说成漆黑，语文品质能高得了吗？"语文"难道可以闭眼不管吗？

所说所感与被说被感者有所出入，一种是语言表达的问题，另一种则是偏见偏激所造成的。前者当然是语文问题，后者我们也不能因其"语句通顺"等而推出语文之门，人文原在语文中啊！正是在这个意义上，教人学会说话，就是教人学会做人。而上文所说的"代表"，"代表"得由不称职而勉强称职而比较称职而十分称职，也不单纯是语言表达水平的进步，也是精神生活质量的提升，一如王安石写春风由"到"而"过"而"入"而"满"而"绿"。

其实，我觉得语言表达除了"追寻"，还有"返照"的一端。先看例子：

> ……要出版这部《第六交响曲》，他希望给这首乐曲再起一个明确的，具有形象性的名字。
>
> 柴可夫斯基与弟弟商量这件事情。
>
> "你的这首乐曲很悲伤，充满悲剧意味。能不能就用'悲剧'命名？"莫代斯特说。
>
> "'悲剧'？不行，这个名字不行，太浅白了，也不好听。"柴可夫斯基对这个名字不满意。
>
> 莫代斯特在室内踱着步子，苦苦思索着。突然，他脑子里又冒出一个词：
>
> "'悲怆'，'悲怆'这个名字行吗？"

"'悲怆'？嗯，好！这个名字好！'悲怆'。"柴可夫斯基兴奋地拍着手。他站起来，在乐谱的首页写上了"悲怆"两个字。（江山，江镕：《第三座音乐丰碑——柴可夫斯基》，北方妇女儿童出版社 2002 年版，第 176—177 页）

"悲怆"突然照亮了柴可夫斯基的所思所感，原来是模糊的暧昧的，或者说只是一种大致的"意向"而已，在一刹那间变得清晰透亮。精神随着合适语词的出现而发生了质的变化，获得了质的进步。这全赖"悲怆"这个词的出现。这是柴可夫斯基的弟弟莫代斯特的功劳。

另一个例子是屠格涅夫写作《阿霞》的过程：

……还有一点，在"隐居"时，描写相会的场面时，我怎么也写不好晨景的描绘。只有一次，我坐在房间里读书，忽然好象有什么东西推动了我，低声说："早晨的朴素的壮丽"。我几乎跳了起来——"就是它！就是它，真正的美句啊！"（段宝林：《西方古典作家谈文艺创作》，春风文艺出版社 1980 年版，第 445 页）

在语文教学中，语言更应当发挥这种"返照"的功能。一是在阅读教学中，我们教师要善于发现课文里的"悲怆""早晨的朴素的壮丽"；二是在批改学生作文的时候，改"悲剧"为"悲怆"，都是引导学生在感知、领悟语言作品语文品质的过程中拓展他们的精神世界和语言世界，可以有效地提升他们的语文品质。看起来，语文品质关注的只是语言表达的品质，实际上也是在润物细无声地起到"立人"的作用。

四、"诚实"也是一种能力

叶老认为"好"的文章应该具备"诚实"与"精密"两点。他说：

> 在写作上，"诚实"是"有什么说什么"，或者是"内面怎样想怎样感，笔下便怎样写"。这个解释虽浅显，对于写作者却有一种深切的要求，就是文字须与写作者的思想、性情、环境等一致。……记得十五六岁的时候，有一个同学死了，动手作挽文。这是难得遇到的题目。不知怎样写滑了手，竟写下了"恨不与君同死"这样意思的句子来。父亲看过，抬一抬眼镜问道，"你真这样想么？"哪里是真？不过从一般哀挽文字里看到这样的意思，随便取来填充篇幅罢了。这些句子如果用词适合，造语调顺，不能说"不通"。然而"不好"是无疑的，因为内面并非真有这样的情感，而纸面却这样说，这就缺少了"诚实"。（《作文教学论集》，第 47 页）

坦率地说，我以为的"语文品质"并不包含"诚实"，因为这似乎不是如何表达的遣词造句问题，而是有关表达内容的写作态度问题。

但叶老所提的诚实在作文中具有极端的重要性，尤其是在今天；再者，诚实与否也不能说就和如何遣词造句没有一点关系，恰恰相反，表达品质和表达态度应该说不但有联系，而且有时联系还相当紧密。

对照叶老自己少年时"恨不与君同死""缺少了'诚实'"的例子，我们今天不诚不实的问题实在太严重了，诚实在不少人心目中几乎成了幼稚的同义词或说是不敢问津的奢侈品。"内面并非真有这样的情感，而纸面却这样说"，几乎成了作文必遵的要诀、公认的常规，一点也不脸红，一点也不心慌，一点也没有自责，有的还甚至感到得意。

于此，本文不拟展开。我想着重说一说自己相关的一点思考：诚实不但是一种品质，同时也是一种能力。且看下面的事例：

儿子读六年级了，人很老实，成绩一般。那天他一回家就坐在书房里不说话，我问了好几次他才告诉我被同学打了。儿子说，那个同学是班上有名的"莽夫"。刚才放学时他问儿子借课外书，但儿子拒绝了，结果那小子在他屁股上踢了一脚就跑了。

我先是表扬了儿子，不管出于什么原因，他没追上去厮打就好，否则只会加深双方矛盾，自己也会受到更大伤害。之后我问儿子那个同学是不是对每个人都这样，儿子想了想说："倒也不是，他就喜欢欺负一些成绩不太好且比较好欺负的人。"

这未必就是导致他挨打的真正原因。我让儿子把拒绝同学时说的话原原本本重复一遍，儿子用非常不屑的口吻说："你想得倒美，我自己都还没看完呢。"

儿子的神情和口吻让我顿时明白了：他是典型的"人没用嘴巴还很老"呀！我对儿子说："同学打你当然是错的，但你不肯借书并不是真正的原因，真正的原因是你的说话态度，如果你说'行，我看完以后马上就给你看'，你觉得他会打你吗？"儿子摇摇头说："应该不会！"（陈亦权：《儿子被同学欺负之后》，《文摘周报》2013 年 5 月 3 日）

儿子开始时说的被打原因是拒绝借书给同学，我认为他没说假话，他是诚实的，已经做到了"内面怎样想怎样感，笔下便怎样写"（这里应该是"嘴上便怎样说"）；但是他诚实的能力不够，远不如他爸爸。他爸爸一听就作出了"这未必就是导致他挨打的真正原因"这一判断，最后终于找到了"真正的原因是你的说话态度"。

朱自清在《荷塘月色》中写道："这时候最热闹的，要数树上的蝉声与水里的蛙声"。有读者认为这段描写有失实之处，因为蝉在夜里是不叫的。为此，朱自清问了好几个人，也都得到了同样的答案。又专门请教了相关专家，这位专家从一本书上找到了蝉在平时夜里不叫的说法。朱自清就复信给这位读者，告诉他再版时一定改过来。后来他自己在有蝉的树下连续几夜都听到了蝉鸣，文章终于未改。他感慨地说："我们往往由常有的经验作概括的推论。例如由有些夜晚蝉子不叫，推论到所有夜晚蝉子不叫。于是相信这种推论便是真理。其实只是成见。这种成见，足以使我们无视新的不同的经验，或加以歪曲的解释。我自己在这儿是个有趣的例子。"（《关于"月夜蝉声"》，《朱自清论语文教育》，第74页）这段趣话告诉我们，有时自以为是真的却未必为真，而可能是成见。遇到问题，能够怀疑自己原先所知是否有误，进而进行严肃的查证，这是态度问题，也是一种能力。轻信某种不全面的推论，以为这就是事实，更是能力问题。

五、注意培养学生正确的敏锐的语感

叶老说：

语文老师教语言要注意培养学生正确的敏锐的语感。我觉得有些人说话出毛病，就是因为没有正确的敏锐的语感。……我收到过这么一封信，开头说："某某同志，您的意见是正确的，我们准备考虑您的意见。"我倒不是看了就觉得不舒服，但是觉得这位写信的同志的语感是不大敏锐的。"您的意见是正确的"，领导口气！"我们准备考虑您的意见"，既然是正确的，就不仅是考虑的问题。正确的，就应该想法去办，"考虑"，那是还不大明白到底正确不正确，所以要"考虑"。这位先生的语感就差一点。（《叶圣陶论语文教育》，第 196—197 页）

这段话叶老既说明了培养语感的重要，同时也指示了培养的途径，这就是以语言作品的实例进行透彻到位的解析，使学生认识到其不足或错误之所在，进而沉淀为真切的感受。当然这只是一方面，另一方面是让学生认识、感悟优秀作品之为优秀的原由，总之都离不开对语言作品遣词造句的关注，也就是对其语文品质的关注。上个世纪 90 年代我曾依据前辈的教诲提出过所谓"语感中心说"。近几年来我认识到，为了真正落实"培养学生正确的敏锐的语感"这一任务，我们语文教学的重点应当摆在"语文品质"上。何以故？只有语言作品的语文品质才是培养语感的抓手，离开语言作品，无视语文品质，语感就会像是飘浮在空中的幽灵，看不见，抓不住，显得有些神秘，培养语感就难以真正落到实处。这里有两点值得特别注意。一是我们老师自己的语感要敏锐，极其敏锐，语言表达哪怕是极为细微的差异都能够及时捕捉到，都逃不过你的眼睛和耳朵。"您的意见是正确的"，叶老一听就听出这是"领导口气！"二是极为细微的表达差异是怎么造成不同的表达效果的，其原因究竟是什么，能说出真正有说服力的道理来。"我们准备考虑您的意见"，何以被判定语感"差一点"？叶老就说得清清楚楚。我们不能学那不讲道理的坏样。要真正做到这两点，难！但谁让我们是语文老师呢？而且，我们不但要做及格的语文老师，还要努力争取做优秀的语文老师。

上文所说的两点，叶老都是我们难以企及的典范。叶老曾经常替别人评改文章，限于篇幅，兹举一例以窥全豹。原句多有看似极不起眼的小小瑕疵，叶老不但看出来了，还清楚地说明了之所以如此评改的道理。《评改〈当我在工作中遇到困难的时候〉》，有一原句是："……我们在离京前，上级领导指示我们在这次演出工作中，一定把戏为工人送上门，使工人能更好更及时地看到演出。"叶老指出：第一个"我们"可以承前省略；"在离京前"，"说一种行为的时间，口头不常用'在'，例如'昨天'，不说'在昨天'，'上个星期'不说'在上个星期'"；"'上级领导指示我们'的后面加个逗号"；"'在……工作中'，'在工作中'四个字可以去掉，去掉了不损失原意。逗号可以去掉，因为说的时候这里不停顿"；"一定把戏为工人送上门"的'为'字，说的时候是'给'"。最精彩的是：

> "更好更及时地"跟下面的"看到"关联。什么叫"好地看到"？想不清楚。什么叫"及时地看到"？想不清楚。因而加上"更"字，说"更好更及时地看到"，也想不清楚。是不是什么时候想看戏，马上就能看到就是"及时地看到"呢？这是无论如何办不到的。如果说约定某月某日某时看戏，到那时刻果真看到了，这该说"准时"不该说"及时"。所以"更好更及时地"加在"看到"上面是不妥当的。现在改为"使他们看得舒适满意"。把戏送上门就是使他们看得舒适，表演得好就是使他们看得满意。（《叶圣陶语文教育论集》，第 500—501 页）

中肯，精准，说理充分，叶圣陶这样的发现和论点比比皆是，限于篇幅，仅举以上一处。他总是循循善诱，字里行间充溢着他作为一位忠厚长者对后生真挚恳切的关爱之情，丝毫没有大师的架子，这也许就是他特别值得我们敬重和怀念的地方吧。

陈望道论"文章的美质"

曾读到《陈望道论语文教育》中《语文课的"文""道"问题》一文，文中他肯定地指出：

> （上海）语文学会还讨论过"文"与"道"的问题。这个问题的讨论关系到语文教学，因此很重要。在讨论中有两种意见：一种以"道"为主，一种以"文"为主。主张以"道"为主的，谈得振振有词。主张以"文"为主的，一般也要先谈谈"道"的重要，然后再谈到"文"，好象如果不谈"道"就有不红的嫌疑。后来逐渐认明：语文课总是语文课，不能教成政治课，这个讨论才上了正轨。（陈光磊，李熙宗：《陈望道论语文教育》，河南教育出版社 1989 年版，第 13 页。下文引用此书只注页码）

题注告诉我们，陈先生这篇演讲发表于 1961 年。我反复细读，读出了当时尚"左"的社会风气：重道的"谈得振振有词"，而重文的呢？"一般也要先谈谈'道'的重要"，否则"就有不红的嫌疑"，须知"不红"就是"右"啊！因此不少聪明人往往宁"左"勿"右"。也就在 1961 年，我在浙江一所中师任教语文，一次教研组开会传达省里有关语文教学的指示，明确指出：对于语文教学来说，政治思想教育是最重要的第一位的。虽然过去 50 多年了，仍然记忆犹新，尤其是"最重要的第一位的"，传达时那斩钉截铁、不容置疑的语气，印象实在太深刻了。而陈先生却明确主张："语文课总是语文课，不能教成政治课"。这使我想起了韩愈的名句："风骨峭峻遗尘埃"。现在主张把语文课教成政治课的似乎已经不多，但主张语文课应当加上政治课内容的却有不少。我始终认为关于语文课程性质、内容等等的讨论是学术讨论，应当百家争鸣，不要随便上升到意识形态的高度。我完全赞同陈先生"语文课总是语文课"的理念，陈先生的这篇文章给了我巨大的鼓舞。

更让我喜出望外的是，他发表于 1921 年《新青年》杂志的《文章的美质》和出版于 1922 年的《作文法讲义》，使我加深了对语文、语文品质的理解。两者讲的虽然都是写作，但也完全适用于阅读，而且都比较集中地关注作品的形式，特别注重语言表达的语文品质。前者把文章的美质分为知识的、情感的、审美的三种，即"明晰""遒劲""流利"，分别说明文章让人家看了要易明白、会感动、有兴趣三个方面。文章写于 96 年前，令人感到诧异的并不是当时所用的术语与现在的差距，而是文章的内容现在看来也一点都不感到陈旧，不少部分还觉得新鲜。

"明晰"说的是"周到"与"显豁"，我觉得虽略同于现在所说的"准确"，但也提供了新的角度、新的侧面。"周到"和今天所说的具体相比，并不完全相同，因为我认为"周到"还包含写作者的主观态度。"如说'父亲有病，请你回来'，这句话也很有疑问，所谓'有病'，到底是要死的病呢，还是轻微的病？所谓'回来'，到底是抛了一切回去呢，还是凑有空闲的时候回去？这也就因为没有限制说明的缘故。所以要除去种种疑问，换句话说，就是完成明瞭的美质，在必要时，须得周到地加上限制或说明的字眼。"（第59页）而"显豁"，除了"避免歧义"，还有"平易"的要求。

所谓"遒劲"，他说该注意的有思想和词句两个方面。"思想方面必须深刻与新颖。所谓深刻，就是作者确有所感而且深厚，并非表面涂饰。表面涂饰的文章，如同替人家做的哀词，请人家做的寿序，多不能感动别人心情，使人歌哭，便是因为思想不深刻的缘故。所谓新颖，就是自己讲自己底话，并不一意摹仿古人！文章不将古人的死格式完全推翻，决不能感动别人，使人精神焕发。"（第60页）于此两者，陈先生似乎也很看重写作者的态度及其对于内容的影响。陈先生这一独到的卓见，我以为对于理解文章美质、提升语文品质意义重大。我们一般想问题做事情，不应突出个人，但写文章却就得像陈先生所说的应强调写出自己独特的所见所感，"自己讲自己底话"，不要"一意摹仿"。且看下面两段文字：

我惊喜地发现：人性并未泯灭，乌云镶着金边。许多革命群众，甚至管教人员，虽然随着指挥棒也对我们这些"牛鬼蛇神"挥拳怒吼，实际不过是一群披着狼皮的羊。我于是更加确信，灾难性的"文革"时间再长，也必以失败告终，这个被颠倒了的世界定会重新颠倒过来。（《文汇报·笔会》采访杨绛摘录，2011年7月11日）

利他只是表面现象，隐藏在这些表面现象之下的深层动机实际上是自私，就像表面上看起来太阳环绕地球旋转，实际上是地球在环绕太阳旋转。（陈嘉映：《何为良好生活》，上海文艺出版社2015年版，第46—47页）

它们写的看似一种客观的生活现象，但在实际上它们是作者自己个人的发现，并且已经经过作者心灵的熔铸、思维的砥砺、感情的孕养、心血的浇灌，正如歌德所说的是他们个人"心智的果实"。文章的美质、优秀的语文品质就是这样被心灵炼成的。

96 年后的今天，陈先生所反对的"表面涂饰"，如一味喜用排比、骈偶，或以之壮大声势，或以之掩饰空洞，或以之炫耀才华，还挺有市场的。词句方面所列"注意字数""注意排列"等项，也具有现实的指导意义。如凡是紧要的词句必须摆在开头、结末或其他特别的处所，这就常常是容易被忽视的。

关于流利，他提出"自然的语言""谐和的声调"两项。关于前者，他的说明内容，我是第一次注意到："初学的人要做到这一步，最简便的方法，就是将意义相近的字安排在第一句末脚和第二句起首，就是使意义相近的安排在相近的地方。譬如说'昨天早晨我接到一册《小说月报》第三号，那时我才从床上起来。一手就翻到《猎人日记》'。内中'接到'同'翻到'是自然相联的事情，我们最好将它接联安排起来。这种接联安排的方法，很能够帮助我们流畅，也是名文自然必有的手段，请诸君子读名文时，时时留意。"（第 62 页）

关于作文法，他分选词、造句、分段三部分讲述。限于篇幅，本文不可能详尽介绍，只能挂一漏万地摘出其中几点略加说明。

陈先生说："我们如要选词适当，第一步应该辨别词底可用与不可用。辨别底基本标准，就是明白。"（第 70 页）我以为造成眼下语病满天飞的最大病根之一就是作者不明白或不甚明白自己嘴上口中所用的词语到底是什么意思。一次看电视，发现节目主持人竟把"娑婆世界"误为"婆娑世界"，也许是"婆娑"常用或竟不知有"娑婆"的缘故吧！殊不知两个词素的顺序一颠倒，意义也就变得完全相反了。陈先生竭力反对用"死语"，他说："一切语言，无论从前怎样流行，凡是现在通用的，就是活语，凡是现在不通用的，就是死语。譬如四书五经的语言，……在现在一般社会里过半已经成为死语了。不但四书五经的语言如此，便是几年前文言中流行的语言，现在也已经有许多成为白话文中被废弃的死语。这些死语，我们作文都该竭力避去。"例如"靡不初，鲜有终""重裀而卧，列鼎而食"等等。（第71页）这一提醒，至今犹有必要。陈先生还提出不用不精确的词，"这里说的不精确，乃是指词底本身含义晦涩暧昧而说。譬如'甲和乙说明日游半淞园去'这句话，骤看似乎很明白，若仔细推究，就觉暧昧不明。'明日游半淞园去'这句话究竟是甲对乙说的呢，还是甲乙两人说的，从文字上简直无从断定。这就是不精确的一个例"（第73页）。为这个"和"字，他曾专门写过文章，提出"和"作为连词与介词应写作不同的字，以免混淆不清。

关于"造句"，他提出句子的长短、骈散、弛张、宾主、断续等问题，均富创见。例如弛张，是从气势方面看的，他说：

> 弛句，是句中有终止词或有可以终止处的句；张句，是句中没有终止词又没有可以终止处的句。文中多用张句，容易雄直而有力，只怕流于急促。文中多用弛句，容易从容不迫，只怕陷在拗晦。两面都有一利一弊，全仗作者用得适宜。我们且看这几个例。
>
> 你不曾听见别人说过改造社会须得改造了你自己么？
> （张句，句中无可终止）
> 你不曾听别人说过么，改造社会须得改造了你自己？
> （弛句，"么"是终止词）（第79页）

确是发人所未发，于语言表达很有指导意义。

关于分段，他有一比喻让人印象深刻："行文无异走路，都须在转弯抹角的处所分析为段。不转弯，不必分，一转弯，便须分。"（第84页）

40多年后的1963年，他在复旦大学语言研究室作过一次讲话，特别提到"写文章要先求清通，多注意消极修辞"，他指出："一些年来，谈修辞的人往往只讲辞格，没有为学修辞的人设想。其实在平时的语言运用中，还是消极修辞所占的比例大。讲修辞，首先要去掉'不通'。"（第100页）他在另一处说到消极修辞讲"通"，积极修辞（辞格）讲"工"。这和我所说的语文品质分"基本要求""审美层次"似乎有所交集。关于通，修辞学往往着眼于语言作品本身。这当然很对，写文章先求通，当然也没错。但我以为，说话写文章，除了要求文内之通，即文从字顺，符合语法、逻辑和言语习惯，篇章结构合理、条理清晰，还得注意文外之通：一是与作者说写意图之通，即我所谓"适切"，指文章表达的意涵与作者的言语意图要贴合，内外无间；二是所说所写之语与被说被写者之通，即我所谓"准确"，指文章所表达的与表达对象的实际情况要一致，不能走样；三是说者写者与听者读者之通，即我所谓"得体"，指文章的语气、言语色彩等要契合文章作者与读者的真实关系，文章作者要摆正自己的位置，认清自己的角色。清通、适切、准确、得体，缺一不可；否则都会影响语言表达的效果，甚至没有效果，有的比没有效果还坏，引起听者读者的反感或对立情绪，可以称之为"负效果"。

朱光潜论"语言文字的运用"

朱光潜虽然没有关于语文教育的煌煌专著，但是他关于青年修养、文学、美学、哲学的论著中涉及"语文"的部分（尽管不是就语文教育立论），对于我们认识、理解语文教育具有不可或缺的指导意义。当年我和研究生一起研读朱光潜，曾不止一次谈到，我们语文教育的前辈，叶圣陶、吕叔湘、张志公等"三老"之外，还应加上朱光潜，合称"四老"，他们都很赞同。这次为了语文品质，再次向朱光潜请益，不觉想起当年的话头，竟觉不吐不快。

一

语文课程应当教什么，学什么，达到什么水准或说向什么方向努力，朱光潜在有关文学与语文关系的论述中可谓"无心插柳柳成荫"，他指出：

> 从前我看文学作品，摄引注意力的是一般人所说的内容。

如果它所写的思想或情境本身引人入胜，我便觉得它好，根本不很注意到它的语言文字如何。反正语文是过河的桥，过了河，桥的好坏就不用管了。近年来我的习惯几已完全改过。一篇文学作品到了手，我第一步就留心它的语文。……我所要求的是语文的精确妥帖，心里所要说的与手里所写出来的完全一致，不含糊，也不夸张，最适当的字句安排在最适当的位置。那一句话只有那一个说法，稍加增减更动，便不是那么一回事。语文做到这个地步，我对作者便有绝对的信心。从我自己的经验和对于文学作品的观察看来，这种精确妥帖的语文颇不是易事，它需要尖锐的敏感，极端的谨严，和极艰苦的挣扎。（朱光潜：《谈文学》，安徽教育出版社1996年版，第70页。下文引用此书只注页码）

此之语文，即语言文字，他指的是文学作品的语言文字，说得精确一点便是指"语言文字的运用"，但这不就是语文课程的语文吗？他所要求的"精确妥帖"不就是我们语文学习所要达到的要求吗？"心里所要说的与手里所写出来的完全一致，不含糊，也不夸张，最适当的字句安排在最适当的位置"，不就是语文品质的最高境界吗？"那一句话只有那一个说法，稍加增减更动，便不是那么一回事"，说的不就是语言与内容的关系吗？

当然我的"四老"说，并不是基于他上面的这番话，而是由于他的相关阐释确实有他独到之处。首先，对于一篇作品语言文字的玩索，他的要求是："细心研究每篇的命意布局分段造句和用字，务求透懂，不放过一字一句，然后把它熟读成诵，玩味其中声音节奏与神理气韵，使它不但沉到心灵里去，还须沉到筋肉里去。"（第15页）这是来自他自己切身经验的体会。他说：

领悟文字的声音节奏，是一件极有趣的事。普通人以为这要耳朵灵敏，因为声音要用耳朵听才生感觉。就我个人的经验来说，耳朵固然要紧，但是还不如周身筋肉。我读音调铿锵、节奏流畅的文章，周身筋肉仿佛作同样有节奏的运动；紧张，或是舒缓，都产生出极愉快的感觉。如果音调节奏上有毛病，我的周身筋肉都感觉局促不安，好像听厨子刮锅烟似的。我自己在作文时，如果碰上兴会，筋肉方面也仿佛在奏乐，在跑马，在荡舟，想停也停不住。如果意兴不佳，思路枯涩，这种内在的筋肉节奏就不存在，尽管费力写，写出来的文章总是吱咯吱咯的，像没有调好的弦子。我因此深信声音节奏对于文章是第一件要事。（第 65 页）

我知道引文长了一些，但反复考量，别无它法。为什么"声音节奏对于文章是第一件要事"？只有朱光潜自己才能说得如此周到而又生动。也许有的人会说，讲究声音节奏与神理气韵，这是古文的事，与白话无关。但朱光潜不以为然。他自小读过十余年古文，写得一手好古文，就是正儿八经的八股也颇拿手；五四白话文运动之初，他还写过反对文章，但他最终认为："如果讲究得好，我相信语体文比古文的声音节奏应该更生动，更有味。"并由此判定："语体文必须念着顺口，像谈话一样，可以在长短、轻重、缓急上面显出情感思想的变化和生展。"这个道理很可能还有颇多的人不知道，更多的人不懂得"玩味其中声音节奏与神理气韵"，更更多的人不明白何以"不但沉到心灵里去，还须沉到筋肉里去"的道理；这其实是我们语文教学的根本奥秘之一。

我们往往只是从意思、意义这一层面来理解、考虑语言文字的语用，而没有从声音节奏与神理气韵的层面加以考虑，例如"先生

116

之风，山高水长"，由"德"而"风"的好，一般都不会感觉到在此处"风"的声音悠扬绵长较之"德"的短促幽闭要好。学生学了12年语文，极大部分对语言文字运用的这个层面竟无所知觉。这与我们老师引导不够有关，但所选教材不够经典，以致从声音节奏与神理气韵的层面无可玩索也脱不了干系。——即使着眼于字词的意思、意义，我们一般也没有真正把功课做足。朱光潜所指出的"一个字所结的邻家不同，意义也就不同"这一点，我们往往就重视不够。"比如'步出城东门，遥望江南路，前日风雪中，故人从此去'和'骏马秋风冀北，杏花春雨江南'两诗中同有'江南'，而前诗的'江南'含有惜别的凄凉意味，后诗的'江南'却含有风光清丽的意味。"（第132页）还有，他说：

> 一个字所占的位置不同，意义也就不同。比如杜甫的名句："红豆啄残鹦鹉粒，碧梧栖老凤凰枝"，有人疑这话不通，说应改为"鹦鹉啄残红豆粒，凤凰栖老碧梧枝"。其实这两种说法意义本不相同。杜句着重点在"红豆"和"碧梧"（红豆是鹦鹉啄残的那一粒，碧梧是凤凰栖老的那一枝），改句着重点在"鹦鹉"和"凤凰"（鹦鹉啄残了红豆粒，凤凰栖老了碧梧枝），杜甫也并非倒装出奇，他当时所咏的主体原是红豆碧梧，而不是鹦鹉凤凰。（第132页）

朱光潜正确地指出了原句与改句"红豆""碧梧"一作主语一作宾语的区别，但他似乎没有把意思完全说破，且容我来补充一句：如果鹦鹉、凤凰作为被显著突出的主语，两句诗不但句法显得平易，所描写的景象也是自然的，鹦鹉、凤凰也都合情合理地成为兴盛繁华的象征；而红豆、碧梧作为主语，同时也就连带突出了它们的"残"与"老"，鹦鹉、凤凰倒退到不重要的位置上了，诗句给读者的印象不但不是兴盛繁华，恰恰相反，是凋零伤感。

　　以上是从遣词造句本身的重要性看，再从遣词造句者的态度看，朱光潜把语言文字的运用提高到道德高度，也可以说是发人之所未发。在叙述了托尔斯泰和福楼拜两位对自己作品遣词造句的严苛要求之后，他说："一般人也许以为这样咬文嚼字近于迂腐。在青年心目中，这种训练尤其不合胃口。他们总以为能倚马千言不加点窜的才算好脚色。这种念头不知误尽多少苍生！在艺术田地里比在道德田地里，我们尤其要讲良心。稍有苟且，便不忠实。"（第51页）当然学生作文远未达到艺术的层次，我们也不应当以艺术来要求学生，但其道理却是绝对相通的，特别是"尤其"二字给了我极大的震撼！语文品质在实际上联系着人文品质，毋庸置疑！但我们极少注意到遣词造句、谋篇布局时道德、良心在后面所起的作用。

　　遣词造句，最根本最要紧的还是"字"，实际上就是我们现在所说的"词"，因为没有词，便没有句，更没有篇和章。朱光潜指出："他（指福楼拜——引者注）以为一句话只有一个最恰当的说法，一个字的更动就可以影响全局，所以常不惜花几个钟头去找一个恰当的字，或是斟酌一个逗点的位置。"（第82页）又说："语文和思想是息息相关的。一个作家在语文方面既可以苟且敷衍，他对于思想情感的洗炼安排也就一定苟且敷衍。处处都苟且敷衍，他的作品如何能完美？这是我侧重语文的一个看法。"（第71页）他在《从我自己怎样学国文说起》一文中说：

　　　莪菲丽雅问哈姆雷特读什么，他回答说："字，字，字！"我一生都在"字"上做工夫，到现在还只能用"字"来做这世界里面的日常交易，再造另一世界所需要的"字"常是没到手就滑了去。圣约翰说："太初有字，字和上帝在一起，字就是上帝。"我能了解字的威权，可是我常慑服在它的威权之下。原来它是和上帝在一起的。(《朱光潜文集》第 3 卷，安徽教育出版社 1987 年版，第 450 页)

语文无论是遣词还是造句，抑或谋篇布局，归根结底都是在和"字"或说是"词"打交道，在这上头下功夫。由于我们往往过分重视句意、段意、文意，而轻视甚至忽略了字词，基础既未扎实坚固，句意、段意、文意难免东歪西倒甚至完全坍塌。朱光潜写白话文，"不忌讳在文言中借字借词"，还主张"需要适宜程度的欧化"(同上书，第 446 页)，我以为都是正确的，不能矫枉过正，一定要拿捏好分寸。这在他自己的笔下时就非常谨慎，如前者说"不忌讳"，后者说"适宜"，无懈可击。

二

朱光潜的最大贡献还是他对思想与语言的关系独具只眼的深刻洞见。思想与语言的关系，是美学、哲学的一个根本问题，同时也是语文教育最重要的基础理论问题。对此，他进行过十数年不倦的探索。他的《文学与语文——内容、形式与表现》一文中有这样的文字："我们固然很难说，思想和语文究竟谁是因谁是果，但是思想有时决定语言，语言也有时决定思想，这大概不成问题。"对当时所得出的结论，具有相当的信心，但又用"大概"留出余地。此文后面，他特地为此写了《附记》：

> 这问题在我脑中已盘旋了十九年，我在《诗论》里有一章讨论过它，那一章曾经换过两次稿。近来对这问题再加思索，觉得前几年所见的还不十分妥当，这篇所陈述的也只能代表我目前的看法。我觉得语文与思想的关系不很容易确定，但是在

未把它确定以前，许多文学理论上的问题都无从解决。我很愿虚心思索和我不同的意见。（第 77 页）

终于在 1948 年他用英语发表了《思想就是使用语言》这篇长文，1988 年由张金言译成中文，发表于《哲学研究》1989 年第 1 期。此文在形式上的一大特点就是他以几何学的论证方式写成，全文由前言、定义、公理、命题等四部分组成，推理非常严密，具有极强的说服力，堪称经典文献。

我以为它对于语文教育基础理论研究的巨大价值，在于它解决了长期争论不休的语文课程性质的问题，因为语文课程性质问题的根子在于语言到底是人的工具还是人本身这一根本问题。"前言"开宗明义，直截了当地指出：

> 作者在本文中试图证明这一论点，即思想与使用语言乃是同时发生的同一件事情。这个论点与常识相反。常识认为语言对于不依靠语言就已经完成的思想来说是外加的东西，因而是思想的表达。

对人来说，到底是人的思想使用语言，还是语言表达人的思想？朱光潜的论述使我们确定无误地明白，人与语言的关系，不是人使用语言这个外在于他的工具，而是说"只有语言才能使人成为作为人的生灵"（海德格尔），因为正是语言导致仅仅属于人类的高级心理机能如逻辑记忆、随意注意、抽象思维、预计性意志等的产生和发展，正是语言使人的生存成为人的生存，人在语言中生成、进步、发展、提升。人不是占有语言，而是拥有语言。婴儿呱呱坠地时还只是一个自然人，正是在学习语言拥有语言的过程中他逐步成为社会人，即真正意义上的人。这样一看，语文课程当然就是人文课程亦即使人成为人的课程，而不是工具课程。

文中他又一再强调：

> 表达是指使内含语言成为外显语言的过程。表达使思想结果成为有形的东西并使思维主体以外的人得以理解。思维是在心中画出一幅图像，而表达则是展示这幅图像。

> 我们并不是先形成一个概念，然后再找字词表达这个概念。当我们表现出犹豫的时候，我们表面是在调整语言，但是实际也在同时调整思想。有时我们做出改正，但是被改正的就是伴随表达的思想。意义随着表达的不同而改变。

> 表达总是独一无二的。一种思想只能用一种方式精确表达出来。〔证明和说明〕因为思想和语言是一回事，两者之比是 1:1。如果一种思想（A）可以通过两种不同的方式 a 或 b 完全相等地表达出来，那么思想与语言就不仅是分离的而且是不可比较的。因为 a 和 b 根据定义互不相同，A=a 和 A=b 这两个等式也就构成矛盾。

朱光潜的以上见解，同时也解决了语文教育理论中另一个至今仍有争论的问题，这就是文章内容与形式的关系问题。由于"思想和语言是一回事"，文章的内容就是文章的形式，文章的形式就是文章的内容，内容和形式根本不可能分割开来，当然也不可能是相互游离的两样东西。在朱光潜相关理论的启发下，我找到了如下表述：形式实现内容，内容生成于形式。然而，这并不意味着，对于文章的内容与形式，在我们阅读文章的时候不应该也不可能有任何侧重。不同的侧重不但是可能的，也是应该的。语文课程侧重怎么说的言语形式，从中培养学生运用语言的能力，而其他课程则侧重于内容，以传道授业。前者并不意味着可以抛弃内容，后者也并不意味着我们可以撇开形式直接攫取内容。我们语文课程应当理直气壮地致力于怎么说的言语形式的教学，以使我们的学生成为能够运用语言正确表达的人。我们要大声宣称，学会正确地表达，实质上就是学习如何缜密地合逻辑地思考，也就是在从根本上提升语文品质。

顺着上引"展示"的话头，我们似可再适当地延伸一下，所谓展示，说，除了自言自语，在向听者展示的同时也在向自己展示，这就可以发现所思所说不完善甚至有错误的地方，以便及时作出修正和补充；写，由于往往拥有一改再改的余裕和空间，进行修正和补充则可以更从容更周到，包括审视自己写的动机、目的、主旨等等，努力做到清通、适切、准确、得体，并进而上升到审美的层次。

朱光潜关于语文教育的卓越见解不少，限于篇幅，只能就其荦荦大者写一点自己的学习体会，以就教于各位专家和同行。

朱自清有关语文品质的真知灼见

有专家说，上个世纪 20 年代的白马湖是我国现代语文教育的圣地，我深以为然，因为当年的春晖中学就在白马湖畔。上个世纪 20 年代在春晖先后正式任教语文的有夏丏尊、朱自清、俞平伯、朱光潜、赵恂如、张同光、胡行之、冯三昧、方光焘、王任叔等，他们无不是具有人格魅力和深厚学养的一时之选，有不少同时就是作家或是学者，而朱自清则是教师、作家、学者三合一，这是春晖之为语文教育圣地的根本原因。我 1953 年考上中师后，曾经做过作家梦。学校图书馆虽然不大，甚至应该说是很小，但却有整套的人民文学出版社出的"新文学选集"，我都如饥似渴地一一读过，其中就有《朱自清选集》。就我个人的喜好而言，我觉得他的散文比他的新诗更富于诗意；而在散文中，我觉得《背影》《给亡妇》等又比《绿》《春》等更为耐读——后者的遣词造句是稍稍过于用力了，用我的话来说，前者的语文品质要高于后者，当然后者也实在不低。凭着他的学养和经验，他也发表过不少研究语文教育的论著，其中就有与语文品质相关的真知灼见。

他所一再批评的"读的方面，往往只注重思想的获得而忽略语汇的扩展，字句的修饰，篇章的组织，声调的变化等"（中央教育科学研究所：《朱自清论语文教育》，河南教育出版社 1985 年版，第 6 页。下文引用此书只注页码）的毛病，不是至今仍然严重存在吗？他指出：

> 只注重思想而忽略训练，所获得的思想必是浮光掠影。因为思想也就存在语汇，字句，篇章，声调里，中学生读书而只取其思想，那便是将书里的话用他们自己原有的语汇等等重记下来，一定是相去很远的变形。这种变形必失去原来思想的精彩而只存其轮廓，没有什么用处。（第 6 页）

这也是我们现在不少学生甚至还有老师所忽略的。有人说诗是不可翻译的，其实除诗之外的作品虽然可以翻译，但原作洋溢于字里行间的那种只能意会的特殊味道、神韵，要原汁原味地翻译出来也是不太可能的。别说不同语种之间，就是文言、白话的互译不也是如此吗？叶圣陶、朱光潜都曾指出过，一种思想只能有一种精确的表达，改动了用以表达的语言，其实也就同时改动了思想，正如朱自清所说的，表达"变形"了，必然导致思想同时"变形"。我们要准确理解书里的思想，非认真琢磨它的语言不可。尤其我们语文课学习的重点是学习如何表达，就更要以语言为出发点和归宿点，反复来回于语言与它所表达的意思、意味之间，不断趋向深入。而决非拿我们自己的语言去改造作品，而是从作品的语言学习如何表达，以提升我们的语文品质，同时感受、感悟作品的思想、情感。

朱自清卓有见地地道破了"不求甚解"与"咬文嚼字""分章析句"之间的关系。他指出：

　　学生呢，在学习时也必须字字求了解。这与一般不求甚解的态度刚好相反，然而不求甚解的那分能力正是经过分章析句的学习过程而得到的，必须有了咬文嚼字的教学培养后，才能真正达到那种不求甚解的境界，没有经过一番文字分析的训练，欲不求甚解，也不易得呢。（第28页）

现在还有不少的小青年喜欢拿陶渊明的读书"不求甚解"作为话头来为自己马虎、草率、囫囵吞枣的态度辩护。《五柳先生传》的原文是："好读书，不求甚解；每有会意，便欣然忘食。"陶渊明之所以是陶渊明，青少年时期一定下过咬文嚼字、分章析句的苦功，才能养成"好读书"的习惯，才能在"不求甚解"的读书过程里有所"会意"，并因之而"欣然忘食"。朱自清明确指出，不求甚解更主要的是一种能力，全靠此前不断咬文嚼字、分章析句的功夫而养成。用现在的术语来说，精读是略读的基础，没有精读，只是略读，培养不出真正的阅读能力。没有咬文嚼字，不会分章析句，必然浅薄！朱自清还认为咬文嚼字不但事关阅读，于写作也有甚大的关系。他说："课外阅读可以帮助增进写作的能力，固然是事实，但是一目数行地囫囵吞枣地读下去，至多只能增进一些知识和经验，并不能领会写作的技术。要在写作上得益处，非慢慢咬嚼不可。"（第38页）"第一要写得通"，朱自清这话告诉我们，"通顺""清通"是语文品质第一个基本要求，而且做到"写得通"也不容易。以为容易、以为不值得重视的偏见，不是至今仍在损害我们的语文教学，造成学生乃至社会上文字不通的毛病越来越严重吗？

　　关于"表情达意"，鲁迅在给李霁野的一封信里写道：

　　　　前几天收到一篇《生活！》我觉得做得很好；但我略改了几个字，都是无关紧要的。

可是，结末一句说：这喊声里似乎有着双关的意义。我以为这"双关"二字，将全篇的意义说得太清楚了，所有蕴蓄，有被其打破之虑，我想将它改作"含着别样"或"含着几样"，后一个比较的好，但也总不觉得恰好。这一点关系较大些，所以要问问你的意思，以为怎样？（《鲁迅谈创作》，中国青年出版社1955年版，第2页）

为什么说"这一点关系较大些"？我的理解是，原来"说得太清楚了"，表情达意就只是靠文义，让人一目了然，一览无余。改后，将其"蕴蓄"藏于文字之下，读者就有了品味的余地。在这一点上，朱自清似乎说得更加清楚，并给我们的书面表达树立了一条很高的标准。他说：

说的白话有声调姿势表情衬托着，字句只占了一半。写的白话全靠字句，字句自然也有声调，可并不和说话的声调完全一样，它是专从字句的安排与组织里生出来的。字句的组织必得在文义之外，传达出相当于说话时的声调姿势表情来，才合于写作的目的。（第55—56页）

也就是说，书面语言的语文品质体现于"字句的安排与组织"，其难在于"传达出相当于说话时的声调姿势表情来"。这是写作的化境！当年我在中师课堂学《藤野先生》这一课时，给我留下最深印象的不是别的，而是托尔斯泰给日本天皇去信开头那句："你改悔吧！"（后来才知道这句话出自《圣经》）它深深烙印在我的心坎上，连同托尔斯泰这个名字，包括他说这句话时的神情——这当然只是出自我的想象而已。我总觉得其中透出一股强大而又神秘的力量，让人震撼不已。只有这四个字，只有这样的组织与安排，任何哪怕只是一点点改动，都将是致命的破坏。柳宗元《段太尉逸事状》中有"吾戴吾头来矣！"，《新唐书》转录时删后一"吾"字。林琴南以为删得无理，因此一"吾"字，"一则晒全军之不武，一则示一身之有胆"。所"晒"者所"示"者，全不在文义之内，而只是一种语气、心态、表情，它们"恰好"是"专从字句的安排与组织里生出来的"。这是语文品质的最高境界。

朱自清还专门写过一篇《文章病类（词汇）》，把多年在教学实践中摘录的学生作文中有关词汇的病句进行分类研究。他一共总结出四种语病：

一是，"一般学生的通病是词汇太窄狭，在那窄狭的词汇里，又有许多词的意义不曾弄明白"，如"（我）降生民国初年"的"降生"，他说：

> 我们说"孔子降生""耶稣降生"，"降"有"（从）天（而）降"的意思，孔子、耶稣都是伟大人物，所以说是"从天而降"，所以用得上"降生"这个词。但"降生"并不限于伟大人物，对于稍有身份的人，也可以用；那却只是客气的字眼，没有特别崇敬的意味。说到自己，显然不能用；说到自己，只能说"我生在民国初年"，"我出生在民国初年"，或"我诞生在民国初年"。"出生"是个新词，但现在已经用得很熟了。

二是，两个同类的词或短语连用，中间应加连词的而未加，如"一个精邃多疑的青年"。他说："'精邃'大约是'精细'，和'多疑'并不对偶，中间更得加'而'字或'的'字。"

三是，掺进不合适的文言词，"看上去文绉绉，酸溜溜，和上下文不能打成一片，有些碍眼"。如"至于我们开膳的办法"。他说："'开膳'，是白话'开饭'和文言'膳食'的混合短语，显得不自

127

然，不如直说'开饭'痛快得多。"不过"膳食"现在已被吸收为白话词汇。

四是，无必要甚至不适宜地避熟创新，显得非常别扭，如"他要训练大众，产造一个蓬勃的社会"的"产造"；此外，我觉得"训练"用在这里似乎也不十分妥帖。当然，避熟创新是应该提倡的，他抄录的学生作文里的句子，也有好的，如"操着那急速而带有些气愤的步伐"。他说：

> "操"，在文言里原有"使用"的意思，如"操舟"之类引申为"操练"，就是"练习"。我们说"体操""军操"，正用的这个意思。（"操着那急速而带有些气愤的步伐"）是描写学生在阅览室里找不着空位子跑出去的情形。说"用着那急速而带有些气愤的步伐"，固然太松泛，说"走着那急速而带有些气愤的步伐"，也还见不出那神气。只有"操着"，教我们联想到"体操"和"军操"，才能领会到那股劲儿。只在这种情势之下，避熟创新才是必要的。

以上四类语病，他一共录了67个例子，每一例他都作了透辟精到的分析。语文品质的高下优劣，主要体现于文章的遣词造句，我们不但要知其然，还要知其所以然，朱自清就把这67例高下优劣的所以然说得非常清楚明白，本身就具有很高的语文品质。读这篇长文时，我还不禁感慨：不说我们的语文水平远远不能和他去比，我们的教学态度有他这般认真吗？

王力论"能写出通顺的文章"

2015 年初以来，一直在拜读我国现代语文教育前辈与"语文品质"相关的论著，感到受益匪浅。其中有两次特别兴奋，一次是发现吕叔湘先生的"语文质量"，一次就是读到王力先生的如下观点："语文课最要紧的是，一定要从语言的角度来教。"（唐作藩，李行健等：《王力论语文教育》，河南教育出版社 1996 年版，第 173 页。下文引用此书只注页码）"我们中学生毕业，要他能写出通顺的文章。我觉得这个就是我们语文课的主要任务，……如果我们的学生中学毕业了，还不能写出通顺的文章来，我们语文教学就算是失败。"而且，他认为："这个任务很重要，也是很艰难的一个任务。"（第 281页）他关于语文教学的这一基本观点，与我近年提出的有关"语文品质"的看法是吻合的，有趣的是，有个别例子竟也完全相同，如他指出"进行午睡""对小鸡进行喂"之不通，我也曾经痛批过，为此还得到过李维鼎先生的鼓励。通顺，在我的系列文章里称作"清通"，列为语文品质的第一个基本要求。他的有关论述当然比我深刻全面得多。

王力是从语句与篇章两个层面来论述"通顺"的，且多从反面入手。先说语句。语句又分用词和造句两部分。用词，他认为滥用语词往往是由对词义理解不正确不准确造成的。他举了很多例子，其中有一个让人印象特别深刻：

> ……又如"以为"，过去都当"认为"讲（词典里也是这样解释的）。近年来我注意到，这两个词的用法大有区别。"以为"表示原来以为是这样，但实际情况不是这样（"我以为昨天他会来的，可惜他没有来"），"认为"则专用于肯定的论断。那么，"我以为他是好人"和"我认为他是好人"，意思就大不相同了。这种区别，在语言应用上大有好处。（第 201 页）

可谓一针见血，精辟之至！王力认为语言运用中由于不懂准确的词义而造成的问题特别严重，他说：

> 韩愈说过：为文须略识字。拿今天的话来说，就是写文章要懂得语词的真正意义。韩愈是一代文豪，尚且说这样的话。可见识字的重要性。我老了，写文章还常常查字典、词典，生怕用词不当。识字是基本功，同志们不要轻视它。（第 258 页）

他的这种认真的精神真正值得我们认真学习。

句子，他认为病因首先是不合语法，如动宾、主谓搭配不当，或代词指代不明等。其次是不合逻辑。"同学们都发扬了互助友爱的精神和虚心学习的态度。"精神当然可以发扬，"态度"怎么"发扬"呢？这不合事理。王力指出："没有这个事理就是不合逻辑，不是不合语法。"（第 231 页）他认为病句大半由此造成。此外就是生造词语和滥用成语。他说，遣词造句除了应该重视逻辑性，科学性也应仔细推敲，"例如冰心同志嘲笑的'月圆如镜，繁星满天'，比不上曹操的'月明星稀'更合乎事实。皓月当空，三、四等以下的星星都被月光遮掩住了，我们还能看见繁星满天吗？"（第258页）

关于篇章，他也认为主要是逻辑方面的问题。如："颜回是个很'好学'的'不惰者'，他'闻一而知十'，经常与老师言终日而不休息，为人聪明，但他的身体却很弱，31岁就不幸短命。唐代诗人李贺才气横溢，人称'鬼才'，可是27岁就夭折了。可见，健康的身体是成才的重要因素之一。"他分析道：

> "可见"二字用得不合逻辑。文中举颜回、李贺为例。颜回是四哲之一，李贺是著名诗人，不能说他们没有成才。可见没有健康的身体也能成才，和作者的结论正相反。作者最好不举颜回、李贺为例，读者会说，我们可以学颜回、李贺那样勤奋，勤奋就能成才，早死我也甘心。如果一定要举颜回、李贺为例，那就应该说，如果颜回、李贺不早死，会有更大的成就。不应该简单地说："可见，健康的身体是成才的重要因素之一。"（第231页）

篇章，指的是"章"和"篇"，《文心雕龙》就说"积句而成章，积章而成篇"。上面一例就是积句成章过程中出现的逻辑问题。王力认为篇章结构在逻辑上常犯的毛病有牵连不断和前后矛盾两种。前者是句子之间该断而不断，下句明明是说另一层意思了，却还把它和上句硬生生地绑在一起。后者如一层意思在前边讲过了，后边再讲的时候，却说了些跟前边发生矛盾的话；前边讲的意思，到后边应该推出什么结果，可是实际上却推不出那个结果；等等。

王力关于语文教学的论著确实是一座宝山，有待我们去不断发掘，上面极其简单的介绍仅仅局限于我认为与语文品质相关的这一部分而已。在阅读过程中，也有一些我没有读懂或不完全赞同之处，兹提出来向专家们和广大读者请教。

语言的运用有的时候往往不太讲理，就是约定俗成而已。王力认可"'打扫卫生'要说也是可以的"，这就是一种开放、务实的态度，但有时还是失之过严。由于语言一直是随社会的发展变化而发展变化，是否过严，就得历史地看。也就是说，他当时坚持认为错的，在今天看来却未必错，大家都这样说，无理也就变有理了，我们不能以今日之是来责备前人以之为非，尤其是语言学家当时为了我们语言的纯洁、健康，把关把得严一些，无可厚非。我所说的失之过严，是指即使是从当时着眼，也还可以适当宽容一些。如：

> 我常常反对报纸上所谓"生产达到历史最好的水平"的提法。我说应该是"达到最高水平"或"历史最高水平"，不要说成"历史最好水平"。这个是什么问题呢？也不是语法问题。"最高"、"最好"作为一个修饰语，修饰那个名词，两个都是合语法的嘛！并不是语法问题，还是逻辑问题。因为"水平"就是水的平面的意思。水的平面只有高低之分，没有好坏之分嘛！如果"水平"它不平了，那就坏了，但是，"水平"没有不平的，都是平的，所以说，没有这样的事理，不是说没有这个语法。（第255页）

引文出自《逻辑与学术研究、语言、写作的关系》一文，此文发表于1986年6月，由"常常"可见"生产达到历史最好的水平"的说法当时已成气候；而且请容许我吹毛求疵地说这段话所说的理似乎也有欠严密之处。不能把"水平"的词义固定在"水的平面"，它也可以指在某一方面所达到的高度；再说"水平"本身好像没有"好坏之分"，但是水平高低和事情好坏还是有联系的。如，"生产达到历史最好的水平"的好实际上是和"生产"相联系的，如果说的是"失业"这一现象，人们就绝对不会说"失业达到历史最好的水平"，而只会说"失业达到历史最高的水平"，换言之，好坏这一价值判断和水平高低这一事实判断往往总是挂钩的，这难道不也是一种事理吗？

又如这一处：

> 最近我在报纸上看见了这样一个句子：
> 在他们的笔下，日本过去的侵略行为已经正当化、合法化了。
> "合法的侵略行为"已经很费解，"正当的侵略行为"简直不成话。应该改为：
> 在他们的笔下，日本过去的侵略行为竟变成了合法的、正当的行为了。（第 228 页）

我却以为报纸上的这个句子是通顺的。"正当化、合法化"是"化为合法的、正当的"之意，"合法的侵略行为"确实很费解，"正当的侵略行为"简直不成话，不是"简直不成话"，就是"不成话"，就是混账话、鬼话，然而出现在"他们"笔下，一点也不奇怪。改笔当然是正确的通顺的，但我觉得还是原句清通、顺畅。

还有一处是：

> 某日某报有一条新闻，标题是《舍身忘死救儿童》，讲的是一个中学生"舍身"救人的事迹。标题只七个字就有两个错误。第一，"舍身"通常指牺牲了性命；这个中学生救活了一个小女孩，他自己没有死，说他"舍身"是不合事实的。第二，"忘死"是什么意思呢？如果说的是那个中学生忘记自己的死，而他自己并没有死，谈不上忘记自己的死。即使他死了，也不能说他

"忘死"，因为死人无知，没有忘不忘的问题。也许作者说，这里的"忘死"指的是"不想到自己会死"。那也不好。应该是置生死于度外，明知冒生命的危险，也要救人。（第257—258页）

我觉得，从通顺与否的角度看，"舍身忘死救儿童"并无不通，"舍身"固可理解为"牺牲自己的身体（生命）"，若在特定的语境里也可理解为不顾自己的意思，未必非真正死掉不可。与"舍得一身剐，敢把皇帝拉下马"的精神是一样的。"忘死"，我想不一定是忘记死亡的意思，也可理解为不顾生死的意思。"那个中学生忘记自己的死"，并不一定要他自己的死来证明，不能说"他自己并没有死，谈不上忘记自己的死"。至于"也许作者说，这里的'忘死'指的是'不想到自己会死'"，只是一种猜度而已；即使要作猜测，我宁愿认为指的是"没有想到自己的生死问题"。再说，按照"如果说的是那个中学生忘记自己的死，而他自己并没有死，谈不上忘记自己的死。即使他死了，也不能说他'忘死'，因为死人无知，没有忘不忘的问题"的逻辑，世上就没有活着而又具有舍生忘死的精神的人了。

　　上面商榷的话，写时我确实是战战兢兢的；但万万不敢不懂装懂，故不顾贻笑天下之讥，坦陈如上，恳望读者诸君有以教我。

吕叔湘"语文质量"说浅见

重读《吕叔湘语文论集》（商务印书馆 1983 年版），惊喜地发现吕先生早在 1963 年写的《关于语文教学的两点基本认识》一文中就已提出"语文质量"这一概念。他虽未就这一概念本身展开系统、深入的论述，甚至没有给出一个明确的界说，看起来好像只是在行文时不经意地带出而已，但其意义却千万不能也不容小觑。我阅读时不胜感叹：倘若我们语文教育工作者当年就能够充分重视吕先生提出的"语文质量"及相关理念，50 多年来我们的语文教学可以少走多少弯路啊！联系我自己近年关于"语文品质"的思考，不禁想起《庄子·秋水》里的话："吾非至于子之门则殆矣，吾长见笑于大方之家。"

一

我所说的"语文品质"其实就是吕先生所说的"语文质量"，却比他晚了 50 多年。首先，"品质"和"质量"本来就是同义词，起码两者的含义、运用都有交集的部分。梅家驹等编的《同义词词林》就将"品质""质量"归为同义词（上海辞书出版社 1983 年版，第 123 页）。袁晖主编的《新华同义词词典》阐释了"品质"的词义后，特别注明："'品质'还指事物的质量"（商务印书馆 2003 年版，第 677 页）；张志毅、张庆云编著的《新华同义词词典（中型本）》同样说明"品质""有时指物品的质量"（商务印书馆 2005 年版，第 530 页）；朱景松主编的《现代汉语同义词词典》也认为"'品质'还可以表示产品的质量"（语文出版社 2009 年版，第 655 页）。可见从词义的角度看，"语文质量"与"语文品质"可以说就是同义词。

其次，也更重要的是，吕先生所说的"语文质量"和我所说的"语文品质"所指也基本相同。"语文品质"是指一篇言语作品在遣词造句、谋篇布局等方面表现出的语言表达水平的高下优劣，而非它的内容品质如何；仔细研读吕先生的相关文字，可以肯定，他所说的"语文质量"基本上也就是指一篇文章"用字眼、造句子"（《吕叔湘语文论集》，第 331 页。下文引用此书只注页码）的好坏状态。《关于语文教学的两点基本认识》一文有两处提到"语文质量"。一处是：

　　……我要代语文教师呼吁一下，请求各科的同事和他合作，都来关心学生的语文，对学生的语文负责。消极方面，给学生树立好榜样。如果语文老师说某一个字不能这样写，学生说数学老师就是这样写，语文老师怎么办？积极方面，各科教师都应该要求学生在回答提问和书面作业的时候正确地使用语文。不能因为不是语文课就可以在语文上马马虎虎；正如语文课虽然不讲各科知识，可是不能让学生在作文里任意颠倒史、地、理、化方面的事实。分科教学是为了工作的便利，学生所受的教育是整个的，是不能割裂的。不但各科教师，学校行政也应该关心学生的语文，对学生的语文负责，每出一个布告，每发一个通知，每作一个报告，都应该检查一下语文质量，包括错别字在内，总之，要在整个学校里树立起正确使用祖国语文的风气，学生生活在这样的环境里，正如蓬生麻中，不扶自直。（第 334 页）

另一处是：

平心而论，近年来出版物的语文质量是大有提高的。但是出版物是如此之多，光是大大小小的报纸，一天就得印出几百万字，哪能尽如人意？（第 335 页）

从以上所引文字，我们分明可以见出如下两点。一是"语文质量"说的就是语言作品能否"正确地使用语文"，而语文的使用说的就是遣词造句，再就是谋篇布局，当然也包括汉字的书写。由此作出"语文质量"和"语文品质"所指基本相同这一判断是符合事实的，是完全能够成立的。二是"语文质量"和"语文品质"衡量的具体对象都是语言作品的语言表达，而非语言所表达的内容。吕先生说"每出一个布告，每发一个通知，每作一个报告，都应该检查一下语文质量，包括错别字在内"，一望而知，他所谓"语文质量"显然是指"包括错别字在内"的语言表达情况如何，而不是指布告、通知、报告写了说了什么内容。上引第二段引文所说的"大有提高的"毫无疑义地也是指"近年来出版物的语文质量"，即"包括错别字在内"语言文字使用方面的质量。

如果我一开始想到"语文品质"这个概念、拟作较为深入系统的探讨时，就能发现吕先生的"语文质量"的说法，我一定不会再用"语文品质"，两者同义，何必另起炉灶呢？不过现在，我却希望能够继续沿用"语文品质"。主要理由是，据《汉语大词典》的解释，比起"质量"，"品质"一词似乎与人的行为和作风所显示的思想、认识、品性有较为密切明显的联系。（参见《汉语大词典》，汉语大词典出版社1997年版，第1578、6031页）而我始终认为遣词造句、谋篇布局固然是一种技能、技巧，但往往不可能和言语主体的思想、情感、个性等完全脱钩，恰恰相反，两者的联系常常是相当紧密的。试比较：

> 在我的后园，可以看见墙外有两株树，一株是枣树，还有一株也是枣树。（鲁迅《秋夜》）

> 在我的后园，可以看见墙外有两株枣树。

言语主体之所以这样写而不那样写、之所以这样说而不那样说，起主导作用的明显就是思想感情，绝对不单纯是技能、习惯的问题。正是在这一点上，我觉得吕先生的相关表述有欠周到之处。他说：

> 现在来谈谈学习语文的过程。使用语文是一种技能，跟游泳、打乒乓球等等技能没有什么不同的性质，不过语文活动的生理机制比游泳、打乒乓球等活动更加复杂罢了。任何技能都必须具备两个特点，一是正确，二是熟练。不正确就不能获得所要求的效果，不成其为技能。不熟练，也就是说，有时候正确，有时候不正确，或者虽然正确，可是反应太慢，落后于时机，那也不成其为技能。从某种意义上说，语言以及一切技能都是一种习惯，凡是习惯都是通过多次反复的实践养成的。（第331页）

这些话都没错，但说"使用语文是一种技能"，"从某种意义上说，语言以及一切技能都是一种习惯，凡是习惯都是通过多次反复的实践养成的"，都没有提到言语主体的思想情感在"使用语文"过程中的作用，不能不说是留下了遗憾。特别是《关于语文教学的两点基本认识》是把"从事语文教学必须认清人们学会一种语文的过程"作为"两点基本认识"中的一点来说的：

> 我要谈的有两点。第一，我认为每一个做教学工作的人必须首先认清他教的是什么。……其次，我认为从事语文教学必须认清人们学会一种语文的过程。（第 321 页）

语文是人文课程，"学会一种语文的过程"绝无可能与学习者的精神世界是绝缘的。"语文质量""语文品质"，以何者为宜，浅见谨请方家和同行们指教。

二

倘若我的一得之见果真有点道理，那也并不说明我在这个问题上就比大家、权威高明。在我有关"语文品质"的系列文章里，没有怎么提到错别字的问题，而吕先生就一再指出语文质量"包括错别字在内"，在这本集子里还有专文《错字小议》加以论述。该文精辟地分析了错字的来源、发现的难易、后果的轻重等等，最后还提出了有效的应对办法。

据我在《吕叔湘语文论集》一书中搜寻与语文质量相关的部分，无不论述精辟，见解独到，至今仍然具有很高的价值。限于篇幅，我这篇短文无法作全面的引述，只能约略地谈谈自己的一点学习心得。

首先是他对语文质量的重视。值得我们特别注意的是，他认为

"语文"不单是语文老师的事，各科老师和学校行政领导既不应该也无可能置身事外，大家应对学生的语文共同负起责任来，因为"正确使用祖国的语文"，在学校里又有谁能够例外呢？他一再强调"用字眼、造句子"不是无关紧要的所谓"小节"。例如有的新闻报道常有时间、地点、数目前后账合不拢的问题，他举了《人民日报》上面的一个例子："1924年沙特攻占汉志，把侯赛因逐出阿拉伯半岛……侯赛因被逐出阿拉伯半岛后，英国于1921年扶植他三子费萨尔为伊拉克国王。"吕先生说："这里的1924和1921合不拢。如果这两个年份都不错，'侯赛因被逐出阿拉伯半岛后'的'后'字就有问题。"（第283页）吕先生就此指出：

> 也许有人会说，"文章的好坏岂在于这些小节？"我是不能同意这种看法的。文艺作品里时间账、地点账、数目账合不拢——例如《红楼梦》里某些人物的年龄变化，某些事件的时间关系，就有这种情形——也许不损害作品的伟大，可仍然不能不说是"白璧之微瑕"（因此有些小说作家写作时先拟好"虚构"的年表、地图等等）。非文艺作品特别是新闻报道里，要是出现类似的情形，问题就不那末轻松了。（第285页）

这类问题在报纸杂志书籍中尚且不是小事，对于专门学习正确使用祖国语文的语文课来说应该就是天大的事情了！

我觉得，一篇文章的语文质量高下优劣，以及能否对其高下优劣作出准确的判断，取决于文章作者和评论者的态度是否认真，语感是否敏锐。从上文之例我们就可真切地感受到吕先生极其认真的态度和极其敏锐的语感。许多作者、编辑、老师（包括教授、博导）就缺乏吕先生这种较真的精神和敏锐的感觉，常常弄得笑话百出。吕先生就曾发现这样的例子：

《人民日报》今年八月三十一日第六版《非洲三国友谊行》第一句是"七月底到八月中旬的非洲，阳光灿烂，繁花似锦……"。按说非洲是个相当大的地方，北起北纬 37.5°，南至南纬 35°，差不多一半在北半球，一半在南半球，好望角附近的季节跟地中海沿岸恰好相反。标题里的非洲三国是索马里、加蓬、喀麦隆，都在赤道附近，这里一年四季都是"阳光灿烂，繁花似锦"，不限于七月八月，可是笼统地说整个非洲在这个季节都是这般模样，就不太准确了。（第 287 页）

从这个例子还可见出吕先生知识之广博丰富。语文是语文，又不单单是语文，正确使用祖国的语文，把语句写通顺，把意思说明白，岂易言哉！我曾看到这么一个大笑话：

某 211 名校有这么一位教授，……在其专门评价人物的大作中有这么一段类似相声小品的文字：李自成的爱将刘宗敏抢夺了安禄山的爱妾，导致了太平天国的失败。（吴泽顺：《野猫禅》，吉林文史出版社 2011 年版，第 26 页）

说实在的，我笑不出来！

语言文字的使用，对于个人来说有时关乎人品，在某一时段许多人所表现出的共同特点，还可能形成一时之文风。吕先生指出："文风问题牵涉到许多方面，从思想方法到选词、造句、使用标点符号，都有关系。"对我们当下特别有警示意义的是他对中学生"多用套语"的恳切批评。在《文风问题之一》一文中，他说曾看到几篇竞赛得奖的中学生作文，他把其中有代表性的几个段落抄录下来，并作了语重心长的点评。他尖锐地指出："多用套语不是写文章的正经路子；相反，很容易把写作的人引到邪路上去。"限于篇幅，我只录如下一段：

> 青春啊，该怎样度过？"人最宝贵的是生命，生命属于我们只有一次"，而在这仅仅一次的生命中，迸发着火花的青春时代更是短暂，更为宝贵。该怎样度过，该怎样度过呢？
>
> 我不愿干"少壮不努力，老大徒伤悲"的蠢事，做"金玉其外，败絮其中"的庸人；我讨厌整天无所事事，只顾自己小家庭的可怜虫。
>
> 我要学习雷锋……
>
> 我要学董存瑞……
>
> 我要学×××、×××。他们在"为祖国而学"的巨大动力推动下，付出了艰苦的劳动和心血，凭着他们坚韧不拔的革命毅力，顽强刻苦的学习精神，攻克了科学道路上的一道道关卡，创造出"惊人的结果"。他们是中国青年的骄傲，是我们的榜样，他们的青春是绚丽多彩的。

让我吃惊的是，我曾把这段文字请好几位现在的中学生和大学中文系学生看，他们竟然不约而同地一致认为文章不错，有一位中学生还说"这样好的文章，我是写不出来的"：足见已经病得不轻！吕先生特别提醒语文老师、报刊编辑不要有意无意地把多用"现成话语"作为写作语言表达的导向。比起吕先生当年所见，这种文风现在似乎有过之而无不及。笔在邪路上走，实际上是人在邪路上走，竟不自知为邪，或以为这就是康庄大道，值得引起我们高度警惕！

与文风相关的问题，特别明显的还有吕先生指出的下面两个问题。其一是乱用成语。吕先生说："成语之类的东西，当然有用，是要用得恰到好处。什么叫恰到好处？有两层意思。第一，要在非用不可的时候才用……第二，不能接二连三地用。"如：

丹东三面环山，一面临水，山光水色，引人入胜。西哈努克亲王和夫人，英萨利特使和其他柬埔寨贵宾们小憩之后，登上锦江山顶的锦江亭，凭栏远眺，俯瞰全景。山上佳木葱茏，江里春水溶溶，远近屋宇栉比，舟车往返频繁，呈现出一片生气勃勃的景象。西哈努克亲王意兴盎然，谈笑风生，不时拿起望远镜浏览景色，赞扬丹东市的建设成就。

吕先生问："读者同志，您欣赏不欣赏这一段'佳作'？我是非常抱歉，一点不能欣赏。"（第301页）

其二是要"花腔"。我觉得问题比多用成语又要严重得多。先看他发现的《人民日报》上的例子：

乘晨曦，采一把带露的鲜花，摘几枝含苞的杨柳，这是时间留下的见证……

我看见，你们用炽热的鲜血浇出青松绿杉的圈圈年轮；高楼矗起，你们向宇宙探讨着人生……

时间啊！有时象雷电一闪而过，……有时把希望、回忆压缩在流水之中。

吕先生指出："这就是那种扭扭捏捏的'花腔'。这种文章乍一看似乎很漂亮，可是禁不起推敲。拿上面抄来的例子来看，试问：含苞的杨柳是个什么样儿？又怎么是时间留下来的见证？怎么用鲜血浇出年轮，怎么向宇宙探讨人生？时间又怎么压缩希望和回忆，怎么把它压缩在流水之中？三问两问就变成一堆无意义的废话。作者能用大白话说说究竟都是些什么意思吗？"（第292页）

以上内容，只是管窥筐举而已；有的人或许会嫌太琐碎，其实这绝不是琐碎，而是具体。据我个人的体验，说语文品质，谈抽象的原则、标准容易，难就难在具体，不做空头文章；至于要说出之所以如此判断的道理来，那就还得有精深的理论修养。总之，论者的水平往往就体现在具体上。

读吕先生的文章，能够真切地感受到高山大海般的大家风范，由于学问的深广扎实，所说往往发人所未发，举例则是信手拈来，无不自然生动确切，语言表达具有极高的语文品质，总是让人如坐春风，享受到一种审美愉悦。

张志公"汉语辞章学"研究与语文品质

　　张志公先生早在上个世纪 60 年代就提出了建构汉语辞章学的设想，后来在北京大学等学校开了"辞章学讲话"的选修课，讲课内容经记录整理成《汉语辞章学引论》。这本讲义，他自己说"还只是勾画了一个轮廓"（张志公：《汉语辞章学论集》，人民教育出版社 1996 年版，第 258 页）。这当然有自谦的成分，但此书有待于进一步完善可能也是事实，书中一些部分只是提纲挈领，没有展开具体深入的论述。显然，辞章学与语文品质肯定有交集，因而书中也必然有所涉及，相关部分是我们钻研"语文品质"问题的宝贵资源。下面从中精选出几条，先抄原文，后再说说自己的学习心得。

　　虚词表示语气情态的作用，有很大的辞章价值。请看：

　　如曰今日当一切不事事，守前所为而已，则非某之所敢知。（王安石《答司马谏议书》）

　　有以多符空言，无裨实政相稽者，则固不佞所不恤也。（严

复《译天演论自序》)

这两句的结构很相象（内容、意境、态度也相近），但是前一句末尾没用"也"，后一句用了。这种结构的句子，用"也"是常例。然而，用或不用并没有产生语法上的重大差异，倒是引起了读者很不相同的感觉。前句不用"也"，让人读下来似乎听见一种强烈决断的语气，仿佛看见一种以掌击案或者拂袖而去的神情。略去这一个虚词，显示出王安石这位"拗相公"的"拗"劲。后句用了"也"，全句表示的意思虽然也是强硬的，态度是坚决的，但是语气却平和多了，似乎是在娓娓而谈，不是疾言厉色的争辩。再请看：

吾年未四十，而视茫茫，而发苍苍，而齿牙动摇。（韩愈《祭十二郎文》）

在这个句子里，只留第一个"而"，略去后两个，完全可以，并且更合常例。重复用三个"而"，使人读下来清楚地感觉到，韩愈在说这话的时候对自己过早衰老的感触是深重的；从而说的语气是低沉的，缓慢的。只用一个"而"，成了很流畅的一个转折句，即使念得慢一点，调子低一点，也还不足以显示出那么深重而低沉的语气神情。（第30—31页）

所谓语言"表达"，就是表情达意；所谓语文品质，就是讲究"达意达得好，表情表得妙"（胡适）。这"好"与"妙"，又可以从主客两个方面来说。从主观看，是自以为充分、透彻、到位与否，有的是自以为到火候了，但实际上还是夹生饭。"春风又满江南岸"，如何？若王安石陶醉于"满"字好过"吹""到"等等，"绿"就不可能出来。从客观方面看，自以为"好了"，读者却未必有"好了"的感受。而读者的感受正确、准确与否，还得两说呢。一般而言，

146

自以为好，大部分读者也觉得好，真正的好的概率就一定大；否则，必小，甚至不好。但也不能全靠少数服从多数，最终还得尊重读者自己。而读者又还得看成熟与否。中小学生极大多数尚未完全成熟或说正在成熟的过程之中，这就需要成熟的老师的指点。这三个例子实在太好了，堪称经典！但一般的中学生就极可能没有什么特别的感受，亟待老师的点拨。张志公先生用它们来证明"虚词表示语气情态的作用"；其实，王安石的例子证明的恰恰是有时不该用虚词，诚如张先生所说："这种结构的句子，用'也'是常例。"也就是说，有时不用更需要勇气。语文品质好，是指该用而用，不该用就一定不用。我们曾经谈到，你无论说什么话，同时都是在说自己，只要你开口说，你这个人就必然会出现在字里行间。"……则非某之所敢知也"，就不是王安石。——例子举得好，书要读得多，读得熟，特别是读得细，同时还得知人论世。锻炼语文品质不也一样吗？

张先生又指出：

> 我们说："喜欢这本书。"在有的语言里就说："这本书喜欢。"然而，在某种场合，我们也可以把被支配者先说出来，然后再说支配者。例如，像大家都知道的，我们可以说："饭不吃了，汤再喝一点儿。"这就是先说被支配者，后说支配者。这句话，从表达上说要比"不吃饭了，再喝一点汤"好。像这样的话，必然是在吃饭的时候就在饭桌上说的，"我"根本不需要，用上几乎可以说是多余的赘疣。那么，把"饭"和"汤"作为主语，意思非常显豁，比把它们放在后边作宾语要好得多。（第85页）

他是在论述语法是语言单位的组合法时讲这番话的，但从中可知，语言单位的组合固然要讲语法，但似乎又不能或说不可死守语法，还得照顾到语法之外的方方面面。遣词造句的词是最小的语言单位，句则是由词组合而成的最小语言单位。语文品质主要是指遣词造句所体现的语文水平的高低，语法只管语言单位组合得对不对，语文品质还要看有没有"多余的赘疣"，意思"显豁"与否等等。而是否多余、是否显豁又要联系说者与听者的关系，说话的场合即所谓语境等才能作出合适的判断。"不吃饭了，再喝一点汤"，语法上固然无错，但其语文品质却不高。"把'饭'和'汤'作为主语，意思非常显豁"，其显豁恰恰来自对语法常规的违背。此所谓语法常规，就是张先生在同一段文章里所说的"支配者一般用在被支配者的前面，这也是一条一般规则，也可以说是一条规律"。而"我饭不吃了，我汤再喝一点儿"，从语法上看，补上"我"这个真正的主语，语法结构当然更完整了，但却显得别扭，尤其是后一分句的"我"，不但别扭，简直就是不通，不通说话的情理。说话往往不凭理性的语法规则，而凭主观的感觉，讲情理也是感觉中的情理。

张先生关于语文训练，着重讲了写的训练。他认为："表达训练的标准，简言之，就是三个字：对、快、好。"（第113页）其中与语文品质交集的是"对"和"好"。他说：

> 第一是"对"。对，就是合乎事理，合乎规范。
>
> 现在，语言不合事理的现象很多。比如，某医院里的黑板报上写着："积极行动起来，不随地吐痰！"前句的"积极行动"和后句的"不……"是互相矛盾的。某报纸一幅照片的说明写着："在老舍夫人画家胡絜青的家里，她兴奋地和来访记者交谈。""她"指谁？原来就是指老舍的夫人。可是给人的却象是另外某个人。这类的话，不留心就过了。稍想一想，是不合事理，不合规范的，让人理解起来发生困难，甚至引起误解。

（第113页）

这也就是我们所说的语文品质的第一个基本要求："清通"。张先生所说的"对，就是合乎事理，合乎规范"，简明扼要，值得借鉴。所举两例，也颇典型。关于"好"，他说："好，一就是适度，就是繁简、详略等等都合适；二是得体，就是注意到对象、场合，做到恰如其分；三是动听，就是做到让人爱听，爱看，有感染力和说服力。"没有具体展开。与此有关的是他下面这段论述：

> 在表达训练中，处理好思想内容与语言表达的关系是个值得重视的问题。
>
> 说一篇话或者写一篇作文，无非四种情况：思想内容和语言都好，思想内容和语言都不好，思想内容好而语言不好，思想内容不好而语言好。前两种情况好办。后两种情况怎么办？这个问题在评分的时候最容易显示出来。是不是只要思想内容好，即使语言很不行也应当评给好分数？或者思想内容不好，即使语言很好也只能给坏分数？或者相反，不管思想内容怎样，完全按照语言的优劣评分？或者把两方面"结合"起来，"综合平衡"一下，给一个折衷的分数？这几种办法恐怕都是值得斟酌的。表达训练不是文学创作实习，评价一篇表达练习和文学批评不是一回事。另一方面，对于学生在表达练习中反映出来的思想状态是不能不予理睬的。这里很值得注意的一点是，所谓思想内容，指的是所反映的真实的思想，而不是仅仅指用了些什么词句。评分是次要的事，要根据语文训练的要求进行正确的指导。（第114页）

我以为这里有两个问题可以讨论。一是，是否任何话或文都有所谓的"思想内容"。我觉得未必。祥林嫂诉说阿毛被狼吃掉那番话的"思想内容"是什么，难说；或许我们本来就不必从"思想内容"这个角度来看待它。每一个人的语言世界几乎无不具有广泛性、丰富性、复杂性、多元性，我们不能只是着眼于所谓的"思想内容"，况且我们所说的"思想内容"又往往总是和意识形态密切地联系在一起。不然的话，就会有意无意地给学生戴上紧箍咒，一开口一下笔，就战战兢兢，如临深渊，如履薄冰，这不利于学生的成长发展。二是，判定"思想内容好"和"不好"的标准是什么？谁来判定？特别是社会总是处在发展变化之中，"标准"当然也一定在跟着发展变化。再说，真有所谓"思想内容好而语言不好"的话或文吗？由于呈现在人们耳边眼前的绝无可能是无所依傍的赤裸裸的思想内容，而只能是可听的话、可看的文，既然听者读者已经能从话或文中听出看出其"思想内容好"，那么就可以断定其语言已经完成了表情达意的任务，起码达到了及格水平，因此也就难说它"不好"。语文品质的关注对象是语言作品的遣词造句、谋篇布局，而非其言语内容，但这并不意味着语文教师可以对言语内容不闻不问不管不顾，遇见跟张先生所说"对"的标准不相符合的错误当然有批评之责。我的建议是，对学生我们首先必须尊重，信任，宽容，包容，绝对不能像在十年"文革"中那样时时、处处、事事都把所谓阶级斗争这根弦绷得紧紧的，弄得风声鹤唳草木皆兵，最后有的竟因一时口误把自己也弄成了所谓的"阶级敌人"。此其一。其二，我们教师一定要有"立人"的自觉意识，积极引导学生说老实话、真心话，努力培养他们的人文精神和科学精神，争取和学生一道成为真正的人，大写的人。

另外，张先生还曾写过《结合语言的运用学习逻辑》一文，也和汉语辞章学相关，但却没有收入《汉语辞章学论集》一书。不合逻辑是语言不通的主要原因之一，张先生此文对此作了精到的分析：

　　我们时常会发现想事情想不清楚的情形；用语言把所想的说出来，也就成了一些不清楚、不明白、乃至混乱不通的话。我们有时候说某人"语无伦次"，或者说某篇文章或某个句子文理不通，所反映的往往是说话或者写文章的人想事情想得不清楚或者不对。下边是在书报刊物上发现的一些话，都有或大或小的文理不通的毛病。

　　1. 这个意见提出后，并没有得到任何反应。我曾经想写一篇批评的稿件在黑板报上刊登，结果也没有被采用。

　　2. 立刻得到一个通知：大批伊斯法罕居民死于回归热，急待我们救护。

　　3. 本书作者支魏格是奥地利的维也纳人。第一次世界大战以后，住在奥地利的萨尔斯堡，将近二十年。1934 年因为受希特勒的压迫，出国到了伦敦，后来又两渡大西洋，旅居在美国，最后到了巴西，于 1942 年自杀。这一部巴尔扎克传是他死后委托他的朋友弗来登赛尔给他编辑出版的。

　　4. 这篇散文描述事情虽有一定的层次，却仍有详略的分别。

　　5. 人们都知道，牢固的记忆是建立在透彻的理解上的，要记得牢，首先就要理解得透，这就是背诵能起帮助学生领会课文的作用的道理。

　　（《张志公语文教育论集》，人民教育出版社 1994 年版，第376—377 页）

张先生当然对这些病句作了诊断写了脉案，为了节省篇幅，就留给有兴趣的读者自己去推敲它们违反了什么逻辑定律。

　　由此我联想起有人主张把思维能力的培养列为语文课程与培养

语言能力并列的任务。我深不以为然，思维能力的培养在语文课程中应该而且可能渗透于语言能力的培养过程之中，单独列出，有时可能会导致喧宾夺主，甚至有碍于培养语言能力这一语文课程独当之任的圆满完成。

語文品質談

尚文自署

第三辑

言语形式与语文品质

从言语形式评价语文品质

　　彩虹，是美好的自然现象；在诗人眼里，它也许是一个美好的生命体，能歌善舞，即使沉默着，仿佛也在沉思，想对人们说点什么。我们看彩虹，看到的只是它的样子，它的形状、色彩。任谁也没有办法把它和它的形状、色彩分离开来。实际上，彩虹只是空气里的细小水珠，弯弯的形状、七彩的颜色只是它的形式；但这形式太重要了。我们甚至可以说，它就是它的形状、色彩；失去了它特定的形状、色彩，它就不是彩虹了。可见，形式并非可有可无、无关紧要的东西。

　　言语作品也有它的内容——说什么和形式——怎么说。和彩虹一样，它们的内容和形式相互依存，难解难分。我们人类有能力开出一条巴拿马运河把美洲分成南北两个部分，却没有办法把一篇言语作品的内容与形式给分割开来。两者天然地统一在一起，谁也离不开谁，谁也不能没有谁。我这里说是"两者"，其实只有一个东西，即一篇言语作品本身。盐水是盐＋水，我们可以通过蒸馏的方法把盐水分成盐和水，同样，我们也可以把盐和水混合成盐水。言语作品就不一样了，它绝对不是内容与形式的相加之和，因为本来就不存在可以脱离形式而单独存在的内容，也不存在可以脱离内容而单独存在的形式，它们是共生共灭的。那又为什么说是"两者"呢？说是"两者"，只是指我们去看言语作品的人在自己的脑子里（也就是说不是在客观上）从不同的侧面去关注一篇作品的不同结果。有人有时侧重"说什么"，有人有时侧重"怎么说"。当然，在实际上，关注"说什么"离不开"怎么说"，反过来也一样。——甚至我们可以进一步认为，"说什么"其实就是"怎么说"，"怎么说"其实就是"说什么"。因为言语形式实现言语内容，言语内容生成于言语形式。

语文品质的评价对象就是"怎么说"的言语形式，评价某一言语作品说得是否清通、适切、准确、得体，说得是否具有美感。作出这样的评价，先得了解这篇作品是怎么说的，再来看它说得通不通，好不好，等等。

言语形式指的其实就是文本中字与字、字与句、句与句、句与段、段与段的关系。文字是文本之本，除了文字和标点，文本就一无所有，成了"天书"，变得毫无价值。但文本又不是一堆文字与标点的胡乱堆砌，而是文本作者有意调遣、组织的结果，也就是我们大家常说的遣词造句、谋篇布局这一过程的终端产品。我们汉语所说的字，其实就是现代语言学所说的词，虽不能绝对地说全是，但至少极大部分是。写作文本，就是通过遣词造句创造一种字与字、字与句、句与句等等的关系；阅读文本，需要准确理解在一定关系中的这一个字及其与其他字、与所处的这个句子等等的关系。字本有字形、意义、声音、色彩，进入一定的关系之后，除了字形，都有可能发生某种变化；句子也一样。无论是写作还是阅读，必须接触、咀嚼、品味、揣摩、感悟文本的文字所生成的言语形式，如果剔除了"咬文嚼字"作为成语所含的贬义，用这四个字来形容品读一篇作品言语形式的过程，真是再恰切不过的了。文本如何运用语言文字，它为什么要这样运用，效果如何，非细细咀嚼不可。

评价先得理解，理解错了，评价也就必然出错。例如李白的《将进酒》之"将"是"请"的意思，应读作 qiāng；如果你视同"将要"的"将"，你就很可能认为不通不好；实际上不通不好的不是它而是你。刘永翔教授曾以其所著《蓬山舟影》见赠，其中就有两个非常典型的例子。一是李贺诗"主父西游久不归，家人折断门前柳"，王琦注曰："谓攀树而望征人之归，至于断折而犹未得归，以见迟久之意。"刘永翔教授认为这"不过是臆说而已"，"断"应训为"尽"——"攀树而望征人之归，至于断折而犹未得归"，并不尽合情理，他断言，所攀断者决非树干而是树枝，折断其枝，何其易也，与上句"久不归"之久不相匹配，只有训为尽方可。（刘永翔：《蓬山舟影》，汉语大词典出版社 2004 年版，第 245 页）二是南宋敖陶孙的名篇《洗竹简诸公同赋》，敖诗开首云："舍东修竹密如栉，一日洗尽清风来。"《宋诗鉴赏辞典》的赏析说："一日，阵雨乍停，修竹苍翠如洗，另有一番明净清新的景象。他们……满心欢喜地观赏着这被洗净的、青翠欲滴的丛竹。"刘认为"详其文意，明显是将'洗竹'理解为竹子被雨水所洗了。此解美则美矣，奈'美而不信'何！""'洗竹'是指砍去一些有病或形状不佳的竹子。"说的是一片茂盛的竹林因砍去一些而由密变疏，从而清风得以自由吹来。只有这样说才通畅贴切。（同上书，第 248 页）

理解，除了字的音义，句读也是一个必须重视的问题。《语文学习》2005 年第 6 期李家邦先生的《关于"空乏其身行拂乱其所为"的句读及释义》一文认为，《孟子》"空乏其身行拂乱其所为"的正确句读应是："空乏其身行，拂乱其所为"。其意思是说：使他们出行缺乏资粮，使他们所做的事情受阻不顺。《史记·项羽本纪》写刘邦来鸿门赴宴时和项羽的一段对话，不少本子都是这样标点的：

> 沛公旦日从百余骑来见项王，至鸿门，谢曰："臣与将军戮力而攻秦，将军战河北，臣战河南，然不自意能如关破秦，得复见将军于此。今者有小人之言，令将军与臣有郤。"项王曰："此沛公左司马曹无伤言之，不然，籍何以至此？"

其实刘邦的一套花言巧语是事前精心炮制的，在"令将军与臣有郤"以后一定还有他是如何焦急地盼望将军前来等剖白"心迹"的话语。但项羽没有等他说完，便抢过话头，告诉刘邦"此"是由谁造成的。所以有的版本在"有郤"之后合情合理地加上了一个省略号。这六个小圆点点出了项羽当时说话的神态，也点出了项羽心直口快的性格，与刘邦的狡诈圆滑形成了鲜明的对比。我想太史公地下有知，也会首肯的。有无这六个小圆点，其语文品质要相差一个档次。顾随在《驼庵文话》中指出：

> "苍山负雪明烛天南望晚日照城郭汶水徂徕如画"——姚鼐《登泰山记》句。今课本点句或作"苍山负雪。明烛天南……"，非也。首句乃七字，"苍山负雪明烛天，南望晚日照城郭，汶水徂徕如画"。盖汶水、徂徕在泰山南。
>
> 不像散文的散文句，特别有劲。"南望"几句似词。文中无此句，涩，涩比滑好。(《顾随全集（讲录卷)》，河北教育出版社 2000 年版，第 325 页)

古代没有标点符号，对语文品质的负面影响极大。白话文运动带来新的标点方法，大大提高了语言表达的质量，功德无量！

从字音字义句读开始，还得向前走，进一步着眼于上文所说文字间的种种"关系"。所谓"关系"，大体上可分为两种。一种是显性的文本内部整体与局部、局部与局部之间的关系，即字与字之间，字与句之间，字句与段之间，句与句之间，段与段之间等的关系。退休前，我教研究生读苏诗，《六月二十日夜渡海》中"空余鲁叟乘桴意，粗识轩辕奏乐声"，有一苏诗选本解释道："这两句意思是自己徒然有孔子当年乘桴远游的意味，但没有孔子那样的学问，只是粗通汉族的礼乐文化罢了。"（《苏轼选集》，齐鲁书社1980年版，第140页）如果能够联系题目中的"渡海"一词，就可知道"空余"句说的是自己已渡过琼州海峡回来了，不可能再"乘桴于海了"。联系上下文便可知道"粗识"句讲的是诗人在岭外生活期间，对于"洞庭之野"的"轩辕之乐"，多少是有些认识的。这里的"轩辕之乐"，并非"代指中原文化"，而是指海南地方文化，表达了他对海南的留恋。他曾有诗云"桑下岂无三宿恋"，何况在海南他已生活了七年之久。如果是代指中原文化，似乎又谦虚过头了，而且句意也完全游离于整首诗之外。

另一种是文本外各种相关因素的关系。这又可以分为两个系统。一是文本系统，即该文本与相关诸文本的关系；一是环境系统，即该文本与其所由生成的环境的关系。前者如上举苏诗与"道不行，乘桴浮于海"（《论语·公冶长》）、"皇帝张咸池之乐于洞庭之野"（《庄子·天运》）的关系；此外如《孟子》的"狗彘食人食而不知检，途有饿莩而不知发"与《史记》的"君之后宫婢妾，被绮縠，余粱肉；而民衣褐不完，糟糠不餍"，与《淮南子》的"贫民糟糠不接于口，而虎狼餍刍豢；百姓短褐不完，而宫室衣锦绣"，与杜甫的"朱门酒肉臭，路有冻死骨"的关系；再如果戈理的《狂人日记》和鲁迅的《狂人日记》的关系；等等。后者如《语文学习》2005年第

6期聂伟先生的《发掘经典的"今点"意义》一文介绍了郭建教授研究《水浒传》的心得。《水浒传》中"吃"牛肉"代表了造反精神"，确实让人有"别开生面"的感觉。如果只一味咬文嚼字那些描写吃牛肉的文字本身，再咬再嚼也难有什么新鲜的滋味。语言的运用总是和当时当地的惯例、习俗等有着内在的联系。文本的语言是露出海面的岛屿，在海面之下还有它更深更广的"基础"，不能把语言这岛屿误会成仅仅是浮在水面的船只。为了更准确、更深入地感受露出水面的语言，探寻它隐在水面之下的"基础"，理清文本与其所产生的环境中政治、经济、文化等各方面因素的关系，确实是非常必要的。

对一篇作品语文品质作出准确的评价，比较也许是较为可靠的方法。乌申斯基说得好："比较是一切理解和思维的基础，我们正是通过比较来了解世界上的一切的。"民谚有云："不怕不识货，就怕货比货。"比较的材料有多种来源，这里姑且举出如下几种。一是作品初稿与定稿的比较。例如，古人将"横出数枝春"改成"横出一枝春"，鲁迅将"怒向刀边觅小诗"改成"怒向刀丛觅小诗"，类似的例子多了去了。叶圣陶的《稻草人》，其初稿第一句为"他正思想时，一个小蛾飞来了，是黄白色的小蛾"；最后改定为"稻草人正在想的时候，一个小蛾飞来，是灰褐色的小蛾"。"想"当然比"思想"好，"黄白色"，是黄中带白，还是白中带黄，还是黄白间杂，难以确定，改为"灰褐色"就明确了。戴望舒《烦忧》有初稿和定稿两个版本，初稿是：

> 说是寂寞的秋的恬郁，
> 说是辽远的海的怀念。
> 假如有人问我的烦忧的原故，

我不敢说出你的名字。

我不敢说出你的名字，
假如有人问我的烦忧的原故：
说是辽远的海的怀念，
说是寂寞的秋的悒郁。

定稿是：

说是寂寞的秋的清愁，
说是辽远的海的相思，
假如有人问我的烦忧，
我不敢说出你的名字。

我不敢说出你的名字，
假如有人问我的烦忧。
说是辽远的海的相思，
说是寂寞的秋的清愁。

　　两者的优劣可谓一目了然，而其差异也不过几个字而已，但两者的语文品质却不可同日而语。诗人西渡说得好："一字之易，可以拯救一首坏诗，也可以毁灭一首好诗。因此，好诗与坏诗的距离单位是以字来计算的。"（西渡：《好诗与坏诗的距离》，《诗选刊》2001年第 10 期）诗如此，文不也一样吗？

　　二是外文作品不同汉译的比较。英国诗人布莱克的一首诗，据我所知有如下三种不同的汉译：

天真的预示（梁宗岱译）

一颗沙里看出一个世界，/ 一朵野花里一座天堂，/ 把无限放在你的手掌上，/永恒在一刹那里收藏。

天真的预言（宋雪亭译）

在一粒沙子里看见宇宙，/在一朵野花里看见天堂，/把永恒放进一个钟头，/把无限握在你的手掌。

天真的预言术（张炽恒译）

在一颗沙粒中见一个世界，/在一朵鲜花中见一片天空，/在你掌心里把握无限，/在一个钟点里把握无穷。

比较三种译文，我们发现有这样一些差别。一二两句，梁译与张译，把"一颗沙（粒）"与"一个世界"、"一朵野（鲜）花"与"一座天堂（一片天空）"并举，对比强烈；宋译因"宇宙""天堂"之前没有相应的数量词，对比的色彩就偏弱了。第二句，梁译宋译与张译差别较大，"野花"与"鲜花"有别，"天堂"与"天空"相去更远。说"在一朵野花里看见天堂"，合情合理，而说"在一朵鲜花中见一片天空"，就有些匪夷所思了。三四两句，梁译与张译语序相同，宋译为了押韵，语序作了调换。梁译宋译说"手掌"，张译说"掌心"，两者有细微的差别；梁译说"永恒""一刹那"，宋译说"永恒""一个钟头"，张译说"无穷""一个钟点"。这三种并举的方式，一经比较，就可以知道何者更为自然，更为妥帖。

三是古代诗文不同今译的比较。且以《诗经·关雎》第二章"参差荇菜，左右流之。窈窕淑女，寤寐求之"为例。查到如下今译：(1)"长长短短鲜荇菜，顺流两边去采收。善良美丽的少女，朝朝暮暮想追求。""追求"加一"想"字，总觉没有到位。(2)"长短不齐水荇菜，左右采摘忙不停。美丽贤良的女子，做梦也在把她思。"一二两句不押韵，不够味；"把她思""今"味不足。(3)"荇菜长短

162

不齐，左边找右边找。姑娘美丽又善良，从早到晚追求她。"四句长短不齐，且第一句是二二二的节奏，如第二句也一样，感觉会好一些。（4）"水荇菜参参差差，采荇菜左采右采，好姑娘苗苗条条。哥儿对她昼思夜想。"不押韵，且第四句与前三不合拍。（5）李长之译文："水里荇菜像飘带，左边摇来右边摆，苗条善良小姑娘，睡里梦里叫人爱。"灵动可爱，微觉最后一句味道还差那么一点点。（6）余冠英译文："水荇菜长短不齐，采荇菜左右东西。好姑娘苗苗条条，追求她直到梦里。"看来冠军是非它莫属了。尤其是末句"追求她直到梦里"，意思精准完足，语言富于诗意，说它胜过"朝朝暮暮想追求""做梦也在把她思""从早到晚追求她""哥儿对她昼思夜想""睡里梦里叫人爱"，想必大家都会赞同的吧。从比较中，的确能够更好更快地提高我们对言语形式的感受力、理解力，才能对它的语文品质作出较为准确的评价。

　　四是自编相似的语料进行比较。例如，增减词语比比看。《差不多先生》："差不多先生差不多要死的时候……"若减去第二个"差不多"就成了"差不多先生要死的时候……"。两者一比，就会发现第二个"差不多"的表现效果，有了它，就多了一份对"差不多先生"调侃、嘲笑的意味，一删就变得干瘪无味了，千万删不得。"差不多先生的相貌和你和我都差不多。"若在"我"之后加上"和他"两字，一比就会发现字数虽然增加了，意思却并没有增加，反而丧失了和"你"娓娓而谈的亲切感。真正的好文章总是"增之一字则太繁，减之一字则太简"；太简太繁失之于一字之增减，而一字之增减则可能就是语文品质优劣的汉界楚河。

　　还有就是变换词语比比看。朱自清的《匆匆》："天黑时，我躺在床上，他便伶伶俐俐地从我身上跨过，从我脚边飞去了。但是新来的日子的影儿又开始在叹息里闪过了。""跨过"能否换成"闪过"

呢? 同样,"闪过"能否换成"跨过"呢? "去的尽管去了,来的尽管来着;去来的中间,又怎样地匆匆呢?""匆匆"能否改为"快速""匆忙""迅捷"之类的词汇呢?

再是换种句式比比看。《皇帝的新衣》中那个大臣不但没有看见皇帝的新衣,还发现他原来光着身子,于是惊叹道:"难道我是愚蠢的吗?……难道我是不称职的吗?"这两个反问句能否改成:"我当然不是愚蠢的!……我当然不是不称职的!"——一比,就觉得原句表现大臣的心理更贴切自然。

此外,比较的方法尚多,不再一一列举。

我们常常可以在课本或教学参考书上看到"好词好句""用优美词句表情达意"这种说法。它其实暗含这样一个前提:词句有优美与不优美的分野。这个问题值得认真讨论一下。我们可以说某一篇文章"语言优美",这是着眼于整篇文章的语言风格所作出的评判,自无不可;但却不能由此得出结论说,词句尤其是词本身可以分为优美与不优美两类。先说句。句子能够表达一个完整的意思,有相当的独立性,某一个句子,文质兼美,我们常常就会说这是一个好句子,如"先天下之忧而忧,后天下之乐而乐"等,这自然合情合理。但句子的独立性是相对的,它往往不能脱离它所在的语言环境而存在,特别是不能脱离它所在的语言环境而去评判它的好与不好。例如,"只有敬亭山"这个句子,倘若离开《独坐敬亭山》这首诗的整体,很难说好。光提所谓"好句",显然有片面性。再说词,它一般没有独立表情达意的能力,它本身固然有"贬义""褒义"的区别,但"贬义""褒义"和我们一些老师所说的"好词"等是两个概念。任何一个词,只要用对地方,都可能产生良好的美学效果,正如袁枚所说:"夕阳芳草寻常物,解用多为绝妙词。"任何一个看似最最寻常的词,只要能够"安排在最适当的位置",它都有可能发挥出意想不到的巨大力量。"肥""瘦"这两个词好不好？难说！如果离开了"怎么用""用在什么地方"，我们就根本无法判断。李清照的"……知否？知否？应是绿肥红瘦"就用得非常好。"移"这个词好不好？"移来移去"好不好？恐怕难以说好吧？汪曾祺在《普通而又独特的语言》中说："阿城的小说里写'老鹰在天上移来移去'，这非常准确。老鹰在高空，是看不出翅膀搏动的，看不出鹰在'飞'，只是'移来移去'。同时，这写出了被流放在绝域的知青的寂寞的心情。"总之，某一个词好不好本身就是一个伪问题，压根就不应该这样问。

　　总之，语文品质评价的就是言语作品的言语形式，即语言表达是否通顺、流畅、清楚、明白，有否歧义，是否洁净，是否准确、得体等等；更高的要求就是是否具有美感。一篇具有极高语文品质的作品，总是能给读者以美的享受，就像那挂在天边的彩虹！

言语形式与言语主体

　　《孟子·公孙丑上》云:"我知言,我善养吾浩然之气。"气是体现言语主体个性的精神状态,孟子认为它是言的根本。曹丕在《典论·论文》中又说"文以气为主",韩愈在《答李翊书》中又进一步发挥道:"气,水也;言,浮物也。水大而物之浮者大小毕浮,气之于言犹是也。气盛则言之长短高下者皆宜。"言实际上就是言语主体之气对言语表述对象的渗透与把握,既体现于言语内容,更体现于言之长短、高下等的言语形式。苏轼酷爱陶诗,一一写了和作,如《和陶答庞参军六首》,纪昀曰:"此六章全用单行法,虽有陶之面目,却非陶之气骨。陶命意虽极高远,行笔无此受用,此苏与陶之所以分也。"(《苏轼诗集》第七册,中华书局 1982 年版,第 22 —23 页)"行笔"即言语形式,不同的"气骨"体现于不同的"行笔"。面对相同的表述对象,表述相似的言语内容,一个富于书卷气的人,一个满是学究气或市侩气的人,不同的个性就主要体现于不同的言语形式。内容可以模仿、抄袭、作伪,但其形式却往往烙印着言语主体的精神个性。言语形式是言语主体心灵的眼睛。《红楼梦》第七十四回写宝玉看了《桃花行》，"并不称赞，痴痴呆呆，竟要滚下泪来"。宝琴让他猜是谁做的，宝玉一猜就中："自然是潇湘妃子的稿子了。"宝琴骗他说是她做的，宝玉道："我不信！这声调口气，迥乎不象。"如果仅仅着眼于内容，宝玉就未必能如此迅速地作出判断，判断尤其未必正确。言语的内容固然也有言语主体个性的投影、心灵的映现，但言语的形式更能真实地表现出一个人的心灵世界、精神个性。

个人言语形式的独特性构成个人言语的风格。关于风格，马克思曾引用布封的名言，说："真理是普遍的，它不属于我一个人，而为大家所有；真理占有我，而不是我占有真理。我只有构成我的精神个体性的形式。'风格就是人'。"（《马克思恩格斯全集》第1卷，人民出版社1965年版，第7页）不同的人表述同一真理可以具有不同的风格，这不同的风格不是体现于所表述的真理，而是体现于用以表述的言语形式，因为只有它能准确无误地呈现出"我的精神个体性"。布封的原话也是这个意思，他说：

> 只有写得好的作品才是能够传世的。作品里面所包含的知识之多，事实之奇，乃至发现之新颖，都不能成为不朽的确实保证；如果包含这些知识、事实及发现的作品只谈论些琐屑对象，如果它们写得无风致，无天才，毫不高雅，那么，它们就会湮没无闻的。因为，知识、事实和发现都很容易脱离作品而转入别人手里，它们经更巧妙的手笔一写，甚至于会比原作还要出色哩。这些东西都是身外物，风格即是本人。（布封：《论风格——在法兰西学士院为他举行的入院典礼上的演说》，《译文》1957年9月号）

"身外物"与"本人"相对，被指为"身外物"的这些东西显然是指作品所包含的知识、事实与发现。风格不是也可以"转入别人手里"的"身外物"，而是仅仅属于本人的作品写得怎么样的形式，即马克思所说的"构成我的精神个体性的形式"。像卡夫卡的语言，质直平易，甚至有些平淡，似乎漫不经心，简直很难找到一个漂亮、华丽、动听的形容词，始终透露出一种冷淡甚至厌倦的苦涩，这就是风格。与言语内容相比，"本人"的精神风貌往往在言语形式中体现得更真实、更具体、更生动、更明显。

言语主体只要一开口说，一下笔写，他本人就已介入他所说所写的对象，他的精神个体性就已介入一定的言语形式。不是介入与否的问题，而是出于什么动机、目的，介入什么样的思想、情感和以什么方式介入的问题。就言语主体介入的方式而言，大致有明、暗两种。"明"者，往往带有"我以为""我感到""在我看来""平心而论"等这类插入语。鲁迅先生在《魏晋风度及文章与药及酒之关系》开头说："据我的意思，即使是从前的人，那诗文完全超于政治的所谓'田园诗人'，'山林诗人'是没有的。完全超出于人世间的，也是没有的。"这就是明介入。其实鲁迅先生统篇所讲的全是"我"的意思，特别标出"据我的意思"，意在加以强调而已。下文虽然没有插入"我认为"等，说的难道不也是鲁迅先生自己的见解吗？所谓"文责自负"，那些没有标明"我认为"等的，其责也都在自负之列。——即使没有标出这类插入语的，作者其实也介入了，只不过是"暗"介入。"暗"者又有自觉与否的区别。或曰："'《红楼梦》的作者是曹雪芹'，我这一句话说的是铁的事实，我只是把这一铁的事实客观地端出来而已，我并没有介入我自己的任何看法。"其实在这一句话中，说者也介入了，只是不自觉而已。因为客观上还有人认为《红楼梦》的作者不是曹雪芹，而是"石兄"，或是曹雪芹的父亲，或是他的叔叔，或是纳兰性德，或竟是集体创作等等。你以为是铁的事实，别人却以为一点也不"铁"。"《金瓶梅》的作者可能是王世贞。"比起前一句来就由"可能"一词较为明显地表明了说者介入的自觉性。被指为事实者有时却未必是，1992 年"中国质量万里行"活动中不是查出了赫然印着出厂日期是 1993 年某月某日的商品吗？制作者难道没有介入吗？而且十分自觉。不过，也确有所说是铁的事实的言语作品，如朱熹《记孙觌事》云："靖康之难，钦宗幸虏营。"但也只是包含了事实而已。"钦宗幸虏营"这一言语形式，朱熹就介入了自己的观念——"幸"乃皇帝主动驾临某地，钦宗被俘而囚于虏营能说是"幸"吗？当然不能，但朱熹要为尊者讳，只能说得这么可笑。其实"钦宗被俘而囚于虏营"也不是历史事实本身，而是对这一历史事实的描述，也已介入了某种观念，"虏"这一词就泄露了其中的奥秘。当然科学著作总是力图消除这种主观性，努力使之趋向于零，但这也不易做到，除非是一些数学公式。

下面着重探讨言语主体的动机、目的和言语主体的认识、情感这两个方面与言语形式的关系。

一、言语主体的动机、目的与言语形式

恩格斯说："在社会历史领域内进行活动的，全是具有意识的、经过思虑或凭激情行动的、追求某种目的的人；任何事物的发生都不是没有自觉的意图，没有预期的目的的。"(《马克思恩格斯选集》第 4 卷，人民出版社 1972 年版，第 243 页) 人们的言语行为基本上也是这样。英国哲学家奥斯汀就认为言语交际的基本单位不是句子或其他什么语句，而是完成如肯定、请求、提问、命令、感谢、抱歉、祝贺等等一定类型的言语行为。言语行为的动机与目的又有所

区别。动机是言语行为的直接驱动力，由需要转化而来，表现为一种意向。目的则是预期的效果，总是超前的、自觉的。言语行为不可能没有动机，尽管有时连言事主体也未必自觉地意识到它；但却可能没有明确的目的。如曹禺《雷雨》：

鲁　贵　（严重地）孩子，你可放明白点，你妈疼你，只在嘴上，我可是把你的什么要紧的事情，都放在心上。

鲁四凤　（明白他有所指）您又要说什么？

鲁　贵　（四面望了一望，逼近四凤）我说，大少爷常跟我提起你，大少爷，他说……

鲁四凤　（管不住自己）大少爷！大少爷！你疯了！——我走了，太太就要叫我呢。

鲁四凤说"大少爷！大少爷！你疯了！"时就没有预期的目的，而是全凭一时的感情冲动说出来的。人们平常说话常有目的，但并非全有目的；写作时则几乎全有目的。无论动机、目的，都会对言语形式产生这样或那样的影响。例如鲁贵所说"大少爷常跟我提起你，大少爷，他说……"一句中后一"大少爷"不说也绝不影响意思的表达，而鲁贵之所以要这样说，并非由于他说话噜苏，而是为了利用女儿的隐私（即她和大少爷之间的暧昧关系）来进行要挟。这就使得四凤更加讨厌父亲，正是出于这种讨厌的动机，她自然而然地把"您"变成了"你"。

动机、目的对言语形式的影响，可分深层和浅层两个方面。深层方面是指动机、目的造成言语对象的"战略性"转移，言语形式并不是依据动机、目的直接指向对象，而是绕着道走。如上例，鲁贵说话的动机、目的都是要钱，但他并不直话直说，而是先说他如何关心她，还拉出她的母亲做"陪衬人"；接着又暗示他已知道她和大少爷之间的隐私，始则动之以情，继则趁机要挟，最后"图穷匕首现"。《孟子·梁惠王》：

> 梁惠王曰："寡人愿安承教。"孟子对曰："杀人以梃与刃，有以异乎？"曰："无以异也。"曰："以刃与政，有以异乎？"曰："无以异也。"曰："庖有肥肉，厩有肥马，民有饥色，野有饿莩，此率兽以食人也。兽相食，且人恶之，为民父母，行政，不免于率兽而食人，恶在其为民父母也！"

孟子所以教梁惠王者，无非指出梁惠王不该率兽以食人，而要施行仁政。内容虽好，确是金玉良言，但若不讲究话怎么说的言语形式，一开始就和盘托出，梁惠王必定难于接受，于是孟子采取了战略转移的委曲形式，像古人所说的由浅入深、由粗入细、由外入内、由客入主，渐渐剥出，步步逼近，最后才说出要说的中心。梁惠王先是随着孟子的战略转移而转移，终于落入孟子预设的埋伏，不能不同意他最后的结论。

　　浅层方面是指动机、目的对言语形式的"策略性"影响。巴尔扎克笔下的守财奴葛朗台说话明明流畅得很，但与商人谈生意时就装出口吃的样子，特别是在报价时结巴得更加厉害，一句话分成几段来说，并尽量延长其间相隔的时间，以便利用这点时间察言观色，随时修改下面的数字。如果说这是"外科手术"，更多的则是"内科手术"。首先是言语形式的繁简。大家都很熟悉顾炎武在《日知录·文章繁简》中关于"辞主乎达，不论其繁与简也"那段议论。"达"尚嫌抽象含混，不如着眼于以言语主体的动机、目的来衡量更为具体明确。其中引自《公孙丑》的前面那一段，作者的目的在于明意，"既是不须重见而意已明"，自然以简为宜；但若以尽情事的目的来衡量，自然是《孟子》的原文好多了。孟子文章之妙，与其说是"达"，还不如说是"宜"——言语形式适合于言语目的。其次是遣词造句的方式方法。《左传》成公十三年，晋侯派吕相去和秦国绝交，发表了一篇外交辞令。其中讲到晋国对秦国的好处时，把小事写得像大事："文公躬擐甲胄，跋履山川，逾越险阻，征东之诸侯、虞、夏、商、周之胤而朝诸秦……"前面连用三句排比，极力夸张晋文公如何劳苦；下文不说诸侯小国，却说成是"虞、夏、商、周之胤"，尽量突出晋文公如何功高，以达到把绝交的责任推给对方的外交目的。（此例参见周振甫《文章例话》）《红楼梦》第四十二回写鸳鸯的嫂子有"好话儿"要告诉鸳鸯，被她好骂一顿。她嫂子"脸上下不来"，因平儿、袭人在场就说道：

> 愿意不愿意，你也好说，犯不着捉三扯四的。俗语说的好："当着矮人，别说矮话。"姑娘骂我，我不敢还言；这二位姑娘并没有惹着你，"小老婆"长，"小老婆"短，人家脸上怎么过的去？"

她显然是出于恶意挑拨的目的才从鸳鸯的话中特别拣出"小老婆"来，并以"'小老婆'长，'小老婆'短"这一形式加以强调，从而"调唆"平儿、袭人。如果她真要提醒鸳鸯"当着矮人，别说矮话"，就绝不会当着"矮人"再提"矮话"，更不可能一次又一次地重复鸳鸯所说的"矮话"。此例非常典型地说明了比之言语内容，言语形式更能反映出言语主体真实的动机、目的。

二、言语主体的认识、情感与言语形式

语言是人的生命活动、心灵活动，正如池田大作所说："每句话里都有一颗心。"（《我的人学》下册，北京大学出版社 1991 年版，第 53 页）心在言语中的呈现状况是相当复杂微妙的，或直接或间接，

或自觉有意或情不自禁，纵横交错，千姿百态。从言语形式看，言语主体独特的思想情感无论如何都是一个主要的制约因素。

《阿Q正传》："'你们可看见过杀头么？'阿Q说，'咳，好看。杀革命党。唉，好看好看。'"说杀头好看的未必就是阿Q，说杀革命党好看的未必完全是阿Q，但在这一句话的特殊形式（如开头的问句，两个叹词，三个"好看"以及错乱的语序等）中，却可以让人分明看到阿Q的身影，在那份得意，那种夸张，特别是那逗引别人注意的炫耀中，阿Q正向我们走来，而不大可能是别人。他这就是情不自禁，直接流露，也有曲折的间接的。在《试说"语文品质"》中我们曾经谈到过小仲马的名剧《私生子》结尾父子俩的对话：

> "当我俩单独在一起时，你一定会允许我叫你儿子的。"
> "是，叔叔。"儿子答道。

儿子的答话虽然只有三个普普通通平平常常的字，但却极为奇妙独特，在恭敬中深藏不满，在顺从中蕴蓄着对抗。他有意在"是"之后紧跟了个"叔叔"，蕴蓄已久、铭心刻骨的气愤、怨恨全都在"叔叔"这个称呼中喷发出来了。而听起来却又那么恭敬温顺。这就是言语主体的思想情感对言语形式的深刻渗透，这就是言语形式的巨大威力。邓友梅在一篇题为《顾客就是副总理》的文章中说："前几年我写过一篇文章揭露修理行业的一个个体户蒙人，这就给报纸编辑部惹了麻烦。编辑部没有把这事告诉我，却替我背后做了不少工作，解释、分辩，甚至某种程度地表示歉意。后来我听说此事，对他们非常感激，立志痛改前非，再不敢否认每个行业中的每一个人都道德高尚，技术超群，再不敢写这类捅娄子的文章了。"从字面上看，他毫不含糊地说"立志痛改前非"，可实际上他始终不以为非，因为"每个行业中的每一个人都道德高尚，技术超群"，即使在君子国也是不可能的事，君子国的人就算个个道德高尚，技术却未必个个超群，"否认"这一点，何非之有？邓友梅显然是有意通过这样的言语形式表达那样的思想情感。他惹不起，但还是要惹一惹，只不过变换一种方式罢了。

更多的是心灵深处的思想情感悄悄地溜上前台左右表达与之相关的另一内容的言语形式，甚至连言语主体自己也往往没有意识到。《阿Q正传》中赵白眼所说的"阿……Q哥，像我们这样穷朋友是不要紧的……"其实他并不穷，虽然也并不很富，和阿Q也并不"我们"，最要紧的是他觉得"要紧"，只是对于是否能够蒙混过关这一点没有把握而已，他是"想探革命党的口风"以谋对策。赵白眼当然是有意掩饰他的惊恐，但称阿Q为"阿……Q哥"，并不惜屈尊与之"我们"，本身就已说明他已经本能地感觉到他和阿Q这些"穷朋友"之间颇大的距离，在不知不觉间把他的惊恐在言语形式中如数抖落出来了，正合着一个成语：欲盖弥彰，"欲盖"是自觉的意图，"弥彰"是言语形式不自觉的泄露。阿Q想要"投降"革命党，可知他原来是和满清皇帝一气的。言语形式就是这样天真可爱地泄露出了言语主体心底的奥秘，而且它往往又比言语主体所自觉要表达的思想情感更接近于他心灵的真实。"文化大革命"中有关文件宣布将刘少奇"永远开除出党"，这一异乎寻常的言语形式从一个侧面透露出了文件写作者心灵深处有着刘少奇日后可能重新回到党内的深刻忧虑。为什么？倘是判决将一罪犯"处以死刑"，谁也不会说成"永远处以死刑"，因为任何被处以死刑的人都不可能复活，对此谁都深信不疑，"处以死刑"足矣。据知党章规定给党员的最高处分是"开除党籍"，并无"永远开除出党"一条，加上"永远"二字正说明了文件写作者的缺乏信心，这也预示了刘少奇终将平反昭雪的消息。张三生了一个女儿，李四得知后对他说："一样的。"可以设想，假若张三生的是儿子，他决然不会说"一样的"，很可能是"恭喜恭喜"了。他之所以说"一样的"，是他心里以为并不一样，"一样的"言语形式装裹的实际上是认为不一样的思想情感。《孔子家语》：

> 楚恭王出游，亡乌号之弓。左右请求之。王曰："止！楚人失之，楚人得之，又何求之？"孔子闻之，曰："惜乎其不大也！亦曰'人遗弓，人得之'而已，何必楚也？"

楚恭王那样说，说明他的心中只有楚人，如若"楚人失之，齐人得之"，恐怕他定会主动命令左右把弓找回来的。因此孔子"惜乎其不大也"——胸襟不够阔大，比孔子差得远了。有一本专著就此例分析说："孔子运用概念的概括来明确概念的外延，这就使表达的思想准确。"（李德华：《文章词句学概要》，武汉大学出版社 1984 年版，第 147 页）其实楚恭王的表达并无不准确之处，两种言语形式的不同源于两人思想境界的不同，由"楚人"而"人"，楚恭王怕一辈子也跨不过去。如果仅仅为了说明"小知不及大知"这个道理，以鸿鹄与燕雀为喻也就可以了，正是由于庄子阔大奇诡的胸怀，才会冒出其背"不知其几千里也""其翼若垂天之云"的大鹏与蝉鸠进行对比。

　　客观的表述对象总是在一定的言语形式中被所介入的思想情感照亮或解剖而显示出独特的样子。幽默的表现形态之一便是以乐观之情介入可叹可怜可笑可鄙可恨之事，给以嘲弄、揶揄，使之以全新的面目出现。外国一个影星谈到当年的穷困生活时说："我们真是穷死了，但是我们拥有许多金钱买不到的东西，譬如未付的账单。"另有人回忆说："我们从来不穷，也没挨过饿，只是有时会把吃饭时间无限后延罢了。"据说新中国成立前一位京剧名演员久患肺病，百治无效，一日病危，家人只得给他料理后事，但他却说："今天下雨，带伞麻烦，我不想走。"死亡于是成了出门旅游。著名画家钱君匋将自己的藏画全部献出，这在国内他是第一个，值得大家学习。他在《学画买画失画还画献画》一文中说："献画，象我这样全部献出，国内还是首创，我认为这是抛砖引玉。今后希望有更多的藏家化一己为大公，把民族的文化遗产很好地公诸世人，保存在更稳定的地方，流传千古，为子孙后代造福！"献画之事他以极为谦虚的态度介入，写出了这段文字。他始终只着眼于事，如果写成"将自己的藏画全部献出，这在国内我钱某是第一人"，就只着眼于人，而且颇有傲气；同样，下文不是希望大家向他学习，而是希望别人像他那样做，"化一己为大公"，胸怀坦荡，态度诚恳，他的高尚人品跃然于字里行间。只有真、善、美的思想情感才能更加迫近表述对象，在完美的言语之中显示出自己的本来面目。

总之，言语形式绝不只是语言技巧的问题，从根本上说更是思想情感的问题。诚如孟子所说，要使言语形式准确、优美，必先养"气"。如果只是一味咬文嚼字，则无异舍本逐末。

叙事说理的语言表达

一

钱钟书："瓦勒利（法国诗人，今通译'瓦莱里'）尝谓叙事说理之文以达意为究竟义，词之与意，离而不著，意苟可达，不拘何词，意之既达，词亦随除；诗大不然，其词一成莫变，长保无失。"（《谈艺录》，中华书局 1984 年版，第 412—413 页）正如钱钟书所说，"诗藉文字语言，安身立命"。"春风又绿江南岸"，其诗意藉此语境中的"绿"字而源源不断分泌出来，别的字词无可取代。可以说无此"绿"字则无此诗。

但叙事似乎也不能一概而论，如果我们把小说中的叙事和实用文的叙事作点比较的话，就会发现它们还是有区别的。最明显的是，小说所叙往往为作家设想之事，虽然不能完全随心所欲，但毕竟有较大的想象空间，为了能够写得生动形象，以使读者产生身临其境之感，作家应该为此作出不懈的努力，正如福楼拜所言：

不论一个作家所要描写的东西是什么，只有一个名词可供他使用，用一个动词要使对象生动，一个形容词要使对象的性质鲜明。因此就得用心去寻找，直至找到那一个名词，那一个动词和那一个形容词。

如此说来，出色的或说成功的叙事，"其词一成莫变"亦与诗并无二致，如鲁迅所指出的《水浒》里"林教头风雪山神庙"写下大雪的那个"紧"字，确实只有这一个形容词才能"使对象生动""性质鲜明"，和"春风又绿江南岸"的"绿"异曲同工。瓦莱里说只有诗"其词一成莫变"，显然有欠严谨。

再来说实用文的叙事。其所叙一般都是现实发生之事，作者的笔当以逼真为务，必须循其规蹈其矩，不能信马由缰。而要求逼真，就没有"样板"可供临摹。由于现实生活有时比小说还小说，甚至完全超乎人们的想象，若求逼真，"其词一成莫变"亦与小说、诗歌同。

不过，诗与实用文在这一点上虽然有所区别，诗弃此词此句而用义近之它词它句，诗意往往就会失去甚至荡然无存，而实用文之意有时可用义近之它词它句而大体保留。也就是说，遣词造句，诗必此词此句，而实用文可有一定的通融余地，从这一角度看，词与意的紧密程度，诗与实用文确实有所不同。然而，实用文这种以词达意的灵活性是有条件的也是有限度的，有时甚至和诗一样，不可移易。

二

平心而论，任何言语作品之词与意，都不可能像瓦莱里所说的那样"离而不著"。这实在是语文教学理论和实践的一大关节，然至今似乎仍有不少人于此认识没有到位甚至还在误区徘徊。例如有一年轻朋友来信质疑说：你如此重视语文品质，甚至提出它是语文教学的核心内容；由于语文品质只是遣词造句、谋篇布局方面的事，那么你将思想内容、情感态度价值观置于何地？——其实这个问题的提出有一个前提，这就是认为可以脱离思想内容、情感态度价值观而独自讲究遣词造句、谋篇布局，也就是两者是"离而不著"的。

钱钟书强调"诗藉文字语言，安身立命"，完全正确；必须补充的是，所有与"言"相对的"意"都藉文字语言安身立命，难有例外，并非独以诗歌为然。这里所说的意，其内涵除了最基本的意思、意义，还应包括"情态""意趣"等，有时后者更为重要。无论意思还是情态，它们都只能寓于词中，而且也总是意随词变，不可能"离而不著"，就诗而言，绝对如此，而叙事说理之文则有如下三种不同的情况。

一是字句变而意义、意思还在，情态、意趣则已走样或消失。钱钟书《管锥编》（中华书局 1986 年版）第 1 册第 272 页：

> "诸将皆从壁上观。楚战士无不一以当十，楚兵呼声动天。诸侯军无不人人惴恐。于是已破秦军。项羽召见诸侯将，诸侯将入辕门，无不膝行而前"；《考证》："陈仁锡曰：'迭用三无不字，有精神，《汉书》去其二，遂乏气魄。'"按陈氏评是，数语有如火如荼之观。……马迁行文，深得累迭之妙……

若将所引《史记》原文改为：

> 诸将皆从壁上观。楚战士均一以当十，楚兵呼声动天。诸侯军人人惴恐。于是已破秦军。项羽召见诸侯将，诸侯将入辕门，皆膝行而前。

两相比较，从意思、意义角度看，几无不同；但从情态、意趣的角度看，改文因无累迭之妙，原句的"精神""气魄"却已丧失殆尽。

钱钟书还曾以《项羽本纪》为例说明司马迁刻画人物的艺术：

> （鸿门会期间）范增召项庄曰："因击沛公于坐杀之，不者，若属且为所虏。"到会后，范增曰："唉，竖子不足与谋！夺项王天下者，必沛公也。吾属今为之虏矣。""始曰'若属'，继曰'吾属'，层次映带，神情语气之分寸缓急，益现字里行间，不曰'将'而曰'今'，极言其迫在目前。"（《管锥编》第1册，第276页）

我的理解是，"若属"说的还是"你们"，"吾属"说的就是包括"你们"在内的"我们大家"，所指有多少之别，所关有大小之分，体现在字里行间的神情也自然不同。"今"与"将"比，照事实说，用"将"为是，但"将"体现不出事情的紧迫性、严重性以及对项羽的愤懑，非用"今"不可。

二是字句变化甚微而意义变化至巨。于此，我们首先联想起的也许就是从前一个讼师将"驰马伤人"的"驰马"改成"马驰"的故事。"驰马"，责任在骑马的人，"驰马伤人"属故意；而"马驰"，是因马跑而伤人，人只是过失而已。这是字未变只是顺序调换了一下而已，但事情的性质却因此而发生了根本的变化。事实真相到底如何，不容窜改，讼师若有意歪曲，当然是缺德的行为，我们说这个故事，只想借此说明语言文字的力量。

钱钟书《谈艺录》有一则《论"一词之差，词气迥异"》，说的是王世贞所写归有光像赞中"晚而始伤"一语，意思是指王世贞"能识归有光的异量之美，认为归有光的学习韩愈、欧阳修，与自己学问门径不同，但同以学习《史记》《汉书》为归宿，这点起初不认识，这时开始认识，因而伤悼他"。可钱谦益却将"始伤"窜改成"自伤"，这一改用意就变了，"'自伤'是伤自己的迷途狂走，开道已迟。这一字的篡改，歪曲了王世贞原意，来贬低王世贞"（周振甫，冀勤：《钱钟书〈谈艺录〉读本》，第10页）。

《红楼梦》写林黛玉眉目的对子，流行本一般作"两弯似蹙非蹙罥烟眉，一双似泣非泣含情目"。据周汝昌说，列宁格勒所藏旧钞本《石头记》却作："……两弯似蹙非蹙罥烟眉，一双似泣非泣含露目。"他认为，"含露者，是写黛玉两目常似湿润，如含有仙露明珠——亦即雪芹在另处说她是'泪光点点'同一用意。罥烟、含露，对仗精切无匹！这是雪芹费了大心血而创造的足以传写黛玉神态的高级艺术语言。若作什么'含情目'，不但失去对仗，简直是太俗气了！"（《周汝昌点评红楼梦》，团结出版社2004年版，第75页）确实，"含情目"糟蹋了林黛玉的形象，而"含露目"所含之"露"还和"绛珠仙子"的"珠"呼应、匹配，意象独特、生动，含义丰富。

最常见的情况是字句之变不大，所造成的意义变化也看似并不起眼，但若仔细品味，不但所表达之意有所区别，尽管有时比较细微，而且语文品质也因之而有所差异。

胥智芬的《围城（汇校本）》（四川文艺出版社1991年版），正文第414页，每页所列从初刊本到定本的修改之处一般都有3、4处到5、6处之多，只有2处的是极少数，多的甚至有11、12处。所改有少数是字体、标点的使用更为规范、更符合一般的言语习惯，如页2："这女人的漂亮丈夫，在旁顾而乐之"，"旁"原作"傍"；页2："两付马将牌"，"付、马"改为"副、麻"；页3："他刚会走路，一刻不停地要乱跑"，"地"原作"的"；页4："苏小姐一向瞧不起这位寒碜的孙太太"，"碜"原作"蠢"；页6："说：'睡得像猪'"改为

"说'睡得像猪'"；等等。

在此之外数以千计的文字修改都与意义、意思、情态、意趣密切相关。有的变得更为清通，如页5："那些男学生看到满腔邪火，背着鲍小姐说笑个不了，心里好舒服些。"定本删"心里好舒服些"，"看到满腔邪火"定本作"看的心头起火，口角流水"。分句之间原来意思不太连贯通畅，由"看到满腔邪火"而"背着鲍小姐说笑个不了"，中间似有断裂之感，定本不但一气贯下，情态也更生动逼真了。页11："贤婿才高学博"定本改"学博"为"学富"，因有几乎人尽皆知的"学富五车"，"学富"就显得自然顺畅；而"学博"，意思虽然清楚，但因难得一见，多少有点别扭之感。页12："父亲和丈人望自己是个博士"，"望"易生"看"的歧义，定本改为"希望"就晓畅明白了。

有的变得更为准确。如页2："那些不愁没事的学生"，在"学生"前加定语"留"。页3："孩子不足两岁，塌鼻子，眼睛两丝斜缝……""丝"原作"条"。页8："看人家一对对的恋爱"，"恋爱"改为"谈情说爱"（前面既用"一对对"，"谈情说爱"比"恋爱"具体）。页17："方鸿渐又把手勾了她腰"，定本删"了"，"勾她腰"比"勾了她腰"动作性要强得多。页14：写鲍小姐"身围瘦，后部重"，定本改"后"为"臀"。这些都是极为明显的例子。

有的变得更富情态了，如页27："……便'唪！'的一声向痰盂里唾口浓浓的吐沫"，"唾口"定本作"射出一口"，定本改得神态毕现。页37："这景色是鸿渐出国前看惯的，可是这时候见了，心忽然挤紧作痛，眼酸得要汪泪……""汪"才恰到好处，初版用的"流"就有些过了，显得俗而不真。

页22："苏小姐病了，吐过两次，才睡着呢。……""才"原作"刚"。"刚"仅仅点明"睡着"的时间，而"才"则还有和"吐过两次"在前后内容上的因果关系。从遣词造句的角度看，"才"显然更绵密了。平常"刚""才"常常连为一个词，意思也差不多；此处由"刚"而"才"似乎可改可不改，实际上恰恰典型地表现出了作者行文时的敏感、认真、细致。页23："鲍小姐睡了一天多才起床，虽跟方鸿渐在一起玩……""跟"定本作"和"，与上文易"刚"为"才"异曲同工。页32：方鸿渐猜到"定是苏小姐大学同学的时候常向家里人说起自己了，又有些高兴。"高兴"定本改为"得意"，确实贴切多了。如果没有定本的"得意"作为对比，我们也许会觉得"高兴"并无不妥，就是"高兴"嘛！只有见到了"得意"，我们才能真正体验到方鸿渐当时的心情。语文品质之高下优劣体现在遣词造句上有时往往只差一点点，这一点点的差异，或由于写作态度认真程度的差异造成，或由于语言表达水平的差异造成，而且常常要通过比较才能识别。页56："……但据周太太说，本年生的孩子，大半是枉死鬼阳寿未尽，抢着投胎，找足前生年龄数目，将来怕活不长。"初读，根本看不出有任何不妥；而定本最后一个分句改成"只怕将来活不长"，这才发现定本严谨多了，而"将来怕活不长"多少受到口语的影响，在语法上不大经得起认真推敲。

总而言之，叙事说理之言与意确实不可能"离而不著"，我们读者也不应该把它们看成是可以相互游离的两种不同的东西。因此，评论语文品质的高下优劣，当然也不可能离开言所表达的意。

语文品质谈

尚文自署

第四辑

语文品质与语文课程

从语感到"语文品质"

　　我的《语感论》初版于 1995 年，至今已 20 多年了。尽管我仍然坚信叶圣陶、吕叔湘等前辈关于文字语言的训练"最要紧的是训练语感""语文教学的首要任务是培养学生各方面的语感能力"的教导，但后来我逐渐认识到，我的有关论述和语文教学实践确实还有点"隔"。为此，我心里时时感到愧疚和不安。2014 年总算有机会腾出一段时间思考相关问题，"众里寻他千百度，蓦然回首，那人却在灯火阑珊处"——终于在一天夜里脑子里蹦出"语文品质"这四个字，从此这四个字便一直纠缠着我，挥之不去。

　　任何语言作品无不都是作者语感的投射，或者说是对象化，而语文品质的优劣高下实际上也无不取决于作者语感的敏度、广度、深度、美度。但是两者相比，语感属于人的主观感知层面、精神层面，说起来觉得比较抽象，甚至似乎还有点神秘，难以捉摸；而语文品质则总是表现于具有物质性的语言作品，有"白纸黑字"作证，因而比较容易把握。由"语文品质"入手，也许能够冲破语感与语文教学之隔，以使语文教学真正完成它"最要紧"的"首要任务"，于是下决心作一次较为系统、深入的探讨。

语文品质与语感虽然密切相关，甚至可以说是血肉相连，但毕竟属于两个不同的范畴，一切我都得从头开始。首先要说清楚的当然就是何谓语文品质的问题。这，我在已经发表的两篇短文中有所描述，且引一段；而且有趣的是我的原稿有一处和后来发表的文章的对比，还真是说明"语文品质"这一概念的典型例子：

> 和其他客观对象一样，对于语言作品，我们也可以从种种不同的角度去衡量它的品质（尽管目前好像没有相应的测量仪器），例如从内容看，可以看它是否真实，是否正确，描述是否混乱，说理是否充分，等等，以上这些可以统称为语言作品的内容品质；也可以从它的遣词造句、谋篇布局看它语言表达方面的品质，而这就是我所说的语文品质。

最后一句中的"这"指什么？当然就是上文所说的语言作品遣词造句、谋篇布局所表现出来的品质，当然不包括语言作品的内容品质。但后来不知怎的，文中最后一个逗号（在"而"之前）却变成了句号，"而"字也不见了：

> ……例如从内容看，可以看它是否真实，是否正确，描述是否混乱，说理是否充分，等等，以上这些可以统称为语言作品的内容品质；也可以从它的遣词造句、谋篇布局看它语言表达方面的品质。这就是我所说的语文品质。

且不管是哪个环节出的问题，这一小得极不起眼的标点错误，居然就使"语文品质"的内涵、外延都发生了质的变化。原本是想通过"语文品质"为语文课程真正回归语文出一份力的，不料实际上却是帮了倒忙了。——这确确实实是遣词造句方面的问题，也就是我所说的"语文品质"的问题。由此可见，语文品质小看不得，马虎不得。

一天偶然想到，我之所谓"语文品质"者，一定和前人所说的"文笔"有所交集，思考"语文品质"因而也一定得借鉴他们的有关成果。于是发现了一篇《说"文笔"》，是一家杂志从《语文报》"摘"的短文。我们汉字真的是奥妙无穷，像这里的这个"摘"字，既可以理解为"抄录"的意思，也可以是"摘"而"录"之。若是前者，一般就是全文照抄，其文责当完全由被抄录者自负；若是后者，由于所"摘"有可能经"录"者删减，所摘如有问题，"摘"者似乎也难脱干系，不可能完全置身事外。我一时没有查到《语文报》的原文，只能就所"摘"者作点评论。原文一共三段，兹引第一段如下：

> "文笔"在现代汉语中，是用来评价文章在遣词造句上的娴熟自如的。这里的"文笔"是指文章用词造句的风格。但在古代，并不具有今天所揭示的内涵，而是文学作品的两个类别。

十分抱歉，我只能说这段文字"文笔不通"！第一句就有毛病，"娴熟自如"已经是评价结果，而不是为评价所提供的对象，若是评价对象，应作"是用来评价文章在遣词造句上的水平的"；如果多就少改，那就勉强应该是："是用来评价文章在遣词造句方面是否娴熟自如的"或"是用来评价文章遣词造句的娴熟程度的"。但这两种改法，语句是通顺一些了，内容则有片面之嫌。第二句，起码"这里的"三字可删。第三句问题还是出在内容以偏概全。因为古代"文笔"之"笔"也有用以指非文学的一般应用文的。换言之，在古代，"文笔"也有不指文学类别而言的。况且，更重要的是，在古代汉语里已经出现了非常接近现代汉语的用法，如清代永忠《因墨香得观〈红楼梦〉小说，吊雪芹三绝句》之一就曾用"文笔"一词：

传神文笔足千秋，不是情人不泪流。

可恨同时不相识，几回掩卷哭曹侯！

况周颐著《餐樱庑随笔》也有"文笔贵简"的说法。若说这两条材料还不够"古"，那么请再看《北齐书·封隆之传》："孝琰文笔不高，但以风流自立，善于谈谑。"此数处"文笔"确已相当接近我们所说的"语文品质"。说"文笔"而不讲究"文笔"，甚至未能达到起码的及格水准，这白纸黑字不正警示我们必须面对、重视"语文品质"问题吗？文学是语言的艺术，但有的专门研究文学的文章也会犯极其低级的语言错误。网上有一篇文章介绍道：

> 现代文学除了鲁迅之外，藤井教授对胡适也有相当的研究，他认为胡适的文学作品虽不够好，但研究空间还是很大。还有茅盾、巴金、冰心、张爱玲、萧红等，他都有研究。但他同时觉得，茅盾、巴金等在1949年之后的作品就很差强人意了。（http://his.snnu.edu.cn:8000/forums/p/21085/79018.aspx）

但愿这篇文章作者的语文水平"差强人意"，而且"很"差强人意；但愿犯此错误者是那位被介绍的外国人。然而我总是十分怀疑我的"但愿"极有可能与事实恰恰相反。至于书籍（包括教授、博导的论著）、报纸、杂志、网络等等，几乎都有各种各样语文品质方面的问题，真正好的难得一见。甚至作为语言艺术的文学，有的作品也让人不知所云。一位朋友见告，一部题为《内地研究》的长诗里竟有这样的句子："兽性流动和自毁豹变因缘超觉接触，不为未知而发动，为对已知实行清扫"，"否认新娘由于腐烂，因为遵守唯一。否则淫秽如多妻制，机制的清晨受控于陌生"。我尊重诗人对词语的实验，但对一个读者而言，这样的句子的确如同梦呓！我由衷希望我们汉语文学能够真正成为汉语"语文品质"的典范。

完全出乎意料的是，我们的语文课本在语文品质方面也有不少问题。许地山的《落花生》是现代文学的经典名篇，而收入课本时由于编者的改动，语文品质反而下降了。有一处原文是：

> ……爹爹接下去说："所以你们要像花生，因为它是有用的，不是伟大、好看的东西。"我说："那么，人要做有用的人，不要做伟大、体面的人了。"爹爹说："这是我对于你们的希望。"

被改动后的课文是：

> ……父亲接下去说："所以你们要像花生，虽然它不好看，可是很有用。"
>
> 我说："那么，人要做有用的人，不要做只讲体面，而对别人没有好处的人。"
>
> 父亲说："对。这是我对于你们的希望。"

原文紧接"所以你们要像花生"之后的是："因为它是有用的，不是伟大、好看的东西"，可谓严丝合缝。而课文却删掉了与上文"所以"相呼应的"因为"；原文强调"你们要像花生"最主要的原因是"它是有用的"，"不是……"云云是作进一步的补充。而课文"虽然它不好看……"却打断了原文连贯畅通之气，用"虽然"把"它不好看"摆在了"很有用"的前面，这起码是对作者原文的不尊重——我认为文章收入课本时，不是不可以改动，但改动实在是万般无奈之举，凡可改可不改的应以不改为是；而此处一改反而被改坏了："虽然它不好看"是编者的创作，作者没有说过"落花生不好看"这样的话，平心而论，落花生并非"不好看"的丑类，尽管它的外表并不华美。仔细揣摩许地山原句的意思，"伟大""好看"等词语已有双关之意，表面上说的是落花生，实际上更是指人而言，强调做人不能徒有"好看"的外表，原文实在没有贬斥落花生不好看的意味。另外，"人要做有用的人，不要做只讲体面，而对别人没有好处的人"也改得不如原文简洁，因为"有用的人"已经包含了"对别人有好处"的意思，改文变得啰唆了。而在课堂内外多得漫天飞舞、压得学生喘不过气来的试卷、练习里的语病几乎就像带状疱疹一样让人恐怖。

朱光潜认为："语言跟着思想情感走，你不肯用俗滥的语言，自然也不肯用俗滥的思想情感，你遇事会朝深一层去想，你的文章也就真正是'作'出来的，不至落入下乘。"（朱光潜：《谈文学》，安徽教育出版社 1996 年版，第 62 页）可见，语文品质还关乎说写者的思想情感以及为人处世的态度。语文品质是语感的客观对应物，讲究语文品质，实际上就是在落实语感的培养。讲究语文品质是我们语文老师的看家本领，"根本不知道什么叫做好的文字，什么叫不好的文字"，不愿讲、不会讲语文品质的老师，不是好的甚至是不及格的语文老师。

语文教学任务的历史回顾

一

　　语文教学的任务是什么？这是语文课程与教学论的根本问题，也是直接关系到数以亿计的中小学师生语文教学质量的关键问题，还是一个百余年来愈变愈复杂或者说愈变愈模糊的疑难问题，我们只有迎难而上，正视之，直面之，认真探讨，努力解决，没有临阵脱逃的任何理由。

　　语文，作为一个普通名词的语文与作为课程名称的语文虽不相等，但其内涵无论是指语言文字还是语言文学，都有基本的重合之处。在我看来，语文课程就是教学语文的课程——难道还有认为语文课程不是教学语文的吗？当然，认为完全不是的，我确实未曾见过，但主张不完全是的，却比比皆是。本文第二部分将专门讨论这个问题。

　　现在先来看看，语文是教学语言文字的课程，抑或是教学语言

（即汉语）、文学的课程？ 2003 年教育部制订的《普通高中课程方案（实验）》指出："高中课程设置了语言与文学、数学……等八个学习领域"，并指明语言与文学领域由语文和外语两个科目组成。也就是说，语文课程之语文是语言（即汉语）与文学。用数学等式表示：语文 =1+1=2。如果课标的制定、教材的编写、中考高考试卷的命制等等都能循此进行，问题就会变得简单明确得多。剩下的问题主要就在两者分量的比重。鉴于当前社会上语言文字使用极其草率、相当粗鄙的状态，似乎以语七文三为宜，就是文学教学似乎也应向"文学是语言的艺术"适当倾斜。最重要的是语文老师要有自觉明确的汉语教学意识和文学教学意识，摒弃混沌的囫囵的非语非文的所谓"语文"。

本来"语文"并不混沌、囫囵，从以前的语文教学大纲看，就是指汉语言文字，其目标和任务就是培养正确理解与运用祖国语言文字的能力。比较有代表性的表述是 1986 年的《全日制中学语文教学大纲》：

> 教学生学好课文和必要的语文基础知识，进行严格的语文基本训练，使学生热爱祖国语言，能够正确理解和运用祖国的语言文字，具有现代语文的阅读能力、写作能力和听说能力，具有阅读浅易文言文的能力。在语文教学的过程中，要开拓学生的视野，发展学生的智力，培养学生的社会主义道德情操、健康高尚的审美观和爱国主义精神。

其前其后的语文教学大纲基本上都是这个路数。但是，从 2001 年的语文课程标准开始，情况就发生了变化。2001 年和 2011 年的课标都把文学教学单独列出来，明确了它不同于汉语的教学内容和目标，如"能初步理解、鉴赏文学作品，受到高尚情操和趣味的熏陶，发展个性，丰富自己的精神世界"（2001 年），"能初步鉴赏文学作品，丰富自己的精神世界"（2011 年），看来都已意识到语文除了汉语言文字还应当包括文学。不过，既然已将文学包括在语文之内，语文应该就不再是单指"语言文字"，但 2001 年课标在"课程性质与地位"这一部分中，开头就明确指出"语文是最重要的交际工具"，紧接着又强调"语文课程应致力于学生语文素养的形成与发展"，语文课程具有"多重功能"——从将语文定性为"交际工具"看，文学显然就被排斥在语文之外，所谓"语文素养"也不包括文学素养，因为文学不是工具早已成为人们的常识；从"多重功能"看，意指除了培养正确理解与运用祖国语言文字的能力之外还有别的功能，最明显的也许就是"能初步理解、鉴赏文学作品，受到高尚情操和趣味的熏陶，发展个性，丰富自己的精神世界"这一文学的功能。于是"语文"的确切含义就开始变得模糊了：既可单指语言文字，也可包括文学，这就为"语文"的混沌化、囫囵化提供了可能，特别是为实践层面不分语言、文学的语文教学混沌化、囫囵化打开了方便之门。当然，我们应该体谅课标编制者的两难处境：不提文学教育显然不符合时代潮流，但是把文学教学单列出来使之成为与汉语教学并列的部分，似乎改革力度过大，不具备现实的可能性。——其实，早在上世纪 50 年代汉语和文学就曾分家，并取得了很好的效果，不少当年的初中学生至今仍怀念不已。——语、文不分家，倘若语文老师又无自觉而明确的汉语教学意识和文学教学意识，"语文"只能照旧混沌下去、囫囵下去，这，能行吗？

二

　　上面是从语文与汉语、文学的关系这一角度所作的回顾，接着我们从语文与思想、情感、道德、政治等关系的角度来探讨。必须特别提醒的是，这里说的是两者的"关系"，而不是思想、情感、道德、政治等要不要的问题，说白了，就是如何要的问题。

于此，前人已经进行了非常有益的探索，如1978年的《全日制小学语文教学大纲（试行草案）》就指出："要在培养学生读写能力的过程中，注意课文的思想内容与表现形式的内在联系，正确地进行思想政治教育和语文知识教学。"而且，它还特别强调所有有关思想、情感、道德、政治等的教育，立足于"小学语文课本入选课文的思想内容"，换言之，并没有把它们从语文教学过程中独立出来，单独列为与语文教育并驾齐驱的另一部分。一望而知，它未言渗透，实则主张有关思想、情感、道德、政治等的教育应当渗透在"培养学生读写能力的过程中"。1986年的《全日制中学语文教学大纲》也说："在语文教学的过程中，要开拓学生的视野，发展学生的智力，培养学生的社会主义道德情操、健康高尚的审美观和爱国主义精神。"

2001年的语文课程标准如上文所引，强调"语文课程应致力于学生语文素养的形成与发展"，"致力"者，集中精力、尽力、竭力之谓也；只是要"正确把握语文教育的特点"，如："语文课程丰富的人文内涵对人们精神领域的影响是深广的，学生对语文材料的反应又往往是多元的。因此，应该重视语文的熏陶感染作用，注意教学内容的价值取向，同时也应尊重学生在学习过程中的独特体验。"它当年提出的"知识与能力""过程与方法""情感、态度与价值观"的三维目标不是三个目标，更不是各自独立的三个实体，而是一体之三面。语文课还是语文课，而不是语文＝语文＋政治。

到了2011年的语文课标，语文课性质任务开始发生质的变化。它虽然与2001年的课标一样说是"语文课程致力于培养学生的语言文字运用能力"，但紧接着要提升的是"学生的综合素养"，而不是2001年的"语文素养"，"致力"一词在整段的语言环境里已经被彻底淡化，变得可有可无甚至成为累赘了。"培养学生的语言文字运用能力"已然退居诸多任务中的一项，而且，"为学生形成正确的世界观、人生观、价值观，形成良好个性和健全人格打下基础"等也未必要"在语文教学的过程中"进行，思想、情感、道德、政治等等不是渗透在语文之中，而是可以甚至应该独立在语文之外，于是语文成了语文与思想、情感、道德、政治等的相加。

　　我认为，这种观点是值得商榷的。首先，语言文字不是外在于人的工具，而就是人本身。众所周知，人是符号的动物，马克思曾一再指出：语言是"思维本身的要素、思想的生命表现的要素"（《马克思恩格斯全集》第 42 卷，人民出版社 1979 年版，第 129 页）。任何语言文字作品也都不可能和说者写者的思想感情绝缘，一般也总和道德、政治有着或近或远或强或弱或浅或深或直接或间接的关系，这种关系是不以人的主观意志为转移的。语文教学去发现、了解、把握这种关系，是培养理解与运用语言文字能力所必需的，同时不管老师自觉与否，其间的思想、情感、道德、政治等都在熏陶感染学生。如果老师有这方面的自觉意识，对于语文与思想、情感、道德、政治等两个方面都会有强化的作用，所谓相得益彰是也。一旦两者相互游离，语文真的就会成为毫无灵性的僵硬的死的"工具"，而倘若无视课文的具体内容、独特角度，思想、情感、道德、政治等方面的教育就会沦为空洞抽象枯燥的说教，两败俱伤。因此，语文不应该是语文与思想、情感、道德、政治等的相加，语文本来就是有思想、情感、道德、政治等渗透其间的一个实体。其次，语言文字的学习，正确理解与运用语言文字能力的培养，绝无可能一蹴而就，其任务之艰巨困难，的确需要贯穿 12 年基础教育的一门专门课程来应对，这门课程就是语文。"互联网 +"是个好东西，而"语文 +"对于被加之语文和所加之别的什么都有害无益。语文应当而且必须拒绝"语文+"。2011年语文已经"+"得够多的了，据知语文还将被阐释为"语言建构与运用"加上"思维发展与提升、审美鉴赏与创造、文化传承与理解"，我真的觉得有点恐怖。"语言建构与运用"能够离得开思维吗？"思维发展与提升、审美鉴赏与创造、文化传承与理解"，对于语文课来说，就应该是实际上也必然是寓于"语言建构与运用"之中，如果从中分离出来，要完成这一几乎与"语言建构与运用"同样艰巨困难的任务，就该另开课程，另定课标，另编课本等等，否则就等于白日做梦。须知，初中阶段语文课一般每周才五节，高中才四节，杯水车薪啊！

三

汉语作为语文的半壁江山，它所担负的培养学生正确理解与运用祖国语言文字的任务，神圣而又艰巨。不过，我们可以对这一任务作出比较简易晓畅的表述，庶几有利于任务的完成。思来想去，我以为似可表述为：把语句写通顺，把意思说清楚。共12个字。两句话说的其实是一个意思，不过前者着眼于形式，后者着眼于内容。或有人会以为这是大大降低了汉语教学的要求，小学毕业就可做到，太小儿科了！我可不敢这样想，由衷觉得一辈子都得为此而努力。别说我们一般人，就连汉语言大师如老舍者，正如上文已经举例说过的，一不小心也容易写不通顺、说不清楚——当然他们这极有可能只是笔误而已。

《红楼梦》的一个"可议"之处似乎就很难用笔误来解释。陈望道指出：

> 这里雨村且翻弄诗籍解闷。忽听得窗外有女子嗽声，雨村遂起身往外一看，原来是一个丫鬟在那里掐花儿。……雨村不

觉看得呆了。那甄家丫鬟掐了花儿，方欲走时，猛抬头见窗内有人：敝巾旧服，虽是贫窭，然生得腰圆背厚，面阔口方，更兼剑眉星眼，直鼻方腮。这丫鬟忙转身回避。

……甄家丫鬟不但"忙转身"便能看清雨村的又是敝巾旧服，又是面阔口方，又是剑眉星眼，又是直鼻方腮，并且在看呆了的雨村的对面也能看见雨村的"背厚"，这就更加离奇了。（陈望道：《修辞学发凡》，上海教育出版社 2006 年版，第 56—58 页）

不合情理应该也是不通的一种。此例可以说吹毛求疵，几乎为绝无仅有者；至于现在语文世界（包括网络、杂志、论著等）语病之多，说是"满目疮痍"也不为过。早在 2010 年一批学者和作家就曾严厉批评当时汉语使用的混乱，"已经由局部蔓延到了整体，由个人推及到了社会，由暂时发展成了长期"，甚至连政府公文也难以幸免。（参见《北京日报》2012 年 3 月 3 日相关报道）这种现象至今已经是愈演愈烈，而且目下还看不见有任何好转的迹象。某一著名城市所属宣传部门 2015 年曾下发这样一个通知，标题为：

关于转发《关于转发〈关于转发〈中央宣传部等关于组织观看电影《百团大战》的通知〉的通知〉的通知》的通知

书名号套书名号，如玩九连环游戏，与公文写作的基本要求，相去简直十万八千里！屠呦呦获诺贝尔奖了，中国工程院领导致信祝贺，总共不到两百字的短信，语病竟有三四处之多，如说她是"作为我国首个医学科学家，获得了诺贝尔奖"。国内某知名大学一位文学方面的教授出版了一本据说是经过严格审阅的学术著作，有学者指其作者"没有起码的造句能力，甚至连许多常用词都用错了"（《当代文坛》2015 年第 5 期）。在教育领域，连关系到多少年轻人命运的高考语文试卷的题目也出现了不少语病，不能不让人感到触目惊心！

当下语文世界满目疮痍，倘若只是问责学校的语文教学，那是绝对不公平的，但平心而论，我们的语文教学实也难辞其咎。长期以来，混沌、囫囵的语文教学太不重视遣词造句这一汉语学习的根本了。你一提语文教学要侧重课文怎么说的语言形式，就有人义正词严地指责你怎么能无视课文的思想内容?！看来在不少人的心目中，内容与形式各自是可以独立存在的东西；他们还认为重要的不是课文如何遣词造句，而是某篇、某段、某句的意思，了解、掌握"意思"成了语文教学的最高目的。久而久之，以致我们好多人"根本不知道什么叫做好的文字，什么叫不好的文字"。鉴于这种情况，近年我提出了"语文品质"这一概念，它指的就是一篇语言作品遣词造句水平的高下优劣。学汉语，主要就是学如何遣词造句，使之达到清通、适切、准确、得体的基本要求，进而具备情态美、节奏美、洁净美等等。如果说语文课程的文学教学所要培养的是学生的文学情趣和文学感觉，那么语文课程的汉语教学所要培养的就是良好的语文品质。良好的语文品质就是"正确理解与运用汉语言文字"的具体化、简约化，有助于我们正确回答语文为何物这个问题。我曾建议是否能从"语文品质"的角度审视、理解、认识语文教学，把主要任务确定为：引导学生去发现、感悟课文美好的语文品质，并且探究它生成的原由，从而使学生得到借鉴，以提升自身语言作品的语文品质。

四

不得不承认的是，我们的语文教学任务实际上已经异化为提高所教学生中考高考的成绩。我们有按照课标的要求去努力的老师，但属少数；多数在实际教学中是把语文考纲和往届中考高考试卷作为语文教学的真正的课标的，因为必须睁大眼睛盯住分数，目不旁视，心无它骛，专心致志，为了自己、也为了学生的生存。当然上头颁发的课标也不是全无用处，大大半用于公开课、工作总结、评职称用的论文等。全力以赴拼分数，是我们基础教育多少年来所犯的颠覆性错误，要把它再颠覆过来，任重而道远。

语文课程的病象与病根

吕叔湘在他的《当前语文教学中两个迫切问题》一文中问道：

> 中小学语文教学效果很差，中学毕业生语文水平低，大家都知道，但是对于少、慢、差、费的严重程度，恐怕还认识不足。……十年的时间，2700多课时，用来学本国语文，却是大多数不过关，岂非咄咄怪事！（《吕叔湘语文论集》，商务印书馆1983年版，第337页）

研读吕叔湘的全文，体会此问似乎是质问、反问，他真正要问的应该是：中小学语文课用了最多的课时，为什么效果却那么差？这"为什么"，才是他真正要问的问题。文中他甚至建议要建立专门机构来研究诸如此类的教育问题，因为事关重大。此文发表于1978年3月16日的《人民日报》，距今已39年了。39年过去，当前的情况是不是有所好转呢？从错别字、语病泛滥的惨状看，当前比之"当前"，说是有过之而无不及，不过分吧？"对于少、慢、差、费的严重程度，恐怕还认识不足"的判断，似乎也依然如故，假若不是"更加"的话。《语文月刊》2017 年第 1 期有文章指出："悬殊"是个常用词，但权威词典用错了，有句曰"把不同的或相差悬殊的人或事物混在一起来谈论或看待（多用于否定式）——'悬殊'之前加了'相差'"；著名作家也用错了，有句曰"在读名著的时候，我常常在看上一页的时候，揣测下一页的趋势，它们经常同我的想象悬殊甚远。——'悬殊'之后加了'甚远'"。《人民日报》2017 年 1 月 10 日头版一新闻标题是《全国政协邀请已故知名人士和党外全国政协委员夫人茶话迎春》，闹了一个不大不小的笑话。吕叔湘所问的"为什么"，至今好像没有大家都基本认同的结论。我们再也没有任何借口任由问题日趋严重而继续拖延下去，置之不理；否则，语文教学效果差、整个社会语文水平滑坡的情况将会变得更加严重，我们将成为历史的罪人！

一、出轨：语文教学的病象

造成这一现象的原因，肯定相当复杂。我探究的初步结论是：语文课未能专注于语文，目标被淡化甚至被分化，时间被挪用，精力被分散，甚至可以说已经走在异化的路上，语文课已经不是完整的名副其实的语文课，成了准语文课或者"语文＋政治＋思想＋人文＋……"的课，而且目前似乎还没有停下脚步的迹象。或问：你这一结论根据何在？在"文革"前政治常常要挂语文的帅，在"文革"中语文课成了"政文课""政治课"等事实，人所共知，自不待言。至于在"文革"后，特别是在课改后，我得承认，我手头没有通过广泛的田野调查而得到的数据，除了诉诸读者在工作、教学中对客观事实之认知，只能根据语文课标的相关论述和部分学者考察所得以及一线老师的反映进行分析、透视。

"出轨"变得名正言顺始于 2001 年课标关于"工具性与人文性的统一，是语文课程的基本特点"这一论述。本来语文就是语文，现在语文变成了"工具性"和"人文性"两个部分，从目标、内容到教法都不一样，如果说"工具性"这一部分倒腾的还是课文的字词句的话，"人文性"就由语文出轨到人文了。可以肯定，这决非课标制定者的原意与初衷，而是指其在事实上所造成的后果。且看几位学者的见解：

　　　　语文课程工具性与人文性统一这个特点的确定，改变了此前语文教学大纲中单一的工具性的局限，扩大了语文课程的内涵。学习语文不仅是要掌握语文这个工具，还要塑造和培养使用工具者的人文素养。（杨泉良：《语文教学的当下视野》，暨南大学出版社 2012 年版，第 287 页）

　　　　课程标准再次强调"工具性与人文性的统一"。所谓"工具性"当指语言文字学习，所谓"人文性"当指文化吸收。二者兼顾，不可偏废。（王鹏伟：《和名师一起读语文新课标》，教育科学出版社 2013 年版，第 6 页）

　　　　语文学习不能只顾及一方。语文学习的任务主要有两方面，一是培养理解和运用祖国语言文字的能力，二是提高思想文化修养，体现语文学科的育人价值。（谭轶斌：《语文教学的现实与图景》，商务印书馆 2014 年版，第 3—4 页）

　　的确，语文课程由此"改变"了！发生了怎样的改变？"扩大"了，由"一方"变成"二者"了，扩大到了"文化吸收""提高思想文化修养"。以上几位都是从正面立论的。一线老师则着重直面它"出轨"的弊端：

新课程实施以来，不少老师又走了极端，他们将教学重点定位且止步于文本内容的理解，强化"人文的感悟"，淡化"语文的感悟"，忽略语言的学习，以牺牲工具性为代价张扬人文性，语文教学越来越"人文"，语文学科的特有目标却越来越难以达成，语文课不再姓"语"，语文教育效率很低。其实，语文课既应丰富、提升学生的精神世界，也应构建、完善学生的语言系统。（胡海舟：《着意于精神　着力于语言——例谈阅读教学人文性与工具性的融合统一》，《新语文学习·教师》2010年第3期，第49—50页）

一位老师是这样上《特殊的葬礼》的：

1.朗读课文，思考：赛特凯达斯瀑布给你留下了什么印象？说说你的感受。

2.保护环境有什么重要性？请你结合实际说说，我们应该怎样保护环境，保护我们生存的地球。

3.请你设计几条保护环境的广告词，然后进行"环保广告"的交流和评比。（王其华：《"盐"要溶入"汤"》，《小学教学设计》2005年第34期，第24—25页）

不管从正面或反面看，似乎都在指向一个事实：出轨已经成了语文教学的新常态。

语文课应致力于语文，即培养学生正确运用祖国语言的能力。历次的语文教学大纲、2011年以前的语文课标基本上都是这样规定的（尽管文字表述可能会有出入，但其内容在实质上是一致的）；现代语文教育前辈们也都是这样教导我们的。而且，客观地说，我国公民应当具备正确运用祖国语言的能力，这是生活与工作的需要，也是我们社会发展的需要。不会正确运用将会影响社会生产、社会生活的正常运转。读错字音、写错字形、用错词语、语句不通、词不达意、句有歧义等等，不是小事，有的时候就是大事，甚至是天大的事，因此在中小学专门设置一门语文课程是完全必要的，语文课程致力于培养学生正确运用祖国语言的能力是十分应该的，给予最多的课时也是极其合理的，因为正确运用祖国语言，绝对需要长期努力、下足苦功才能奏效。但是，自从课标提出"工具性与人文性的统一"以来，语文教学或在两者之间摇摆不定；或"偏重了人文性，忽略了工具性"；或力求两者兼顾，认为"不仅应使学生初步学会运用祖国语言文字"，"也应该通过教学……促进精神成长。""不仅……也……"描述了一门语文被分成两个部分的现况，即根据工具性和人文性各自的要求，完成各自的任务，显然是两举两得，而非一举两得，两者并未真正统一，实际上也不可能统一，尽管他们的态度是诚恳的，对"统一"的理论也是深信不疑的——这种认识与实践最为普遍、常见。

语文未能专注于语文，语文确实出轨了！

二、病根在于"工具性与人文性统一"

如果说"出轨"是病象，其病根何在？在事实面前，我们不得不承认：课标关于"工具性与人文性统一"的论述，不但无助而且有害于培养学生正确运用祖国语言的能力这一目标的达成。本文拟就此进一步指出，它不仅在实践中弊多利少甚至有弊无利，而且在理论上也是完全站不住脚的。

首先，当年作出这一论述就缺乏严肃认真的思考和研究：

课标上的标题是："语文课程的性质"，回答却是"工具性与人文性的统一，是语文课程的基本特点"。为什么没有正面回答呢？据我了解，当时社会上对此有不同的认识。有人认为语文学科是人文学科，过去语文教育的主流派，把语文定位为工具性学科，使语文课程丧失了人文精神的光辉，因此路子越走越窄。有人提出要"高举人文精神的大旗"，引导语文教育的新潮流。一批高校的文科教授也群起呼应，展开了一场"工具性"论者与"人文性"论者的大辩论。在"课标组"成员中，有人倾向于工具性，也有人倾向于人文性，双方各有理由，争执不下。怎么办？有的建议干脆回避，但是征求意见之后，发现不提不行，还是得表个态。可是怎么写呢？说是工具性，有人反对；说是人文性，也有人反对；就讲工具性和人文性的统一吧，好像大多数人能够接受。可是直截了当地说工具性和人文性的统一就是语文课程的性质，也不好，后来就说是特点。实际上所答非所问，这是一种临时应付的障眼法。（周正逵：《语文教育改革纵横谈》，教育科学出版社 2013 年版，第 15 页）

课标发表之前有关语文课程性质的大讨论，我也是参与者之一。我觉得，语文属于人文课程应该是常识范围以内的认知；对于工具说、工具性与人文性统一说，我曾在上海教育出版社于 2000 年 7 月出版的《语感论（修订本）》第 367—381 页进行了较为全面的质疑和批评。课标组关于课程性质讨论的情况，我是第一次从上引周正逵先生的著作里得知。我和周先生虽无一面之雅，但却了解这位曾任教育部中小学语文课程标准核心组成员的老先生是一位正直严肃的学者，他的回忆应该是真实可信的。顾之川先生也说：

课程标准把过去语文教学大纲中"培养学生的语文能力"改为"全面提高学生的语文素养"。然而，何为语文素养？何为语文工具性？语文人文性的具体含义是什么？工具性与人文性到底是一种什么关系？在语文教学中，二者又该如何统一？课程标准语焉不详，语文教育理论工作者也是众说纷纭，广大教师更是无所适从。（《顾之川语文教育论》，福建教育出版社2013年，第8页）

质言之，所谓"工具性与人文性统一"是一种尚未成熟的理论。本文认为这一理论不是不成熟，而是根本难以成立的伪命题。于此，人们"众说纷纭"，广大教师"无所适从"，或把两者先分别处理再加在一起称为"统一"，是理所当然的必然之事。

"语文"原有语言与文字（即口头语言与书面语言）、语言与文学两义，吕叔湘《当前语文教学中两个迫切问题》一文所指当是前者无疑；但作为课程，语文不像数、理、化、史、地、生等课程背后各自都有相应明确的学科支撑，两者这种对应关系业已成为大家的常识，从来无人挑战，而语文恰恰缺乏这种明确的学科支撑，这是出轨的原由之一。但最主要最深刻的原因却是，从语文课程内容和教材呈现看，它们和政治、思想、历史、文化传承等等自然而然都有交集，教学任务既不可能也不应该排除人文素养的培育。但这并不意味着语文要分出一部分时间、精力来，在培养学生正确运用祖国语言的能力之外，把语文课上成不完整的语文课，上成语文＋政治＋思想＋人文的二全、三全甚至是十全大补课；而这恰恰是所谓"工具性与人文性统一"必然导致的结果。如果政治、思想、伦理等都可以被"人文"一词包涵的话，应该承认语文和人文的关系业已成为我们语文教育理论剪不断、理还乱的永久性话题。

"工具性"显然源于语言是工具的观点。那么，语言果真是工具吗？以前，人们常常把语言叫作"工具"。皮特·科德说："比如说，我们常常听到人们谈及'语言使用'时说：'他用的语言糟透了'；'他用了一个我不懂的词'；'法语有什么用处？'这些话使人觉得语言犹如一件工具，我们可以拿起它来用一下再放下。事实上人们有时候是把语言叫作工具的。……上述种种说法不过是比喻而已。"（S·皮特·科德：《应用语言学导论》，上海外语教育出版社1983年版，第2页）"工具"既然是比喻，那么语言究竟是什么呢？

马克思在谈到人和动物的区分时指出："动物和它的生命是直接同一的。动物不把自己同自己的生命活动区别开来，它就是这种生命活动。人则把自己的生命活动本身变成自己的意志和意识的对象。他的生命活动是有意识的。"（《1844年经济学哲学手稿》，《马克思恩格斯全集》第42卷，人民出版社1979年版，第96页）那么人又是怎么能够把自己的生命活动本身变成自己的意志和意识的对象的呢？靠的就是语言。半个多世纪以后，另一位哲学家卡西尔的相关研究，证实了马克思的这一观点。他认为有的高等动物可能也会有表达愤怒、恐惧、绝望、悲伤、恳求、喜悦等的所谓"情感语言"，"然而尽管如此，有一个在一切人类语言中最为突出和不可缺少的成分则是黑猩猩所不具备的，这就是：它们的这些表达根本不具有一个客观的指称或意义"。（卡西尔：《人论》，上海译文出版社2004年版，第41页）卡西尔紧接着指出：

> 这就是我们全部问题的关键：命题语言与情感语言之间的区别，就是人类世界与动物世界的真正分界线。一切有关动物语言的理论和观察如果没有认识到这个基本区别的话，那就是都没有抓住要害。在有关这个问题的所有文献中，似乎还没有一篇能确实地证明，任何动物曾跨出过从主观语言到客观语言、从情感语言到命题语言这个决定性的一步。（同上书，第42页）

而人的意识只能存活于命题语言之中，正是这种具有客观的指称或意义的语言使人"把自己的生命活动本身变成自己的意志和意识的对象"，从而成为真正意义上的人，即社会的人。其实马克思、恩格斯早就明确指出过："语言和意识具有同样长久的历史；语言是一种实践的、既为别人存在并仅仅因此也为自己存在的、现实的意识。"（《马克思恩格斯选集》第 1 卷，人民出版社 1995 年版，第 81 页）语言不是别的，它就是人的意识；意识不是别的，它就是语言。语言"不是一件物体"，而是"人类心灵的一种一般功能"；"患有失语症或其他同源病症的病人不仅丧失了对语词的运用能力，而且整个的人都经历了相应的变化。……他们不再能用一般的概念或范畴来思考，由于丧失了对普遍物的把握能力，他们只得纠缠于直接的事实和具体的情景。这样的病人是不能完成任何只有依靠对抽象物的把握才能完成的任务的"（《人论》，第 56—57 页）。总而言之，语言不是外在于人的工具，而就是人本身。人就是"语言的动物"（卢梭），"符号的动物"（卡西尔）。认定语言是工具，就等于认定人可以和语言分离开来，就像可以和衣服、手表分离开来一样，这是一种对人对语言致命的误解。

　　正是语言使人的生存成为人的生存，因为人是不断在语言中得以生成、进步、发展、提升，最终把自己从一般的动物世界里超拔出来。而每一个个人语言化的过程同时也就是他社会化、人化的过程。语言，当然具有无可置疑的人文性。培养学生语言能力的语文课程当然属于人文学科，也就具有无可置疑的人文性。由于语言不是工具，培养学生语言能力的语文课程当然不是工具学科，用什么工具性来描述语文学科的性质或基本特征，可谓牛头不对马嘴。

　　显而易见，要求语文课程兼具工具性和人文性，或"工具性与人文性的统一"，由于"语言是工具"的虚无荒谬而变得虚无荒谬。如果具体到一个民族的语言，正如洪堡特所指出的，民族的语言即民族的精神，民族的精神即民族的语言，二者的同一程度超过了人们的任何想象。汉语是我们民族的精神家园，是我们每一个人的精神之母，而不是可以随便丢弃或交换的什么工具。我以为，把我们汉语降格为只是我们的工具，这是有辱我们汉语尊严的极其错误的看法，是我们无论如何都不能也不应接受的。

工具性理论另一个显著的误区，就是认为，在说写之前，要说要写的内容已经先在于说者写者的头脑里，在等待说者写者把它们"表达"出来，用什么东西来表达呢？语言。语言只是表达的工具。换句话说，语言要表达的内容和用以表达的语言是各自可以孤立存在的东西，好比前者是一个光身的人体，后者只是等着他去穿的衣裤。

实际上，这完全是脱离实际的臆想。索绪尔指出："语言对思想所起的独特作用不是为了表达观念而创造一种物质的声音手段，而是作为思想和声音的媒介，使它们的结合必然导致各单位之间彼此划清界限。思想按其本质来说是混沌的，它在分解时不得不明确起来。因此，这里既没有思想的物质化，也没有声音的精神化……"（《普通语言学教程》，商务印书馆 1980 年版，第 158 页）（此所谓"手段"和"工具"其实是同义词。）他说得十分清楚，语言不是表达思想的工具。不是表达，那么该是什么呢？维果茨基说："思想不是在语言中表现出来，而是在语言中实现出来。"（斯米尔诺夫：《苏联心理科学的发展与现状》，人民教育出版社 1984 年版，第 327 页）在语言把它实现出来之前，言语主体有的只是一种表达的意欲，这种意欲当然并不就是表达的内容。因此，马克思才把语言看作是"思维本身的要素、思想的生命表现的要素"。关于这个问题，朱光潜、张金言写过一篇以几何学的论证方式写成的独特论文:《思想就是使用语言》(《哲学研究》1989 年第 1 期,第 28—34 页)。"前言"开宗明义,直截了当地指出:

> 作者在本文中试图证明这一论点,即思想与使用语言乃是同时发生的同一件事情。这个论点与常识相反。常识认为语言对于不依靠语言就已经完成的思想来说是外加的东西,因而是思想的表达。

文中还指出:

> 我们并不是先形成一个概念,然后再找字词表达这个概念。当我们表现出犹豫的时候,我们表面是在调整语言,但是实际也在同时调整思想。有时我们做出改正,但是被改正的就是伴随表达的思想。意义随着表达的不同而改变。

由于"思想和语言是一回事",文章的内容就在文章的形式里,文章的形式就是文章的内容之所在,内容和形式根本不可能分割开来,当然也不可能是相互游离的两样东西。在维果茨基、朱光潜相关理论的启发下,我找到了如下表述:形式实现内容,内容生成于形式。然而,这并不意味着,对于文章的内容与形式,在我们阅读的时候不应该也不可能有任何侧重。或侧重于说什么的内容,或侧重于怎么说的形式这种不同的侧重不但是可能的,有时也是必要的应该的。我们语文课程应当理直气壮地致力于课文怎么说的独特言语形式的教学,让学生从"怎么说"学习怎么说。当然,这种言语形式,绝对不是与思想感情无关的所谓语言工具的拼凑或堆砌,它的出现就是在实现言语的内容。

三、语文与人文两位一体

可能有些好心人会担心否定了语文的工具性，摆脱了它的紧箍咒，就会如同打开了潘多拉的盒子一样，语文课就有可能因丢弃语言是工具这一观点而群魔乱飞，一发而不可收拾。其实，这种顾虑完全是多余的，我们所要丢弃的不是语言，而是把语言视作工具的错误观念。语言不会也不可能被丢弃，而是以闪耀着生动的人性光彩的新面目出现在我们的面前。这就必须对语文课程的人文性作进一步的考察。人文性既然是事物的一种性质，它可以被单独描述、解说，但它不可能独立存在于诸如语言这一类事物之外。把语言和人文性隔离开来甚至对立起来是不可思议的。关键在于我们能否正确认识并把握语文学科之语文与人文的关系。人文性指的是语文学科的性质，这并不意味着要求语文学科以一般地论述"人文"这一概念所包括的一般内容为教学内容，如我们应当如何做人，如何认识与处理人与人、人与社会、人与自然之间的关系等等，正如肯定物理课程的性质是科学性，物理课不会因此而都在一般地讲解科学性的一般内容一样。课程性质与课程内容虽有联系，更有区别。

语文与人文的关系，一直是语文课程问题的症结所在。基于语言的人文性，实际上语文课程的人文性就直接体现于读写听说的言语（言语是语言的运用及其结果即作品），简言之，人文就在语文之中，而不是在语文之外，不是在上《孔乙己》的时候讨论古代科举制度的得失，上《欧也妮·葛朗台》时去研究金钱的本质与功能。其中虽有和人文课程的其他学科如政治、历史等的内容相同相通的部分，如读写听说的动机和语文课本的课文内容，但这些都没有体现我们语文学科所特有的人文特征。人文教育对于语文学科来说最独特最重要因而也是最具优势的是渗透于课文的言语形式之中的人文精神、人文情怀，尽管课文的相关内容也是我们应当关注和重视的对象。

"表达在一定程度上具有本体价值"（托马舍夫斯基），因为言语形式常常能为自己创造内容。我认为，一个言语形式，它有两种功能，两种内容，一种是形式所表达的内容，即所谓字面显现出来的意义，一种是形式为自己所创造的内容，即潜藏于字里行间的比前者更为独特、丰富、微妙、深刻的情感、态度等等。任何人只要一开口说，一下笔写，他自己同时也就介入其中，因为任何一个说者写者几乎都不可避免地会将自己对所说所写对象的认识、态度、感情带入说写的过程，古人早就一语道破：言，心声也。不是介入与否的问题，因为不介入是不可能的，表面上看，说者写者常常是在说东说西说天说地，好像都不在说自己，实际上字字句句甚至包括标点无不都是在说自己；是自觉与否的问题，如何介入和介入什么的问题。说东说西说天说地，怎么又都在说自己呢？其内容即所说的东、西、天、地，一般不可能说自己，因为它们往往具有相对的客观性，尽管对于所说对象的选择必然也具有主观性；而怎么去说的形式却给"说自己"提供了极大的空间，它存在于说者遣词造句的各种各样的可能性之中，正如"屡战屡败"与"屡败屡战"之间的天差地别。从字面看，两者所说的内容虽不完全相同，但相差毕竟非常有限，"屡战"与"屡败"的顺序安排则几乎全由说者自己把控，两者所渗透的情感、所表现的态度相去就不可以道里计了。再请看史铁生在《病隙碎笔》中的一段文字：

> 有一回记者问到我的职业，我说是生病，业余写一点东西。这不是调侃，我这四十八年大约有一半时间用于生病，此病未去彼病又来，成群结队好像都相中我这身体是一处乐园。或许

"铁生"二字暗合了某种意思，至今竟也不死。(《史铁生散文：想念地坛》，浙江文艺出版社2015年版，第145页)

　　我想，古今中外，天下绝对没有人是以生病为他的职业的，别说是真的以生病为职业，就是任你海阔天空地去自由想象，恐怕也是一般人所想不到的。然而在现实中居然有人公然说他的职业是生病，而且这话还是对记者说的，说得清清楚楚明明白白，还有白纸黑字为证；他，就是史铁生！——这该不是一种调侃吧？仿佛作者已经猜中了我们的心思，连忙在紧接着的第二句开头，就毫不含糊地肯定："这不是调侃"，并且就此展开了具体的论证。首先是生病的时间长，是过往生命的一半；"一半"，当然只能是毛估估的，因此前面加了"大约"两字。"此病未去彼病又来"，可见病病相连相续，于是"成群结队"，"病"不单行，进一步落实了以生病为职业的内涵。这里有着眼于时间的纵断面，也有着眼于空间的横断面。据此断言生病是自己的职业，实在是自然而然，恰如其分。职业有的人是自己主动找的，也有被动接受的。时间"用于"生病，好像是"我"主动安排似的，然而不是，是病"相中"了"我"，不是"我"寻觅而来。而"相中"的结果是"我"这身体居然成了疾病的乐园，这乐园是属于疾病的，与此同时"我"也就下了"地狱"——字面是"乐园"，字里却是"地狱"，这也许就是古人所说的"背面敷粉法"。如此病病相连相续，成群结队而来，能挺得住吗？语势如此顺流而下，就是死亡，似乎别无选择。然而"竟"也不死，"竟"字呼应了上文所写生病时间之长、所生疾病之多，仍是扣住"职业"做文章。至于所写不死的原因，倒真的有点调侃的意味。这三句话以"职业"为中心展开，但它们实际上全都只是"业余写一点东西"的陪衬。"业余"两字用在此处，大有讲究。从句法看，它把自己和

"职业"连了起来，变得天衣无缝。从意味想，它不仅常常和"专业"对举，用"业余"自然透出谦逊的情怀；而且在生病这一职业的"业余"，"写点东西"就有比字面更丰富的意味，因在难得的生病间隙，"写"就自然变得艰难，哪怕只写"一点"，因而"写一点"就一定是出于一种更加迫切的需要，写出来的东西也一定更加厚重，更加值得珍惜。"业余写一点东西"，又和总题"病隙碎笔"遥相呼应。所用每一个字词，都有其一般意义，亦即所谓字典意义，然而在作者笔下，在作者所创造的字与字、字与句的全新关系中，它们就会获得自己特殊的意义和味道。我们只要真正走进字句，就能和作者相遇。像在上面的仅仅三句话里，我们就能对史铁生的痛苦、艰难、坚韧，特别是史铁生对生命、对文学创作的热爱与执著有真切的体会、感悟，这比离开文本架空介绍、解说史铁生的品格对学生的启发教育要生动、深刻得多，因而也有效得多。这里特别要着重强调的是，这生动、深刻、有效得多的人文教育正是读者在学习如何运用语言的过程之中才得以实现的。学习如何运用语言，当然是"语文"，同时也百分之一百的是"人文"。在这里，语文与人文两者已经水乳交融在一起，难分彼此。

由此一例，我们完全可以断言，优秀作品的语文（即语言文字的运用）本身就是人文的体现；而我们要感知优秀作品的人文精神、人文情怀就是要咀嚼、体悟优秀作品的语文，即如何遣词造句、谋篇布局的。此处，语文、人文本为一事，岂可分为彼此二者呢？由此可见，语文就像人的眼睛，从中可以看到人的精神状态、心灵活动；而人文则像是语文的神经，假若神经是麻木的，语文也就呆滞了，变得毫无生气毫无活力。为了"语文"也得"人文"，有了人文的渗透、滋养，语文才有自己鲜活的生命和无穷的魅力，语文才是真正的语文。削弱了语文，也就同时削弱了人文；削弱了人文，同时也就削弱了语文。即使仅仅为了人文，我们也得语文，因为人文在其中获得了感人的力量，能够真正走进我们师生的心灵。这种渗透、洋溢于语文中的人文，跟在语文之外而被硬生生加进来的与语文并列的人文相比，我们宁要前者的一两，也不要后者的千斤。我们说语文，人文已经存活其中；我们说人文，指的不是抽象的人文教条，而就是人文在其中闪亮发光的语文。总之，为了语文也得人文，为了人文也得语文！

即使不说言语形式为自己所创造的内容，仅仅着眼于把语句写通顺，这里面就有思维品质的问题，因为有的语病往往就是由于不讲逻辑造成的。语文课不一定要另外专学逻辑学的知识，但在学习把语句写通顺的过程中，逻辑思维能力往往也就在潜移默化之中得到了提高。把语句写通顺也要看是否合乎常情常理。不言而喻，情理、逻辑也具有人文性。

在语文学科里，语文、人文本身就是一个难解难分的同一生命体，它们本来就是"一"，何必一定要先将这个"一"血淋淋地肢解为"二"，再去将它们"统"在一起呢？可以断言的是，如此这般，你再怎么"统"，都难以取得良好的效果！于是，语文课程与教学在这里出现了一个岔路口：是坚守语文、人文一元论的立场，着眼于人文在遣词造句过程中的渗透，并致力于引导学生去发现、探究它是如何渗透于遣词造句过程中的，即探讨课文言语渗透了什么、是如何渗透的，以使学生语文、人文同时得到提升呢，还是先分别着眼于"工具性"或"人文性"，找出与此"二者"各自相关的内容分别教学，在教学过程中再努力做到相互统一呢？其实，把问题一摊开来，大多数教师一定愿意走前者的路子，以期语文、人文双丰收。但真正实践起来，也有难处，一是"工具性与人文性统一"的错误观念，经多年的宣传教育，影响深广，上上下下要摆脱其桎梏，真是谈何容易！二是要具备敏锐的语感和自觉的语文品质意识，该会是一个长期学习和艰苦修炼的过程，这可能是一件更不容易的事情。

工具、人文二元理论倡导教师着眼于课文内容，在教学参考书等的指引下解释、发挥课文的人文内容，以为这是语文学科对学生进行人文教育的唯一有效的途径，是首要的任务，至于运用语言工具的技术、技能的教育应当而且也只能退居次要的地位，最多是两者并重；否则，就会走上取消人文教育、无视育人这一根本目的的邪路。这种观点用心可嘉，但却非常片面，十分偏激。语文、人文一元的观点认为，教学课文的过程是教师引导学生并和学生一起走向课文走向作者的过程，这里所说的"走向"就是以认真虚心的态度感知、体贴、领悟课文的言语，也就是语文和人文同时学习的过程。而二元观点除了看不见语文、人文一元观点所特别重视的语文学科育人的独特角度、内容和优势，还在于这种观点有意无意地预设了这样一个前提：对课文相关人文内容的认识、理解，教师和教学参考书等的作者比课文作者要深刻要高明（当然绝大部分教师并无此自觉意识，属不自觉行为），教师所要做的是发挥、纠正、提升，而不是引导学生去阅读、咀嚼课文本身的言语。我觉得，不能一般地排斥教师这种发挥、纠正、提升，如果有此空间的话，正如王栋生先生所说的，我们不能跪着教书；我们认为教学就是与课文的对话，我们所常说的对课文言语的感知、体贴、领悟，其实就是对话。我认为，课文作者一般都要比我这个教师高明，甚至高明得多。因为课文往往是经典。我1960年从大学出来到中师、中学教书，由勉强应付到由衷喜欢，说心里话，开始时主要不是责任感使然，而是与学生一起学习经典和其他优秀作品所带来的收获和乐趣使然。探究课文的遣词造句，享受字里行间的发现，寻觅人心的奥秘和语文的真谛，其乐何如！假如真有下辈子，我仍然乐意当教师，语文教师。

四、"工具说"的历史功过

当然，"工具性"问题有它的复杂性，限于篇幅，只能长话短说。关于"语言是工具"的观点，在现当代历史上曾经起过积极的正面作用。叶圣陶、吕叔湘、张志公等语文教育"三老"曾是这一观点的旗帜。我们历史上的基础教育从来没有过什么"语文课""国文课"等等，"断文识字"是混在经义课（《三国志》上说"建立学校，导之经义"）、伦理道德课里凑合着教的。后来即使有了国文课什么的，经义的力量却仍然十分强大，是叶圣陶等前辈高举"语言是工具"的大旗，论述语言本身的价值，竭力抵御"经义"的"入侵"，为语文去争取独立的地位。叶圣陶明确指出：

> 道德必需求其能够践履，意识必须求其能够操持。要达到这样地步，仅仅读一些书籍与文篇是不够的。必需有关各科目都注重在这方面，科目以外的一切训练也注重在这方面，然后有实效可言。国文诚然是这方面的有关科目，却不是独当其任的唯一科目。所以，国文教学，在选材的时候，能够不忽略教育意义，也就足够了，把精神训练的一切责任都担在自己肩膀上，实在是不必的。国文教学自有他独当其任的任，那就是阅读与写作的训练。（杜草甬：《叶圣陶论语文教育》，河南教育出版社1986年版，第54页）

由于当时学术界对语言的认知也还没有进入到比"工具"更进一步的境地，这就是所谓历史的局限，以此局限责备当时任何个人都是不合情理、难以服人的。就在1949年之后到所谓"文革"之前，又是他们高举"语言是工具"的大旗，竭尽努力一再争取语文课回到语文的轨道上。对叶圣陶等语文教育前辈我只有由衷的敬仰。他们虽然认同"语言是工具"，但旨在强调"正确使用祖国语言"。叶圣陶早在1942年就指出："学习国文就是学习本国的语言文字。"（同上书，第92页）也许有人会问：那为什么不可以把现在课标中说的语文的工具性也理解为"正确使用祖国语言"呢？问得太好了！叶圣陶认同"语言是工具"，就是旨在强调"正确使用祖国语言"，而课标就不是，何以言之？因为制定课标之前、起着课标作用的语文教学大纲就指语言是工具，由此论述语文课程"正确使用祖国语言"这一个任务，它也重视政治思想教育、伦理道德教育等，但却明确指出并强调应在"正确使用祖国语言"的教学过程中进行，也明确指出并强调不应脱离语文教学固有的特点或规律；而其后的课标在"工具性"之外加上了"人文性"，并且将其与工具性并列了起来，明显就是要把原来就在其中的东西即关于政治、思想、道德等等人文内容剥离出来给予独立或说是平等的地位，从而使工具性成了已被证明是弊端丛生的所谓"纯工具性"。这符合语言的本质属性吗？这能说是在强调"正确使用祖国语言"吗？不能，显然这只会削弱"正确使用祖国语言"的教学。

但"语文是工具"的观点毕竟缺乏坚实的科学性，在语文教育实践中也产生了一些问题，有的问题还相当严重。于是关于语文学科的性质出现了"人文说"，即认为语文属人文课程，而非工具课程。"工具说""人文说"长达十余年的争论之后，可能是为了调和两者的矛盾，本世纪初出现了"二元统一说"，后来被写入课标，算是对两说各拉一把、各有所取。不过，平心而论，2001年的语文课程标准还是十分强调"语文课程应致力于学生语文素养的形成与发展"，"致力"者，集中精力、尽力、竭力之谓也，这不是很好吗？

是的，如果这一观点能够贯穿始终的话；但这一正确的提法却受到它自身"工具性与人文性统一"这一论述的无情冲击，喧宾夺主，变得难以落实。后来就越走越远终于改变了初衷，语文课二元统一实际上变成向思想、思维等等倾斜了，语文后面所加的东西越来越多了，语文的地盘越来越小了。

由于在特殊的历史环境里，语文不断被加上这个那个，才出现了提出"吕叔湘之问"的土壤。本来与其他各门课程并列的语文课有自己的篱笆，而自提出工具、人文两性以来，这道篱笆开始处于濒危状态，到了 2011 年终于被撤掉了，语文课除了语文自身之外还加上了什么什么，这什么什么尽管和语文多少搭一点边，但已然不是语文了。好比一户人家，本来语文是户主，后来虽然加进了别的人，户口簿上登记的户主名字还是语文，现在连户主的名字叫成语文也显得十分勉强了，语文这位本来的户主尴尬着哪！

五、结论："语文"必须回归语文

怎么办？说简单也极其简单，一句话，语文课程彻头彻尾彻里彻外整个儿回到语文的轨道上来，老老实实一心一意培养学生正确运用祖国语言的能力。用吕叔湘的术语来说就是提高"语文质量"。"语文质量"说的就是语言作品能否"正确地使用祖国语文"，而语文的使用说的主要就是遣词造句，用吕叔湘的话来说，就是"用字眼、造句子"的好坏状态，当然也包括汉字的书写、读音。但我建议将"语文质量"改为"语文品质"。据《汉语大词典》的解释，比起"质量"，"品质"一词似乎与人的行为和作风所显示的思想、认识、品性有较为密切明显的联系。而我始终认为遣词造句、谋篇布局固然是一种技能、技巧，但和言语主体的思想、情感、个性等往往是有紧密联系的。言语主体之所以这样写而不那样写、之所以这样说而不那样说，起主导作用的还是思想感情，而不单纯是技能、习惯的问题。我坚信，讲究语文品质，实质上就是在讲究人文品质。

陈丹青在一次讲座结束后，一位也叫陈丹青的小姑娘请他写一句话：

> "丹青：你怎么也叫陈丹青？"接着签了我的名。
>
> 但随即我就后悔了：凭什么人家不能也叫"陈丹青"？
>
> 我该这样写："丹青：我也名叫陈丹青。"（陈丹青：《退步集》，广西师范大学出版社2005年版，第6页）

"丹青：你怎么也叫陈丹青？"诚然无可指责，但由于他已是大名人，这话总觉得还欠点火候，只有九分中听，因为似乎还有那么一点霸气。如果是我，"你怎么也叫王尚文？"就没有问题，不但谈不上什么霸气，可能还会有一点歉疚的味道：我借你的光了。《论语》上说，"吾日三省吾身"；陈丹青则是"随即""就后悔了"，显然超出了这个境界，这源于他对人的尊重，对人与人之间的平等意识十分敏感。遣词造句作为一种行为，背后总有推动之力；词句的修改，也总是有缘有故的。这推动之力，这缘故，往往根子就在说者写者的人文品质。语文育人，其途径主要是阅读经典作品，咬文嚼字，含英咀华，以求在语言文字里与作者心灵的相遇与沟通，如此则语文、人文尽在其中矣。

走出"工具性与人文性统一"的理论误区，走出空谈人文的实践误区，引导学生认真关注怎么说的言语形式，品味语文，激活人文，坚持朝着正确运用祖国语言文字这一个方向不断努力，用好中小学语文课程现有课时，如果大多数学生语文还是过不了关，那才真正是咄咄怪事！"山重水复疑无路，柳暗花明又一村"，语文教育的道路虽然坎坷曲折，但前途毕竟是光明的，我们应该有这个信心。

重温"把语言用得正确"的启示

　　重温 1951 年 6 月 6 日《人民日报》社论《正确地使用祖国的语言，为语言的纯洁和健康而斗争！》，有如醍醐灌顶，特别是身处当前语文教育的严重雾霾之中，顿时觉得眼前出现了一片万里晴空。

　　社论开宗明义，毫不含糊地指出："语言的使用是社会经济政治文化生活的重要条件，是每人每天所离不了的。学习把语言用得正确，对于我们的思想的精确程度和工作效率的提高，都有极重要的意义。"我们基础教育的语文课程，不就是让学生"学习把语言用得正确"的课程吗？"学习把语言用得正确"，不就是我们语文课程的主要任务吗？"学习把语言用得正确"，何等简洁，明确！真正把我们设置语文课程的原由，把语文课程的任务、内容、目的说得一清二楚明明白白，可谓掷地有声！

　　请对照一下 2011 年课标的如下表述：

　　　　语文课程致力于培养学生的语言文字运用能力，提升学生的综合素养，为学好其他课程打下基础；为学生形成正确的世界观、人生观、价值观，形成良好个性和健全人格打下基础；为学生的全面发展和终身发展打下基础。语文课程对继承和弘扬中华民族优秀文化传统和革命传统，增强民族文化认同感，增强民族凝聚力和创造力，具有不可替代的优势。语文课程的多重功能和奠基作用，决定了它在九年义务教育中的重要地位。

这段文字由三句话组成。第一句包括三个并列分句，前两个分句用了分号，最后一个用了句号。这就表明，"语文课程致力于培养学生的语言文字运用能力"和后面两个分句所说"为……打下基础"相互间是并列关系，而非领属关系。也就是说课标认为语文课程起码有这样三个任务。我一直不同意这样的解读，而认为"提升学生的综合素养，为学好其他课程打下基础""为学生形成正确的世界观、人生观、价值观，形成良好个性和健全人格打下基础""为学生的全面发展和终身发展打下基础"等是渗透在"培养学生的语言文字运用能力"的过程之中的，或说"提升学生的综合素养，为学好其他课程打下基础"等是可由、应由"培养学生的语言文字运用能力"带动起来的，而不是在此过程之外的添加剂。但问题来了，既然如此，为什么其间要用两个分号而不用逗号呢？标点的使用是语言文字运用能力的一个有机组成部分，尽管是最基本、最基础的部分；显然，课标制定者此处分号、逗号绝对不可能是随意乱用的，而是反复推敲、深思熟虑的结果，因为这于我们国家语文教育事业的健康发展关系实在太大了。然而，语文课程的任务还远不止于此。这段文字的第二句，由"不可替代"四字提示全体语文教育工作者，语文课程还应该自觉承担"继承和弘扬中华民族优秀文化传统和革命传统，增强民族文化认同感，增强民族凝聚力和创造力"的重大任务。而这段文字的第三句中"多重功能和奠基作用",则是呼应并强调了前两句中三个"为……打下基础","继承和弘扬……"与两个"增强"。

或曰:你上面引的课标文字,是其前言中的一部分;关于语文课程的任务,应看下面的部分:

> 语文课程是一门学习语言文字运用的综合性、实践性课程。义务教育阶段的语文课程,应使学生初步学会运用祖国语言文字进行交流沟通,吸收古今中外优秀文化,提高思想文化修养,促进自身精神成长。

文字表述确实有了变化,但其内容则是完全一致的:"吸收古今中外优秀文化,提高思想文化修养,促进自身精神成长"三者是和"初步学会运用祖国语言文字进行交流沟通"并列的任务,而此三者其实就是"为学生形成正确的世界观、人生观、价值观,形成良好个性和健全人格打下基础;为学生的全面发展和终身发展打下基础……"的概括而已,借用一句俗语来说,就是换汤不换药。

我不能不说,课标加给语文课程的任务实在是太重太多太全了!我以为,新一代的人文教育是包括家庭、学校在内的整个社会共同的任务,不是单靠学校、更不是单靠语文一门课程所能担负得了的。而现如今,什么三"观"、两"感"、两"力"、两"发展"、两"传统",还有"个性""人格"等等,无不尽在语文课程的"乾坤袋"中,全都包揽下来了,于是乎压得大家喘不过气来,甚至头脑晕眩,眼冒金星,以致顾东管不了西,望南找不着北,而"语文"呢,却不见了!语文教学只能乱转悠、瞎忙活!近一阶段以来我们语文教育领域之所以出现种种乱象,课标实难脱干系,难辞其咎!

在这云山雾罩之中,"学习把语言用得正确"这九个字,让我们大家看见了明确的方向，正确的道路，心头亮堂了起来。以我之见，上引课标前言中的文字，留下第一句中的第一分句"语文课程致力于培养学生的语言文字运用能力"即可，其余全在可删之列。何以故？因为这句话就是"学习把语言用得正确"的从课程理论角度的表达，能够引导语文教师全心全意地把力气用在刀口上，最大限度地提升学生的语言文字运用能力。正如毛泽东所指出的："语言这东西不是随便可以学好的，非下苦功不可。"不言而喻，苦功要下在学好语言上，再者，下苦功一定要有时间上的适当保证。但是现在，中小学语文课的课时越来越少，而加给语文教学的任务却越来越多，学生的语文水平从整体上看呈下降趋势就是必然的结果；而后来的教师就是原先没有真正在语文上下过多少苦功的学生，这样就不可避免地出现了语文水平整体越来越差的恶性循环。我曾引用过一位老师《爱莲说》的教学方案，其中"目标确定的依据"第一条就写道：

1. 课程标准的相关要求

①在通读课文的基础上，理清思路，理解、分析主要内容；体味和推敲重要词句在语言环境中的意义和作用；品味作品中富于表现力的语言；

②欣赏文学作品，有自己的情感体验，初步领悟作品的内涵，从中获得对自然、社会、人生的有益启示；

③诵读古代诗词，阅读浅易文言文，能借助注释和工具书理解基本内容，注重积累、感悟和运用，提高自己的欣赏品位。

这位老师对课标是足够尊重的，因而导致目标繁杂，过于重视分析、概括，过于重视思想、道德教育，而教学时间只有1课时。如此这般，能真正提高学生的语文水平吗？我曾经建议这位老师把教学目标简化为："在教师引导下，学生初步读懂课文语句的意思，对课文语言简练之美、生动形象之美有所感受，能正确、流畅地朗读课文，并当堂背诵出来。"我们的课标得学一学《人民日报》这篇社论的精神，在规定教学目标、教学内容时，把分散、延伸出去的收回来，把增多、加码的减下去，把不多的宝贵时间真正用于"学习把语言用得正确"，以期我们学生的语言文字运用能力真正得到提升。

目前这种在语文教学中把过多的时间用于思想、品德教育的现象相当严重，十分普遍。有一篇文章义正词严地指出：

> 语文教学当然要以"培养学生正确理解和运用祖国语言文字的能力"为目标，但这绝不是一些人所说的"根本的目标"。教育是塑造人的灵魂的教育，其根本目标是育人，它要培养学生如何做人，做什么样的人，而不能局限于认知和技能。与其他学科相比，语文在育人上承担的责任更加重大，因为其课文内容有着最丰富的精神营养，理当在教学中用这些营养滋补学生。（《也谈"语文品质"》，《语文学习》2015 年第 2 期）

如此说来，"培养学生的语言文字运用能力"就不是语文教学的根本目标了。当然，教育必须育人；但是，不同的课程可以并且应该依据自身独特的角度、独特的内涵、独特的优势各自发挥育人的作用，就像车轮的辐条指向一个轴心一样。但轴心不能替代辐条的作用，具体的课程标准应从"独特"上做文章。如果每门课程的课标都只是强调"育人"这一"根本的目标"，而不以自己这门课程有别于旁的课程的"独当之任"为本课程的根本目标，势必就会导致在教学实践中把不少时间花在本课程"独当之任"之外的各门课程共同的"根本的目标"上，从而影响各门课程完成自己的"独当之任"，甚至大打折扣，达不到起码的及格（指水平而非分数）要求：这样的"育人"能说是成功的吗？我们再来看《人民日报》的这篇社论，全文自始至终紧扣"学习把语言用得正确"这一中心展开，却并没有扯到要把语言用得正确立场就必须坚定、思想就必须正确等等上面去，而主要在遣词造句、文理通顺等方面不惜篇幅，做足文章。"学习把语言用得正确"当然和政治相关，但也只是点到为止，如开头的"语言的使用是社会经济政治文化生活的重要条件，是每人每天所离不了的。学习把语言用得正确，对于我们的思想精确程度和工作效率的提高，都有极重要的意义"，结尾的"应当指出，正确地运用语言来表现思想，在今天，在共产党所领导的各项工作中具有重大的政治意义"，仅此而已。如果一定要在语言的使用和政治思想、立场观点的关系上做文章，那么在这有限的篇幅里，"学习把语言用得正确"这个主题就说不清楚，更不可能说得透彻了。这篇社论的"根本的目标"就是要把这个主题说清楚讲透彻，正如语文这门课程就是要完成"培养学生的语言文字运用能力"这一"独当之任"一样，语文和政治、品德等的关系当然也不必回避，但一般就应像这篇社论一样点到为止。不能大家都来从政治、思想、品德等的角度来"育人"，否则就很可能造成语文、数学、外语、历史、地理、物理、化学等各门课程都不及格的现象，这样育出来的人于大国崛起又有何用?! 用陈毅元帅的比喻来说，这样的人去驾驶军机，很可能一上天就会被敌人给打下来。

课标制定者的良苦用心，我们是充分理解的；我们也绝不否定语文和三"观"、两"感"、两"力"、两"发展"、两"传统"，还有"个性""人格"等等的密切关系，这种关系是客观存在的，想要否定也是徒劳的。只是我认为，第一，语文之中，语文的读写听说之中，就有三"观"、两"感"、两"力"等等；第二，倘若真正明白了语言之所以要这样用才正确、那样用就走样甚至错误，三"观"、两"感"、两"力"等等也就在其中了，换言之，后者是渗透于前者之中的，而不是游离其外的。语文教学在关注、研究课文如何把语言用得正确的同时，也就在引导学生感知、品味它所表达的思想、情感等等，在我们关注、研究课文如何把语言用得正确的同时，把它所表达的一切抛在一旁不加理睬是不可思议的，是完全不可能发生的事情。也就是说，如果课文是经典的起码是优秀的作品，尽管我们语文教师致力于启发学生学习课文如何"把语言用得正确"，实际上同时也就是引导学生感悟蕴涵其中的三"观"、两"感"、两"力"等等；当然我们有时也会着眼于课文的内容，直接就其内容进行必要的阐释、发挥，但往往总是点到为止，不会以他乡作故乡。从总体看，语文课程关注的焦点始终是课文如何运用语言进行表达，和人文教育的关系是相辅相成，相得益彰。

所以叶圣陶曾一再说："国文教学，选材能够不忽略教育意义，也就足够了，把精神训练的一切责任都担在自己肩膀上，实在是不必的。"（《叶圣陶教育文集》第3卷，人民教育出版社1994年版，第52页）而在我看来，上引课标的表述恰恰犯了"把精神训练的一切责任都担在自己肩膀上"的毛病，应当及时予以纠正，把语文教学、语文教师不必要的过重负担给减下来，真正致力于"培养学生正确理解和运用祖国语言文字的能力"，主要就是在遣词造句、谋篇布局上下功夫，以不断有效地提升学生的语文品质。

回归语文的必由之路

一

近些年来，几乎人人都已感觉到我们的语文水平"江河日下"，也有不少人发现我们的语文课程乱象丛生，已经与语文渐行渐远，以致最终挣扎于烂泥塘中。于是就有不少有心人问：何谓语文？这实在是一个已经长了长长白胡子的问题，一个见了就让人头大心烦、让人憎恶讨厌的问题。但我"人还在，心不死"，仍要厚着脸皮把它提出来，并且发点未必有用的议论。我的想法其实很简单，就是两句话：一是实事求是，对问题不能视而不见，或者假装没有看见，甚至还要继续高唱"形势越来越好"的老调子；二是希望把问题简单化，而不是复杂化，更不是神秘化。

鲁迅没有发表过语文教育方面的论文和专著，但他在《不应该那么写》一文中引用惠列赛耶夫的话对何谓语文的问题作出了最简要明确的回答：

"应该这么写"，必须从大作家们的完成了的作品去领会。那么，不应该那么写这一面，恐怕最好是从那同一作品的未定稿本去学习了。在这里，简直好像艺术家在对我们用实物教授。恰如他指着每一行，直接对我们这样说——"你看——哪，这是应该删去的。这要缩短，这要改作，因为不自然了。在这里，还得加些渲染，使形象更加显豁些。"（《鲁迅全集》第六卷，人民文学出版社1981年版，第246—247页）

这"直接对我们这样说"的，我以为就是语文，岂有它哉！对于学生作文，我们老师在发现进步、发掘优点并给予充分肯定的同时，应当实事求是地给他们指出"这是应该删去的。这要缩短，这要改作……"对于课本里的课文，应该讨论的就是"这"为什么没有删去，这里何以不能缩短，字词何以难以移易，此处何以只能用逗号而绝对不能用句号等等，当然万一如有可商榷之处，也绝对不应放过。这些问题本身是语文品质的问题，即言语作品遣词造句、谋篇布局正误优劣的问题；在教师引导下通过解决这些问题以提升学生的语言表达能力，这就是我所理解的语文课程之"语文"。

也许有的朋友会问，就这能撑得起一门课程吗？且容我次第说明。清代著名文章家刘大櫆认为"行文之道"是一门专门学问，有它相对的独立性。他在《论文偶记》里说：

> 行文之道，神为主，气辅之。……至专以理为主，则未尽其妙也。盖人不穷理读书，则出词鄙倍空疏。人无经济，则言虽累牍，不适于用。故义理、书卷、经济者，行文之实，若行文自另是一事。譬如大匠操斤，无土木材料，纵有成风尽垩手段，何处设施？然有土木材料，而不善设施者甚多，终不可为大匠。故文人者，大匠也；神气音节者，匠人之能事也；义理、

书卷、经济者，匠人之材料也。（刘大櫆：《论文偶记》，人民文学出版社 1959 年版，第 3 页）

在他看来，行文之道有别于义理、书卷、经济等，"自另是一事"，是"文人之能事"。他一再说，"自古文字相传另有个能事在"，"作文本以明义理适世用，而明义理适世用，必有待于文人之能事"，也就是说，所明之理要由文人的笔墨把它恰到好处地表达出来，以适世用。所谓笔墨，就是字句的选择、组织，内容的取舍、先后详略的安排，等等。由于"自另是一事"，"学文而至于字句，则文之能事尽矣"。我以为，遣词造句、谋篇布局确实是一门学问；在基础教育中，为学生开设一门课程学习"行文之道"，用张中行的话来说就是"学习用笔表情达意"，是十分必要的，是完全值得的。这门课程就是"语文"。

我如此说，可能会有朋友这样驳斥我：你不是曾经反对"工具论"、主张"人文论"吗？你现在只是强调遣词造句，附带还有一个谋篇布局，这不就是工具的运用问题吗？而且，如此这般，你又置"人文"于何地？——兹敬答如下：我始终认为，语言只是有点像工具而已，实际上它不是工具，因为人是符号的动物，语言就是人本身。至于"人文"，我没有抛弃，而是为它找到一个在语文课程中的用武之地。我曾经一再说明"人文就在语文中"。我的底气来自朱光潜在《咬文嚼字》一文中的如下论述：

有些人根本不了解文字和思想感情的密切关系，以为更改一两个字不过是要文字顺畅些或是漂亮些。其实更动文字，就同时更动了思想感情，内容和形式是相随而变的。

咬文嚼字，在表面上象只是斟酌文字的分量，在实际上就是调整思想和情感。从来没有一句话换一个说法而意味仍完全不变。

在文字上"推敲"，骨子里实在是在思想情感上"推敲"。

在教学过程中当然应以语文品质为主，相关的思想感情方面的内容一般点到为止，不要随便引申开去，甚至泛滥无归；特别要注意的是两者应当相辅相成，以收相得益彰之效。

也许有朋友还会问：语文知识呢？当然必教必学，这一点应坚定不移。但同样应该坚定不移的是，其一，相对于语言知识，应以言语经验为主。我相信英国语言学家皮特·科德的这一论断："一个人可能对一种语言掌握了大量的知识，但却一点也不会运用这一语言。"（S·皮特·科德：《应用语言学导论》，上海外语教育出版社1983年版，第333页）汉语教学最重要的是让学生多读经典的起码是优秀的汉语作品，同时相机传授相关的语文知识。其二，相对于语言的理论知识，应以语言的实际知识为主；相对于文章的其他知识，应以遣词造句、谋篇布局的知识为主；相对于一般的文字、章句知识，应以配合所教课文并服务于语文品质的认知、感悟的相关知识为主。

二

凑巧的是，就在本文写作过程中，上海一位朋友转来外地一位年轻同行《爱莲说》的教学方案，让我提点意见和建议。我们先看方案：

教材来源：义务教育课程标准实验教科书《语文》（人民教育出版社2009版）

内容来源：八年级上册第五单元

主题：情操志向

课时：1 课时

授课对象：八年级学生

目标确定的依据：

1. 课程标准的相关要求

（见 226 页引，此处略）

2. 教材分析

①单元提示："要先借助注释和工具书读懂课文大意，然后在反复诵读中领会它们丰富的内涵和精美的语言，并积累一些常用的文言词语。"

单元目标细化解读：

a. 反复诵读，整体把握文章的层次脉络；

b. 抓住关键词总结诗文的写作思路，分析诗文的构思技巧；

c. 推断并分析诗文中的关键字、句，概括诗文意境，归纳诗文主旨；

d. 总结、分析诗文托物言志的写法特点及表达作用；

e. 判断、分析诗文主旨句的内涵、作用。

②文本内容。

这篇散文借助莲的美好形象来象征君子的美好品质。从莲的生长环境、外部形态、气质等三个层面来描绘莲的美好形象：身处污浊环境却不沾染污秽，不哗众取宠，正直豁达，清雅脱俗，庄重质朴。而这种人生的志趣，作者没有很直白地告诉读者，而是借助"莲"这个最能代表君子之德的事物，委婉含蓄地表达出来。因此，对这种"托物言志"写法的探究过程和本文关键语句的品析成为深入理解作者高尚情操的有效途径。同时，为烘托莲的形象，又借助菊和牡丹从旁映衬，既让我们看到了北宋当时社会追逐名利、富贵污浊的世风，又让读者对周敦颐在污浊世风下不愿消极避世，也不愿随波逐流的卓然独立的高洁品格深表敬意！

③研讨与练习。

第二题的第 2 小题:《爱莲说》中称莲是"花之君子"，试根据课文说说作者心目中的君子应当具有哪些美好的品质；第 3 小题要求分析"牡丹，花之富贵者也……牡丹之爱，宜乎众矣"的言外之意。

这里说的"寓意"，主要是指作者的志向和抱负。这是托物言志文章的核心，必须抓住这个核心，才能达到整体感知。作者心目中的君子有种种美德，我们无法尽知，而只能启发学生运用联想通过莲的形象来探求。才能把莲的形象跟君子的形象融为一体。此外，对文中某些重要语句的揣摩也应作为学习的重点。

3. 学情分析

在经历了七年级整个学年的语文学习之后，学生对文言文词义的理解已经有了一定的方法和能力，能借助课下注释和工具书初步疏通文意，因此，将字、词解释设置为前置性作业，让学生课前预习，只在课上进行抽查，这也符合道德课堂所倡导的"先学后教"的学习方式。

学情问卷调查显示：学生对托物言志的文章学习的需求重点集中在三点：怎样抓准"物"的特点理解作者的"志"？作者爱莲，为什么要写菊和牡丹？作者之"志"对我们的生活有什么现实意义？

目标:

①自读课文，抓住表现作者爱莲的句子，说说莲的形象；

②小组合作，教师指导，分析关键语句的表达效果，概括文章主旨；

③独立思考，组内交流，结合文章主旨写一段话，谈谈自己所受的启发。

（"评价任务""教学过程"略）

依我看来，这一教学方案有两个方面的问题。首先是方案本身行文方面语文品质有些毛病。例如"教材分析"之③"研讨与练习"，第一段最后说的是"……第3小题要求分析'牡丹，花之富贵者也……牡丹之爱，宜乎众矣'的言外之意"，而第二段第一句紧接着却说"这里说的'寓意'，主要是指作者的志向和抱负"，显然和上文脱节。第二段第二句"这是托物言志文章的核心，必须抓住这个核心，才能达到整体感知"，且不说其中第一分句表达不清，紧接着的两个分句也有逻辑混乱之嫌，试问：不整体感知，又如何能够抓住这个核心？"而只能启发学生运用联想通过莲的形象来探求。才能把莲的形象跟君子的形象融为一体"，中间该不该用句号？尤其是用"才能"领起这一分句，毛病有二：一是这两个形象"融为一体"是一个几乎不可能完成的任务，原因之一是自古到今还没有一幅人们认可的君子标准像；二是"才能"似乎凌空飞来，与上一分句勾连不上。

至于这一教学方案的内容，我的基本看法是，目标繁杂，且过于重视课文的思想内容，过于重视分析、概括，过于重视思想、道德教育，不太像语文课。开头第三点"主题：情操志向"，看来看去，想来想去，"主题"想必是教学活动的主体吧，一开始就偏离了"语文"的轨道。"课程标准的相关要求"，过于全面，仅第3条一条足矣。关于"教材分析"之①，也有一些瑕疵，如"概括诗文意境，归纳诗文主旨"，一"概括"二"归纳"，诗味意境几乎必将消失殆尽；又如"判断、分析诗文主旨句的内涵、作用"，课文一共只有140余字，所谓"主旨"，我觉得不必花费时间去寻寻觅觅，还是让学生用这宝贵的时间自己去读更好。"教材分析"之②是"文本内容"，还是删去为宜，都是一些所谓"你不说我也知道"的东西。"教材分析"之③"研讨与练习"，"试根据课文说说作者心目中的君子应当具有哪些美好的品质"，太难，也无此必要；"此外，对文中某些重要语句的揣摩也应作为学习的重点"，我觉得把揣摩课文语句列入"也"的行列，足见"语文"在"语文课"里地位的可怜。尤其是"学情分析"，让人百思不得其解的是，语文课堂不是道德课堂，为什么要考虑符合不符合道德课堂所倡导的学习方式？至于三个"目标"，倒全是指向了"情操志向"这一"主题"，语文呢，还是上穷碧落下黄泉，继续上下求索去吧。——说到"情操志向"，我隐约感觉到了该方案对牡丹，对牡丹之爱，也就是对富贵之爱的不满与批判之意。其实追求财产较多、地位较高，人情之常也，就连孔夫子这样的圣人也只是说"不义而富且贵，于我如浮云"而已，语文课，即便就是道德课，也负担不了改造人性的任务，人性只能引导而难以改造。不过这就扯远了。

我的建议是，《爱莲说》的教学目标能否定为"在教师引导下，学生初步读懂课文语句的意思，对课文语言简练之美、生动形象之美有所感受，能正确、流畅地朗读课文，并当堂背诵出来"？如此目标，看似简单，实施起来却不容易，如感受课文语言之美，还真的得费些心血。——那么，语文品质呢？我觉得使学生对课文语言简练之美、生动形象之美有所感知、领悟，就是在做语文品质的文章。须知语文教学是个慢活儿，急不得。语文品质之美，如若能够课课感染，篇篇熏陶，持之以恒，学生的语文品质自然就会得到提升。而这正是语文课回归语文的必由之路。

语文品质与语言体验

　　表情达意是人们遣词造句、谋篇布局的目的，遣词造句、谋篇布局的效果如何是评价语文品质高下优劣的依据。而所要表达的情和意虽常常分而言之，但在实际上两者往往是紧密联系、相互交融的，意渗透情，情依存意，相得益彰，难解难分。表达的效果既要看意，也不能忽视情的存在与作用。但一直以来，我们似乎只是重视意的理解，而忽视情的体验。《红楼梦》第十一回写秦可卿病入膏肓，王熙凤来看她，临走时秦氏说："闲了时候还求嫂子常过来瞧瞧我，咱们娘儿们坐坐，多说几遭话儿。"最后一句从字面的意思理解，实在太浅显明白了，太平淡无奇了；因此也就随随便便地读下去了，甚至认为只是应酬、客套，以闲文视之。特别是对于一些看小说只关注情节发展变化的读者，很可能一扫而过；这样的读者不可能成为作品、作者的知音。其实，这是值得仔细玩味的语文品质极高的好文章。我们若能体验一下秦可卿当时的心境，"多说几遭话儿"，该有多少伤感、无奈、眷恋寄寓其中：她自知病将不起、"咱们娘儿们"能说一回话儿是一回；再联系上文之"求"，真能让人为之酸鼻！"字字看来皆是血"啊！而有的本子把它改成"多说几句闲话"，虽然意思相近，味道可就寡淡多了。

　　毋庸置疑，先有言语，而后才有语法、词典。正如巴赫金所指出的："词语面对使用母语的说话者，不是作为词典里的词，而是作为语言成分 A、成分 B、成分 C 等各种最不同的表述中的词语……语言集体的成员一般从来也不会感到，毋庸置疑的语言规则对自己的约束。"（《巴赫金全集》第二卷，河北教育出版社 1998 年版，第416 页）这对于我们语文教学起码有两点重要的启示。其一，对于以汉语为母语的人来说，原先的言语活动对于进一步学习汉语既是不可或缺的珍贵资源，也会带来明显的局限：词汇的词典意义对他来说实在是太丰富了，语法所容许的空间也大了许多。这证明汉语语文是必须学的，不能仅仅满足于以前那点习而得之的东西，等待他去学而得之的部分如山似海。其二，学而得之的途径，主要不是背词典和语法规则，而是要靠言语实践活动，特别要重视言语实践活动中的体验。我们的语文教学向来轻视甚至完全忽视"体验"，这是必须认真纠正的一大偏颇，必须果断走出的一大误区。我和王诗客于《课程·教材·教法》2010 年第 10 期发表《语文教学与语言体验》一文，曾经就此作过较为充分的论述，现在我再从语文品质这一角度简单说点想法。

　　学习语言，词典是必不可缺的，因为它能比较全面准确地罗列出每一个词语的所有义项，起码是主要义项，还附有例句，能使我们对某一词语的意义有所理解。"理解"是学习语言的必由之路，千万不能小觑。根据索绪尔的见解，"符号"这个整体，由分别代替"概念"和"音响形象"的所指和能指构成。符号确实能够表示"概念"，"概念"也确实需要经由"理解"去把握；但问题在于"符号"

在实际上并不像索绪尔所说的那样与符号的使用者无关、似乎纯然客观地存在于跟生活现实隔绝的另一世界。现代符号学公认的另一位奠基人皮尔斯提出的"符号三角"理论认为，符号是"符形""符释"和"对象"的三位一体。"符形"类似索绪尔的"能指"；"符释"是指符号使用者对符号形体所传达的关于符号对象的讯息、意义，与索绪尔的"所指"有所交集；"对象"就是符号形体所代表的那个"某一事物"。符形指称对象，同时意指符释。这里，我们发现了被索绪尔的"概念"封闭的一个极其开阔、无限丰富的世界，在这个世界里，我们不但看见了外部世界的存在，更重要的是人作为认知主体在符号产生意义的过程中的作用得到了承认，因为符号的意义来自人与外部世界的相互作用，于是，人作为主体带着他的生活背景、生活体验堂堂正正地走进了符号王国。这实际上是一个堪称伟大的发现！符号原来不是"概念"抽象干瘪的代用品，而是一个人的感觉、知觉、认识、情感、想象等能够在其中尽情欢唱的舞台。仅仅乞灵于"理解"，那么符号世界的万水千山将被严重遮蔽，符号世界的万紫千红也将有一大部分不能进入我们的精神视野；而"体验"才是进入这个天地的必需的通行证。从概念意义看，"水"确实就是液态的 H_2O；但作为一个词，水灵灵，水汪汪，是雾是露，是旋涡，是波浪，是"逝者如斯，不舍昼夜"的水，是"上善若水"的水，是"黄河之水天上来"的水，也是我家门前吟唱的小溪，是我从前一次游泳时险些丧命其中的地方，是深不可测的大海，是满天飘洒于干旱时节的甘霖……每一个词语都是"人伸向大地的根"，都是让人能够翱翔于星空的翅膀。它们虽然基于"概念"，但却拥有属于自己的一个广袤的王国。我们对于词语有了初步的哪怕不甚准确的"理解"的同时，正是"体验"能让我们领略它一道又一道的风景。在这里，重温一下几位著名学者的见解也许对我们不无益处：

　　毋庸置疑，情感语言是语言最初和最基本的层次。人类语言行为中很大一部分仍然属于这部分。……的确，即使在高度发展的理论语言中，它与情感表达这一初级元素之间的联系也没有完全割裂。几乎没有一个句子不带有某种情感或情绪的色彩，虽然数学用语可能除外。（卡西尔：《人论》，李琛译，光明日报出版社2009年版，第27页）

　　词语具有"客观意义"和"主观涵义"两个层次，词语的"主观涵义"是词语在人的意识中所产生的全部心理事实的总和，其中包括主体的"爱好和需要"、"兴趣和动机"、"感觉和知觉"、"表象和记忆"、"意志和情绪"等等，它们是浑沦模糊的，但却异常丰富。词语仿佛把大量多种多样的包含在它里面的涵义单位吸收到自己本身中，是"涵义的集中的凝结物"，因而词是"人的意识的小宇宙"。（斯米尔诺夫引述维戈茨基语，参见斯米尔诺夫：《苏联心理科学的发展与现状》，人民教育出版社1984年版，第328—329页）

　　语言半是事物的代名词，半是精神和感情的代名词，它是介于事物同精神之间的一种媒介体。（浜田正秀：《文艺学概论》，陈秋峰等译，中国戏剧出版社1985年版，第30页）

他们一致肯定了语词的情感性，也就间接证明了"体验"在学习语言过程中的必要性，即使某一词语给人是"冷若冰霜"的感觉——"冷若冰霜"难道不也是一种典型的情感状态吗？

人与人之间的言语交际，不单单是意义的表达，无论是否自觉，同时也一定伴随着某种情绪、情感的发露，有时甚至是主要或仅仅为了情绪、情感的宣泄。情绪、情感有时表现于口语的语音；有时对自己的某种情感状态作出直接宣示，例如，"太高兴了！""实在令人气愤！"等等。我们所要特别关注的是，说者写者的情绪、情感渗透于遣词造句的过程与结果，听者读者非认真"体验"不可，否则就有可能成为半聋半瞎的人，甚至就是聋子瞎子。上引《红楼梦》第十一回中的一段描写是典型的一例，其实例子比比皆是。《赤壁之战》，"亮见权于柴桑"，其说权之辞中有一句说"若不能，何不按兵束甲，北面而事之！"后来张昭力劝孙权投降，所说的话中也有一句"愚谓大计不如迎之"。诸葛亮不会说"若不能，不如迎之"，张昭也不会说"愚谓大计不如按兵束甲，北面而事之"，因为诸葛亮的话有意地带着投降是耻辱的、决非英雄所当为的强烈感情，这样说是为了以此刺激孙权下定抗战的决心；而张昭却确实以为此时此际只有投降才是上策，为了达到说动孙权的目的，故意用"迎之"尽量说得委婉一些。柳宗元的《段太尉逸事状》中有一句"吾戴吾头来矣！"《新唐书》转录时删去后一"吾"字，林纾以为删得无理，虽然表达的内容一样。因为被删的那一"吾"字富于言下之意、言外之情："一则哂全军之不武，一则示一身之有胆。"从语文品质的角度看，两者虽只一字之差，高下却有云泥之别。良好的语文品质，往往就是情与意、理性与感性的有机融合。品评语文品质，情的表现无论如何都是极其重要的对象，他是达到"清通""适切""准确""得体"等基本要求的极其重要的推动力量，更是语文品质"情态美""节奏美""洁净美"等等本身的素质。

因此，我们对于一篇言语作品语文品质的高下作出判断就不能迷信"理解"，而必须依凭直觉性的"体验"。例如，"清通"与否，似乎都得通过"听"这一关。语言大师老舍曾经恳切地告诫初学写作者：

为多修改就须多念自己的文章。这里所说的"念"是朗读的意思。文字写在了纸上，我们不容易知道它们的声音好不好，音节好不好，用字现成不现成。非出着声儿念不可。嘴里念，耳朵听，我们会立刻听出文字的毛病来：有的句子太长了，应当改短；有的句子念着绕嘴，必是音节或字眼安排得不对劲，要设法调换修正；有的句子意思好，可是念起来不嘹亮，不干脆，听着不起劲，这必是句子的结构还欠妥当，或某几个字不大现成，应当再加工。一个好句子念起来嘴舒服，耳朵舒服，心里也舒服。我们拉胡琴必须先定定弦。我们朗读文章，正好像拉拉胡琴，试试弦，声音不对就马上调整。（《老舍文集》第16卷，人民文学出版社1995年版，第6页）

有时从道理去辨析，反而容易误入歧途。许多作家、语文教育家都曾有过类似的论述，限于篇幅，就不一一列举了。"适切""准确""得体"等等，也无不与"体验"相关。就说"适切"，我第一次看《许三观卖血记》，看到许三观和桂花第一次见面，虽然简简单单，没说几句话，我就觉得，他们两个以后必定有事，极有可能结婚——后来，果然！为什么？我想作者是不会让他们白白认识的：这是对这一描写的写作意图本身的猜测，要说理由，就是作者遣词造句的适切性原则。前面的"觉得"是一种直觉，后面的"想"，则是理性的思考。别说作家，我们一般人在遣词造句谋篇布局、实现说写意图的途中，也总是"跟着感觉走"的时候居多，即使即时发现偏差并进行改正，也往往离不开感觉。又譬如"准确"，博尔赫斯《达不到目的的巫师》结尾一段：

女仆走了进来，堂伊列昂命令赶快烤松鸡。教皇立刻发现自己仍然是在托莱多的地下斗室里，仍然只不过是圣地亚哥的副主教。他羞愧得无地自容，不知说什么才好。堂伊列昂说，这样的考验已经足够；连松鸡也没有给副主教吃，就把他送出门口，以郑重其事的礼貌，祝他一路平安回家。

我总觉得接着"就把他送出门口"之后的两个分句特别精彩，一般人也许写到"送出门口"就煞尾了，但博尔赫斯就不同寻常地补写了这两个分句，因为我觉得这才"准确"，觉得他应该这样"礼貌"，而且是"郑重其事"的礼貌，等等，甚至觉得他必然如此这般，这才是一个不同寻常的巫师。理由呢？我是想了好一会儿才悟到：在不给吃松鸡之后，他接着的宽容大度就是对副主教狠狠的嘲弄、鞭笞，越"郑重其事"，就越富有力度、越是厉害。我不知道我说的理由对不对，但我深信，作家这一描写是无比准确的。再补充一句，对于这位巫师来说，也是最最"得体"的，难道不是吗？对自己感性的信任，我确实超过了理性。至于语文品质的审美层次，其实就是一种审美体验，我就没有必要在这里啰唆了。

最后不得不补说几句的是，体验虽然基于人的先天基础，但作为一种能力，也不能没有后天的有意识的培养。就拿前引老舍的话来说，没有相当扎实的阅读基础，听，我们能"立刻听出文字的毛病来"吗？"一个好句子念起来嘴舒服，耳朵舒服，心里也舒服"，我们会有这种舒服的感觉吗？

不能！没有！

从"宰予'画'寝"说开去

　　《论语·公冶长》有"宰予昼寝"一节，文不长，为省翻检之劳，兹引如下："宰予昼寝。子曰：'朽木不可雕也，粪土之墙不可杇也；于予与何诛？'"清人刘宝楠《论语正义》引李匡乂《资暇录》、周密《齐东野语》等书，指出汉儒已有"昼"当作"画"之说，并认为"于义亦得通也"。不管原文应作"画"还是"昼"，当属形近而误，因繁体字的"画"与"昼"形体极为相似。本文不拟考证宰予究竟是"画寝"还是"昼寝"，只是想借此证明一点：文章错写一字，有时会改变整句话，甚至整段话的意思；因此，作文不能写错字，这是作文的起码要求之一。

　　几千年来，我们的祖先对汉字有一种近乎崇拜的心理，连写有汉字的废纸（特称"字纸"）也特别敬而惜之。我国源远流长的语文教育也非常重视"识字""习字"，考古工作者在甲骨文中就发现了学生"习字"的"作业本"。如《殷契粹编考释》第1468片，一行字由教者刻之以为范本，旁边一行则是学生（徒）所仿照的习刻。

习刻的字迹幼稚，歪七扭八，刻而又刻，这显然是我国最早的学习文字的作业。《易经·系辞下》："上古结绳而治，后世圣人易之以书契"。许慎《说文解字·叙》："盖文字者，经义之本"。原来古人以为文字关乎"经国之大业"，文字书写之正误，决非等闲小事。如果说宰予究竟是"昼寝"还是"画寝"不能上纲上线为国家政治、路线斗争，那康熙遗诏究竟是"传位十四子"还是"传位于四子"，就关系到有清一代康熙之后的整段历史，如果真的是"传位十四子"，那么这段历史就要重写了。当然这是野史传说，不足征信；但却可说明文字及其书写"兹事体大"，差错不得！《说文解字·叙》引《尉律》（汉律篇名）说："学僮十七以上，始试，讽籀书九千字，乃得为吏。又以八体（指大篆、小篆等八种书体）试之，郡移太史并课，最者以为尚书史。书或不正，辄举劾之。"可见当时书之正或不正，确实关系到头上那顶乌纱帽于你有情还是无情。《史记·万石君列传》：

> 建为郎中令，书奏事，事下，建读之，曰："误书！'马'者与尾当五，今乃四，不足一。（［集解］服虔曰：作'马'字下曲而五，建时上事书误作四。［正义］颜师古：'马'字下曲者为尾，并四点为四足，凡五。）上谴死矣！"甚惶恐。

原来还关系头颅之保与不保！上引一为律书，一为信史，其可靠性实不可与"十""于"之误的传说同日而语。

近些年来，我们对识字、写字似乎又走向了另一极端，太不当回事了，识字尤其是写字也出现了危机是不争的事实。在书籍报刊上，错字已是家常便饭，在电视屏幕上则更是满天飞了。平心而论，写错字，几乎人人难免，特别是如用拼音打字，一不小心就会出现同音而误。本人也算是有数十年教龄的语文教师了，但在发于《语文学习》2008年第3期上的《解开语文教改的死结》一文原稿中竟将"臭招"之"招"误为"着",多承善于咬文嚼字的编辑先生硬是把它逮了个正着,并立即"绳之以法",才没有变成一个笑话。当接到编辑先生电话时,确实是不胜惭愧之至、感激之至!

既是"难免",那该怎么办?重视字的书写,遇错即改!或者应该这样说,正因为"难免",所以才更要重视;不改不得了,改了就可以,庶几越改越少。重视与否,遇错改正与否,这就是一个态度问题。质言之,真正的危机不在出现错别字这一事实,而在我们对待错别字的态度;甚至我们可以这样说,那种无所谓的态度才是真正的危机!或问,难道真有人主张"无所谓"吗?请看登在一份影响甚大的全国性报纸(《中国青年报》2008年3月11日第二版)上一篇文章的如下言论:"高中语文教师都清楚,高中阶段看一篇文章好坏主要看其思想内涵和文学修养,至于错几个字甚至十几个字都可以原谅,甚至可以把它对文章的影响降到最低程度。"它所担忧的是"语文教学将会成为'文字'教学,这简直是一种本末倒置"。——对汉字的这种态度,要不是白纸黑字,我还真不敢相信呢!

培养学生理解和运用语言文字的能力是中小学母语教育——语文教育的基本任务,这早已是大家的共识。尽管把语文教学表述为文字教学不尽准确,但教学生学会3000个左右常用汉字毕竟是语文教学的基本任务之一,决非语文教学之"末",而是语文教学之"本",或曰"基础"。文盲与非文盲、有文化与没有文化的"汉界楚河"就是已否掌握这3000个左右的常用汉字。英国语言学家帕默尔说过一句振聋发聩的话:汉字是"中国的脊梁"!因为我们中华文化的根在汉字,语文就是"我们中华民族的文字文章"(周汝昌)。因此张中行认为语文教育"所求主要是受教之人学会用笔表情达意"。错字,往往导致文章表错情达错意或读者不知所云的严重后果,怎么可以"原谅"呢?上文已说错字人人难免,关键在于:面对错字是不闻不问不管不顾甚至要求给予原谅，还是把它当作一个相当严重的错误而采取有效措施坚决要求改正呢？原谅之，放任之，我以为这才是目前汉语的最大也是最深刻的危机！好比一个人生了病，病得虽然不轻，但仍然可以通过治疗而痊愈；然而有那么一位朋友站出来告诉他说，他这点病根本算不上什么，不必检查，不必治疗，没事！如果患者真的听信了朋友的劝告，后果不堪设想！说白了，就有可能导致死亡！高中毕业生学了整整 12 年语文，一篇仅有数百字的作文错字就有十几个之多，还说"可以原谅"，这种态度，这种主张，我以为比学生作文中的错字本身危险十倍百倍，甚至千倍万倍！学生的错字，报刊书籍、电视屏幕上的错字就是这种态度、主张惯出来的。

这并非杞人忧天，更非危言耸听。上引文章本身就让我们尝到了它的苦果。它虽无错字，语病却不止一处。上引一句之中连用两个"甚至"，已是一望而知的语病；而"甚至可以把它对文章的影响降到最低程度"，简直不知所云。句中之"它"所指当为上文所说的几个甚至十几个错字，它对文章的影响是客观存在的，并非读者可以任意提高或降低的。如果在关键部位出现了错字，如上文所举"昼""画"之误、"十""于"之误，它对文章的影响可能就是致命的，怎么可能任意"降到最低程度"呢？再有深度的思想也要写得清楚明白，读者才有可能领教。该文本身的不通不顺诚然是汉语危机的具体生动的表现，而它的主张，我以为才是汉语危机中的危机！我们的语文教学如果听信了它的主张，那就将成为一个不折不扣的豆腐渣工程！

附记：此文发表于《语文学习》2008 年第 6 期，收入本书是因为不写错别字是语文品质最起码的要求之一。

语文品质谈

尚文自署

第五辑

语文品质笔记

理论拾穗

"应从字句入手"

汪曾祺说："我觉得研究语言首先应从字句入手，遣词造句，更重要的是研究字与字之间的关系，句与句之间的关系，段与段之间的关系。"我之所以尊崇汪曾祺，不单是由于他的小说，同时还因为他是作家中对语言有透彻研究的学者，在我看来，他对语言理解的深刻，甚至超过了有的专业学者。

上引这句话，指的就是语文品质。遣词造句就是创造一种字与字、句与句的关系，谋篇就是创造一种段与段之间的关系，当然也会涉及句与句的关系。如果说研究字句是研究语言的入手处，那么学习如何遣词造句、谋篇布局就是语文教学的主阵地。基础教育阶段的语文教学不是为了培养作家和语言学者，而是为了培养能把语句写通顺、把意思说清楚的公民。

"语言具有内容性"

"我认为语言具有内容性，语言是小说的本体，不是外部的，不只是形式、是技巧。"这是汪曾祺对于语言本质的深刻洞见。关于语言的内容性，不知有多少专家学者论述过，但似乎只有汪曾祺说出了"内容性"这三个字，石破天惊！真是"以我少少许，胜人多多许"。

不过他从来不以语言学家自居，这里他也只是为了谈小说而谈语言，其实语言不只是小说的本体，也是所有语言作品的本体。——回望语文教育界近百年并延续至今的相关争论，不禁感慨万千。

他说：

> 一般都把语言看作只是表现形式。语言不仅是形式，也是内容。语言和内容（思想）是同时存在，不可剥离的。语言不只是载体，是本体。（汪曾祺：《晚翠文谈新编》，生活·读书·新知三联书店 2002 年版，第 82 页）

我想，世上任何形式，即使是形式主义所讲的形式，也都是具有一定的内容的，只是形式和内容之间的关系不那么直接、简单、明白、确定，而往往比较间接、曲折、隐晦、复杂。例如，有人画了一个比较圆或不太圆的圆，它说明什么？有什么意味？我们读者难以把握。但语言就不同了，语言的形式直接就是它的内容，它的内容也必定显露在它的形式之中，以至我们的孩子觉得语言就是它的内容，而感觉不到它的形式。说语言具有"内容性"，虽然离不开前人的相关论述，但还是让人感到震撼。记得在中文系读书时，现代汉语课程告诉我们说，同义词有绝对、相对之分，绝对同义词的例子之一就是"玉米"和"棒子"等。现在想起来，似乎凡同义词都是相对的，没有所谓的绝对同义词。"玉米"直接就是玉米。你问农民兄弟："你在种什么？"答曰："玉米。"它的内容完全敞开在它的形式当中。父亲和爸爸、母亲和妈妈，连司马迁和司马子长，苏东坡和苏轼、苏子瞻也都不是绝对同义词。

玉米有不少同义词，虽说是同义词，但不同的叫法也会有不完全相同的"味道"。玉蜀黍，是书面语言，植物学上说玉米，玉蜀黍属，禾本科；而玉茭、玉麦、包谷、包米、棒子、珍珠米等是不同地区的叫法，譬如南方就没有人会把玉米叫作苞米茬子的；玉米则是比较普通、普遍的叫法。不同的叫法虽然指的完全是同一种对象，应该说内容是相同的，但也只是基本相同，因为它们还多少附丽着不完全相同的情调、色彩、味道等等。"玉蜀黍"，书卷气油然而生；"苞米茬子"，泥土气扑面而来。"不完全相同的情调、色彩、味道等等"也是"玉米"及其同义词的不同的内容，难道不是吗？

良好的语文品质，来自恰当的遣词造句。恰当的遣词造句就不能不讲究所遣之词、所造之句的情调、色彩、味道等等。

"无一字无来历"

《沙家浜》有两句台词"垒起七星灶，铜壶煮三江"，"是从苏东坡的诗'大瓢贮月归春瓮，小勺分江入夜瓶'脱胎出来的"。汪曾祺向我们交了底。所谓"脱胎"，是继承原作部分基因的再创造，是全新的语言，全新的意境。前些天我看《酒干倘卖无》的视频，其中"从来不需要想起，永远也不会忘记"，让我立刻想起苏东坡的"不思量，自难忘"，《酒干倘卖无》的这两句歌词几乎就是它的现代版。

汪曾祺指出："古人说，'无一字无来历'。其实我们所用的语言都是有来历的，都是继承了古人的语言，或发展变化了古人的语言。"语文品质也有它的继承性，提升语文品质，非多读经典不可。

揉到了？到了！

"使用语言，譬如揉面。面要揉到了，才软熟，筋道，有劲儿。"

汪曾祺在这里用的"到了"，使我想起我家乡浙江遂昌的方言里，酒杯里的酒喝完了，往往不说"完了"，而说"到了"，因为"完了"不吉利，犯忌。我觉得两者意思有相通之处。

遂昌的方言和其他任何地方的方言一样，非常生动，具有极强的表现力，光"跌倒"，就有十来个词，表现不完全相同的姿势、方向、力度等等。而现在时兴小孩一开始就学普通话，好是好，就是缺了方言的丰富、灵活、生动，不少精神营养就此流失，我觉得太可惜了。我建议有关专家能否研究一下，孩子自小不学方言就只学大人本就不多的那几句普通话的利弊得失，给出一个比较科学合理的建议。

还该考究平仄的排列

遣词造句，不能只看意义，还得关注声音；可惜我们往往遗忘了汉语特有的平仄。老舍认为：

> ……即使是散文，平仄的排列也还该考究。"张三李四"好听，"张三王八"就不好听。前者是二平二仄，有起有落；后者是四字（接京音读）皆平，缺乏扬抑。四个字尚且如此，那么连说几句就更该好好安排一下了。"张三去了，李四也去了，老王也去了，会开成了"，这样一顺边的句子大概不如"张三、李四、老王都去参加，会开成了"，简单好听。前者有一顺边的四个"了"，后者"加"是平声，"了"是仄声，扬抑有致。

讲究平仄所创造的音乐美，属于语文品质的审美层次。语文教学虽不必强求学生达到这个层次，但必须对我们汉语由平仄形成的音乐美有所感、有所知。至于平仄的区分，可以现代汉语普通话的四声为依据，阴平为平，阳平、上声、去声为仄。也许有人会说，阳平不也是平吗？其实它是从低向高的升调，显然不"平"。不平者，侧也。侧者，仄也。

岂能和"人文"绝缘！

天热了，我照例要到家乡的白马山凉快凉快。上山之后，遇到一位新来的林场副场长，就向他打听原副场长的去向。

"他调到某某林场去了。"

"提为正职了？"

"暂时还没有。"

这回答不但比"没有"准确，而且透着对他以后会提的期盼，我觉得这份善意很"人文"。我由此立刻对他有了好印象。

遣词造句，岂能和"人文"绝缘！

文字的魔术

一些字普普通通平平常常的，可作家总能拿它们像变魔术似的变幻出让你感到惊奇的画面或者事情。

有许许多多的作家、学者都曾谈论过马尔克斯《百年孤独》的开头："多年以后，面对行刑队，奥雷良诺·布恩地亚上校将会回想起，父亲带他去见识冰块的那个遥远的下午。"记得我读这一句的时候，就有点被搞晕的感觉：一下子从当下"穿越"到"多年以后"，又立刻"回想"到从前"那个遥远的下午"；而且，"回想"发生在"面对行刑队"的时候。仅仅一句话，就有那么多时空的交叉变换，而且这位上校被执行了吗、怎么偏偏会在此时此刻想起见识冰块的下午等等问题，又能激发出读者读下去的急切愿望——真有点浓浓的"魔幻"味。

确实，阅读能够拓展、延伸我们生命的宽度、厚度、深度，而这全赖作家、科学家所创造出来的言语世界。记得布罗茨基说过，诗人是语言存在的手段。其实语言也将因诗人、文学家、科学家的存在而展示自己无有穷尽的魅力。史铁生说若不写作，作家就会去自杀。

多年以前，我在语文课堂上向学生讲解苏东坡"大江东去"如何如何，有一位学生站起来说：确实很好，不过仔细一想，不就是"大江东去"吗，难道会"西去"不成？如果我生在苏东坡之前，"大江东去"的发明权很可能就是我的！——我表扬了他的雄心，并劝他不必因生在苏东坡之后而沮丧，"你只要想想在苏东坡之后又出现了多少优秀的甚至是伟大的诗人作家；即便如此，至今仍然有着无限广袤的处女地等待你去开垦"。不过我们先得从看似最简单的遣词造句开始。比方说，有个农民高高兴兴进城来了。请用一个句子描写一下，大家也都想想看。但似乎都不如高晓声《陈奂生上城》的第一句："'漏斗户主'陈奂生，今日悠悠上城来。"——于是，我就和同学一起讨论为什么说"今日"而不说"今天"，为什么用"上城"而不说"进城"，为什么人们都说"下乡"而不说"下城"，为什么用"来"而不用"去"，尤其是为什么要用"悠悠"一词，它和"高兴""高高兴兴"有何异同……

这堂课和我读《百年孤独》的开头一样印象深刻，至今难忘。我很想知道那位希望生在苏东坡之前的同学后来有没有尝试过写作。

汉语的诗性

天虚我生陈蝶仙，30年代曾在我家乡浙江遂昌任县政府秘书。他当时诗名已倾东南。遂昌一位小青年想试试他的才情，一次特意前去拜访，请求以"粪""也""父""毛"分别作为开头写一绝句。陈略一沉吟，道：

> 粪除山径栽黄花，
> 也是渊明处士家。
> 父本学农子学稼，
> 毛诗一卷作生涯。

我曾将这一轶事讲给夏承焘老师听，他反复吟咏"毛诗一卷作生涯"，说，这一句好。

王力曾说，和西方"法治"的语言不同，我们汉语是"人治"的。正因为此，汉语严谨不足，灵活有余。灵活，给了我们遣词造句以充分的自由，一些看似不可能的也就有了可能，就像这首前提条件严苛的七绝；但我们又必须特别关注表达的严谨，否则就会出现歧义等现象，影响社会交际。不过，在诗人笔下，歧义等又拓宽了酿造诗意的空间。我国之为诗国，与汉语的灵活是分不开的。

"形容词是名词的仇敌"？

许多中外知名文学家为了做到语言洁净，都曾要求尽量少用甚至不用形容词，讲得最决绝的可能要数叔本华："形容词是名词的仇敌"。李白的《静夜思》，就没有一个形容词；《安娜·卡列尼娜》的开头，如果说"幸福的家庭都是相似的，不幸的家庭各有各的不幸"是后来添上的，那么原来的"奥布朗斯基家里一切都乱了"，也没有一个多余的修饰语。《荷马史诗》所写的那场大战，只是为了争夺一个绝色佳人海伦，她向来被当成是"美"的代表，但是对她的美，作者却着墨无多。

洁净，让我印象最深刻的还是当代诗人西渡的《村庄》：

正午像一头披发的狮子，
静静地卧在群山的背上。

村庄，像一艘潜艇，
沉入了午睡的深渊。
孩子们趴在井沿上，
听
一滴穿越时空的水
摔碎在幽暗的井底：滴

滴

滴

　　最后一"滴"，被村庄的孩子们捕捉到了，滴出了村庄的寂静，也滴出了宇宙的寥廓、悠远、永恒，更滴出了孩子们的童心，诗意……它，一个字，占了一行，占了一段，也占了我的一颗心。

遣词造句与抒怀遣心

　　遣词造句之难，不是难在某种意义、意思的表达，而是难在意义、意思表达的同时渗透进了作者的情感、情绪、情调，两者交融在一起，"画成了停匀完整而具有意蕴的图"（歌德）。这样的语句，既不是客观真实，也不是客观真实的映像，不是独立于作者主观世界之外的"自在之物"，而是"物化"了他个性的"为我之物"，简直就是作者的另一个"我"。

　　文艺理论家吴式南先生提出了一个很有意思的问题：

　　　　为什么古诗"江南可采莲，莲叶何田田，鱼戏莲叶间，鱼戏莲叶东，鱼戏莲叶西，鱼戏莲叶南，鱼戏莲叶北"，这"东西南北"四句赢得了千古的赞颂；而另一篇古典散文，"滁州四面皆山也。东有乌龙山，西有大半山，南有花山，北有白米山"，这"东南西北"四句，却遭到了非议，务必去了才好呢？（吴式南：《发现艺术之美》，鹭江出版社 2016 年版，第 160 页）

我的回答是，前者看似在描写鱼戏的情景，实则这鱼就是作者那颗活泼泼的童心，没有"东西南北"，作者也就不见了，这首诗的灵性也就消失得无影无踪，变成了一个干瘪的僵尸。后者，由于《醉翁亭记》的主旨是说"醉翁之意不在酒，在乎山水之间也"，而此"山"不是"东南西北"之山，而是琅琊山。欧阳修不是在绘制滁州的山水地图，而在抒发一己游山玩水饮酒之乐，或竟是排遣抱负不得伸展的郁闷。

又如苏轼《记承天寺夜游》：

元丰六年十月十二日夜，解衣欲睡，月色入户，欣然起行。念无与为乐者，遂至承天寺，寻张怀民。怀民亦未寝，相与步于中庭。庭下如积水空明，水中藻、荇交横，盖竹柏影也。何夜无月？何处无竹柏？但少闲人如吾两人者耳。

看来是写承天寺的夜月和松柏，其实是写自己对承天寺的夜月和松柏的发现，也就是对自己作为"闲人"的发现。写夜月和松柏，其实是写自己，写"闲人"是写自己已经"放下"了被贬苦闷的豁达轻快。最后一句，犹如夜半钟声，唤醒了世间多少不"闲"的人们。

遣词造句，往往也在抒怀遣心。

259

"哀而不伤"如何理解

重读周振甫先生的《文章例话》，发现其"阅读编"的第一个标题就是"仔细理会"，居然与我"语文品质笔记"之"经典管窥"第一则所引金圣叹的意思完全一致，有如他乡遇故知，喜出望外！他引用的是朱熹的例子。我查了一下，朱熹相关的原文是：

> 曾见有人说《诗》，问他《关雎》篇，于其训诂名物全未晓，便说，"乐而不淫，哀而不伤"。某因与他说道：公而今说《诗》，只消这八字，更添"思无邪"三字，共成十一字，便是一部《毛诗》了，其他三百篇，皆成渣滓矣！（宋·黎靖德编《朱子语类》卷十一）

朱熹要求读书人仔细理会文字，当然是对的；但朱熹自己在此处并未真正理会到家。周先生指出：

> （朱熹）这是说，"乐而不淫"即高兴得不过分，"哀而不伤"即悲哀得不过头。那个君子向淑女求婚，没有求到时夜里翻来覆去睡不着，悲哀而不过分；求得了，用琴瑟钟鼓的音乐来使她高兴，高兴得也不过分。这个解释有个问题，即为什么"哀而不伤"？原诗说："求之不得，寤寐思服，悠哉悠哉，辗转反侧。"即没有求得时，日夜想念，想念得绵绵不断，夜里翻来覆去睡不着。这里只说想念得深切，没有悲哀的意思，为什么说"哀而不伤"呢？看来朱熹的解释并不符合诗意。

众所周知，"乐而不淫"云云，出自《论语·八佾》。他接着又引用清代学者刘台拱的研究成果告诉我们，《论语·泰伯》引孔子的话："《关雎》之乱，洋洋乎盈耳哉！""乱"是音乐的末一章。这说明孔子讲《关雎》是指音乐说的，不是指《关雎》这首诗的文意。

"乐而不淫，哀而不伤"，历代文人用了两千多年时间理会文字，才算是有了一个符合情理的阐释，可见理会文字并不是一件容易的事。

豪言壮语能否生造出来？

一次和友人就"豪言壮语能否生造出来"的问题发生了争论。他说，当然能！1958年说粮食亩产一万多斤、十万多斤、几十万斤，就是典型的例子。我说这是"胡言乱语"，不是豪言壮语，真正的豪言壮语必然基于豪情壮志，而这种豪情壮志是生造不出来的。谭嗣同临杀头时高声朗吟"有心杀贼，无力回天，死得其所，快哉快哉！"；瞿秋白在绑赴刑场枪毙前要纸笔填写了一首《卜算子》，而且还步陆游《卜算子·咏梅》的韵，都是典型的例子。彭乘《墨客挥犀》卷八云：

> 李格非善论文章，尝曰：诸葛孔明《出师表》、李令伯《陈情表》、陶渊明《归来引》，皆沛然如肝肺中流出，殊不见有斧凿痕。是数君子在后汉之末、两晋之间，初未尝以文章名世，而其词意超迈如此。吾是以知文章以气为主，气以诚为主。故老杜谓之诗史者，其大过人在诚实耳。

"文以气为主"是老话头了，"气以诚为主"似乎是李格非的创见。确实，气，是生造不出来的，有此气，方有此语；无此气，断无此语。

鲁迅先生在1933年所写《"人话"》一文中有一则笑话："是大热天的正午，一个农妇做得正苦，忽而叹道：'皇后娘娘真不知道多么快活，这时还不是在床上睡午觉，醒过来的时候，就叫道：太监，拿个柿饼来！'"这虽是她的想象之词，但她说这些话的态度却绝对是诚实的，或者说，她对这种生活的向往是真诚的。

袁世凯下野后住老家养寿堂，写过一首诗："楼小能容膝，檐高老树齐。开轩平北斗，翻觉太行低。"不管你怎么评价袁世凯这个人和他的诗，都不能不承认，这首诗确实有一股气，是英雄之气也好，是帝王之气也罢，不是能够随便装出来的。大话假话套话总是出自基于功利的算计，而以气贯之的话语则出自情感心气，总是诚实的。两者的区别，几乎可以一望而知。

"假的就是假的，伪装应当剥去。"

"词汇量"管窥

"词汇量"这一术语，虽然《中国大百科全书·语言文字卷》《汉语大词典》《辞海》《现代汉语词典》等均未收入，但对语言研究和语言教学都颇有价值。它指的应当是"一种语言或方言的整个词汇系统，也可以指一个人所掌握的词或者一种著作里所使用的词的总和"（胡裕树：《现代汉语》，上海教育出版社1981年版，第240页）。

该如何理解此处"掌握"的意思呢？我以为可以分为"所知"和"所有"两个层次。"所知"即某一个人所理解的部分，是他通过思维对外部世界进行分析与联系从而在与之对应的思维内容之间建立了某种关系的语言，来自个体对语言的认知。"所有"即某一个人所占有、所运用的部分，是附着于他的心理结构，与他的精神世界相连接的言语，来自个体对语言的运用。从外延看，"所知"大于"所有"，"所有"从属"所知"，"所知"未必为其"所有"。从内涵看，"所有"大于"所知"，"所有"除了有所知而外，还能得心应手地加以运用。从两者的关系看，"所有"由"所知"转化而来，"所有"是"所知"的升华，其间没有截然分明和一成不变的界限。

仔细考察，所谓"所知""所有"，问题都非常复杂。譬如，几乎每个词都有不止一个义项，这里就有一个"语义量"的问题。而多义词的各个义项，从语用的角度看，也不能等量齐观。例如"一"作为数词的义项与作为姓氏的义项就不可同日而语，前者非掌握不可，后者则无关紧要，不知不有也无所谓。又譬如，一个词能与哪些词组合，即词语组合可能空间的大小，也有一个量的问题，而且组合还有一个常规与超常规的问题。当代有"一代词宗"之誉的夏承焘有词云："云气黑沉千嶂雨，夕阳红漏数州山"，"红"与"漏"就是非常规组合，极其生动形象，犹如一幅油画。除了"所知"和"所有"，当然还有其他维度。比如，和"语义量"相关的应该还有词形方面的问题；而词形和词义都有"共时和历时"的问题。另外，还有跟"组合"相应的"聚合"关系，因为同义、类义、同构等等的聚合量也在很大程度上决定一个人词汇量的品质。如此等等，不一而足，可能要整整一本书才能真正说清。

请勿枪毙"无时不刻"

我们汉语的词汇极其丰富，仅"一"字开头的词语就有一部专门的词典：《一字长编》，厚达 478 页。我想，古今任何个人都不太可能掌握其全部，即使有关专家恐怕也没有胆量夸此海口。而具体到某一个词，也往往是"说有易，说无难"。例如"无时不刻"与"无时无刻"，虽前者《辞源》《辞海》《汉语大词典》等均未收录，但它确确实实活在人们的口头笔下。安汝磐、赵玉玲编著的《常用词语错例评改手册》（中国社会出版社 2013 年版）第 990 页说：

> "无时不刻"应为"无时无刻"
> 对于失明的恐惧几乎无时不刻地缠绕着这位未来首相。
> 从规范的角度看，应将上例中的"无时不刻"改为"无时

无刻不……"。由"无……无……"构成的成语较多,如"无边无际"、"无法无天"、"无尽无休"、"无拘无束"、"无亲无故"、"无穷无尽"、"无声无息"、"无依无靠"、"无影无踪"等。

指出所引句子应增加一个否定词"不",这确实很对;但认为"无时不刻"不规范,似乎就缺乏理据。我是浙江东南部山区人,小时候就听说并会用"无时不刻""无时无刻"这两个词。当然这不足为凭。于是查"读秀",除了上引这一条,其余5543条都是正面的(即都是把"无时不刻"当作规范词来用的例句),其中还不乏林清玄、顾城等名家。再说,"由'无……无……'构成的成语较多"就能够成为认定"无时不刻"不规范的理由吗? 显然不能,这是常识。包括词汇在内的语言现象极其纷繁复杂,对其中任何一种现象作出某种判断,包括一个词是否规范,都必须十分谨慎,千万马虎不得。

语言表达的俗气

钱钟书的《论俗气》,见人所未见,发人所未发,可谓精辟独到:

……因此我们暂时的结论是:当一个人让一桩东西俗的时候,这一个东西里一定有这个人认为太过火的成分,不论是形式上或是内容上。这个成分的本身也许是好的,不过,假使这个人认为过多了(too much of a good thing),包含这个成分的整个东西就要被判为俗气。所以俗气不是负面的缺陷(default),是正面过失(fault)。骨瘦如柴的福尔摩斯是不会被评为俗的,肥头胖耳的福尔斯大夫就难说了。简单朴实的文笔,你至多觉得枯燥,不会嫌俗的,但是填砌着美丽辞藻的嵌宝文章便有俗的可能。沉默冷静、不会应酬的人,你至多厌他呆板,偏是有说有笑,拍肩拉手的社交家顶容易变俗。雷诺尔慈(Joshua

Reynolds）爵士论罗马宗和威尼斯宗两派绘画的优劣，也是一个佐证：轻描淡写，注重风韵（nuance）的画是不会俗的，金碧辉煌，注重色相（couleur）的画就迹近卖弄，相形之下，有些俗气了。

但我觉得他的有关"结论"未必周延。譬如书法，俗气就未必是由于什么"成分""过多"。黄庭坚《论书》说："学书须要胸中有道义，又广之以圣哲之学，书乃可贵。若其灵府无程，政使笔墨不减元常（即钟繇）、逸少（即王羲之），只是俗人耳。余尝言：士大夫处世可以百为，唯不可俗，俗便不可医也。"俗恰恰是由于少了什么——"灵府无程"，而不俗是由于有了什么——"胸中有道义"。

还有就是语言表达的俗气，似乎也与某种成分的多寡没有什么关系——就说"没有什么关系"，有人往往说成"没有半毛钱的关系"，这似乎就有点俗气了：怎么"关系"的有无、深浅、亲疏等等，得用金钱的多寡来表示？这话之俗，实源于用以衡量的标准这一根本出了问题。又如，说时间过得真快，非"光阴似箭，日月如梭"不可，似乎也有点酸腐气，这酸腐气也可以算为俗气的一种表现。当然也可以说这不是多了什么吗？但我以为遣词造句是否俗气，是决定于两种不同的性质，而非东西原来相仿甚至相同，只是某种"也许好"的成分多了一些而已。俗气，应该说是人骨子里一种品位、素养的外在表现。

副词能起死回生

顾随说，王绩《野望》"'树树皆秋色，山山唯落晖'是内外一如，写物即写其心，寂寞、悲哀、凄凉、跳动的心。若但曰'树树秋色，山山落晖'，便死板了"（顾随著，叶嘉莹笔记，顾之京、高献红整理:《中国古典诗词感发》,北京大学出版社2012年版,第9页)。"死板"与否,只在"皆""唯"两个所谓副词之有无:树树秋色,山山落晖,只是眼中所见,写的仅仅是物;而"树树皆秋色,山山唯落晖",因"皆""唯"的肯定,人就出来了。读者虽未见其人,却能感受到其人的感喟。起死回生,全赖这两个平常不起眼的副词。遣词造句,生死有时就在毫厘之间,可不慎欤?

祥林嫂怀疑的"伟大"

也许,从来没有一个人会把祥林嫂跟"伟大"联系在一起;但是,有!在一个访谈节目里,钱谷融曾经如是说:

> ……我们都了解,《祝福》里的祥林嫂可以说是被"吃人"礼教压迫致死的,但你发现没有,祥林嫂临死之前,是对"吃人"礼教产生过怀疑的,也就是说,她其实是整个鲁镇里面,除了偶然在场的那个"我"之外,惟一开始怀疑旧礼教即"吃人"礼教的真实性和正当性的人。
>
> 你看书里是这样写的,祥林嫂临死前,头发全白,"脸上瘦削不堪,黄中带黑,而且消尽了先前悲哀的神色……"当已经陷入绝境的她,偶然碰到一个"识字的","见识得多的'出门人'"时,"她那没有精彩的眼睛忽然发光了"。
>
> "'我正要问你一件事——'……"
>
> "'就是……'她走近两步,放低了声音,极秘密似的切切地说:'一个人死了以后,究竟有没有魂灵的?'"
>
> 这真是一个伟大的怀疑,是一个即将被旧礼教压死的人最后也是最大胆的挣扎。你看,鲁迅写她"那没有精彩的眼睛忽然发光了",这说明她在被压迫中看到了一线希望,更重要

的是这个希望是她自己找到的，没有受到任何人的指引。虽然这只是一个刹那的、朦胧的、处于绝望中的怀疑，远远无力挽救她自己悲剧的命运，因为毕竟人言可畏，但从作品来看，这个怀疑却好像黑雾中的一道闪电，虽然转瞬即逝，但毕竟是暗中出现的光。（《批评的"奥秘"——文艺理论家钱谷融访谈》，http://www.chinawriter.com.cn）

说"这真是一个伟大的怀疑"，愈想愈觉得这"伟大"用得准确，异常准确！钱谷融说"……这个怀疑却好像黑雾中的一道闪电"，我觉得这个"伟大"也像"黑雾中的一道闪电"，为我们照亮了祥林嫂的心灵世界。这"伟大"只有用"伟大"这个词才能照亮。在那个年代，她能有此一问，确实堪称伟大。初看起来，这似乎并不伟大，但我们的历史上，类似的怀疑，并且把它说了出来，就像多少年之前，李贽怀疑孔孟学说是"道冠古今"的"万世至论"，多少年以后，遇罗克怀疑"出身决定论"，都一样伟大。

伟大的"怀疑"，怀疑的"伟大"。

关于的、地、得

有一篇文章恳切呼吁提升语文教师的语文素养。作者是有感而发：有一次他去听一位年轻教师观摩课后的说课，发现该教师居然把"聆听""倾听"都给用错了，这还是有名牌大学文学院研究生学历的，"让人愕然"。由此作者联想起另一场合一群老师关于"你真（的、地、得）想起来了"中的"的、地、得"用哪个的争论。绝大多数老师说是用"的"。作者认为："从'的、地、得'三者的语法功能说，'的'是修饰主语、宾语用的，'地'是修饰谓语用的，'得'是补充说明谓语，因此应该用'地'。"并将此例也作为"语文教师的语文素养亟待提高"的事例之一。

于此，我认为尚有讨论的余地，孰是孰非似乎不能骤下断语。"的、地、得"的使用离不开语境。如"你真的（而不是假的或装的）想起来了？"或"我真的想起来了"应该用"的"。"你真的想起来了？"也可以用"地"。就此我曾向语言学家傅惠钧先生讨教。他回答如下：

> 这个问题可能存在不同意见。
>
> 我查了一下北京大学的现代语料库。"真地""真的"都有使用，但频率大不一样。在没有排除非词现象的情况下，前者五千多例，后者三万多例。显然用"真的"是主流。不过，也有个别作者习惯用"真地"。如冯友兰涂又光《中国哲学简史》中类似的用法就较多：
>
> 通常人们也［真地］是这样来理解的。
>
> 当时许多儒家的人认为，孔子曾经［真地］接受天命，继周而王。
>
> ……再进行实验，看假设的原因是否［真地］产生预期的结果。
>
> 若［真地］没有知识了，那就连他的讨论也没有了。
>
> 高山上的某一个渊，很可能［真地］与低地的某一个山一样高。
>
> 如果［真地］超越万物，又怎么能问他"是什么人"呢？
>
> 当然，原因也很明显，如果他们［真地］这样说，他们的教义就不是佛家的教义了，他们就不用出家了。
>
> 我比较赞成您的意见。大众使用的接受度本身就是个法则。从实际使用看，"真的"的用法已有词化（或说习语化）倾向（尽管《现代汉语词典》没有立条，但立了方言词条"真个"，性质有点相似，方言中的"个"就是"的"）。吕叔湘《现代汉

语八百词》（增订本）P667 在解释"真"的用法时，特别指出："真""修饰动词、形容词以带'的'为常"。这也是基于语言事实描写得到的结论。

……

另外，《中学教学语法系统提要》中提倡合并"的"与"地"，都写作"的"。如果是考试，这个地方写作"的"而被扣分的话，学生会找老师打官司的，呵呵。当然，我是不主张合并的。

我要表达的真正意思是，判断遣词造句中出现的是非问题，我们务必慎之又慎，不能有半点马虎、轻率。

表达"悼念"的 ABCDEFG 式

有朋友来邮件说唁电悼词常说"对某某某的逝世表示沉痛悼念"似乎不对，因为悼念的是人，而非他的逝世。我以为有理，但也不敢自是，于是又请教傅惠钧先生，他在百忙中作了详尽答复（附后）。傅先生的认真、严谨确实是我学习的榜样！

附：傅惠钧先生回复

关于"悼念／哀悼"的用法，我在北大 CCL 语料库中作了点调查。除了通常的表达格式（A 式："悼念／哀悼某某某（死者）"；B 式："对某某某（死者）表示悼念／哀悼"）以外，还有几种格式是较为常用的：

C 式："对某某某逝世表示悼念／哀悼"

例如："对匈牙利共和国总理安托尔·约瑟夫阁下不幸逝世表示深切悼念，并对他的家属表示诚挚的慰问。"（《人民日报》

1993 年 12 月）

D 式："悼念 / 哀悼某某某逝世"

例如： 一些国家和政府领导人致电函悼念杨尚昆逝世。(《人民日报》1998 年)

E 式： 某某某逝世，某某表示悼念 / 哀悼

例如： 中国国民党主席蒋经国先生不幸逝世，我们深表哀悼。(《蒋氏家族全传》)

下面两种格式与您讨论的现象有关：

F 式："对某某某的逝世表示悼念 / 哀悼"

例如：

与此同时，南非各界人士正在以各种形式对斯洛沃的逝世深表悼念。(《人民日报》1995 年 1 月)

合众国际社评论说，中国"对一度曾是自己敌人的台湾'总统'蒋经国的逝世表示哀悼，异乎寻常地对他加以赞扬"。(《蒋氏家族全传》)

G 式："悼念 / 哀悼某某某的逝世"

例如： 穆巴拉克总统在国家公告中深切悼念阿萨德总统的逝世，称阿萨德是"埃及十月战争的战友"。(《人民日报》2000 年)

有时，一个事件在媒体上的报道，各种形式都见使用。如王震逝世在《人民日报》上的报道有下列四种形式：

C 式： 杨尚昆主席、李鹏总理、全国人民代表大会常务委员会和国务院发来唁电或唁函，对国家副主席王震逝世表示深切哀悼。(《人民日报》1993 年 3 月)

D 式： 沉痛哀悼王震副主席逝世。(《人民日报》1993 年 3 月)

F 式： 王震同志逝世后，邓小平同志委托办公室同志立即打电话："对王震同志的逝世表示深切哀悼。"(《人民日报》1993

年 3 月）

陈云同志也委托办公室同志打电话说："王震同志是一位老同志，我对他的逝世表示沉痛哀悼，并请王震同志的家属节哀。"（《人民日报》1993 年 3 月）

G 式：会议开始时，在万里的提议下，代表们全体起立，深深哀悼国家副主席王震同志的逝世。（《人民日报》1993 年 3 月）

我没有对各种用法的使用频率作出精确统计，但从具体语料的浏览中感觉到，您所说的 F 式，使用频率并不低。我再引用几例如下，以便于您作分析：

全国人大常委会和国务院的唁电说："对中国著名的国务活动家、中华人民共和国副主席王震的逝世，谨表示深切的哀悼。"（《人民日报》1993 年 3 月）

全国政协主席李瑞环委托工作人员打来电话，对马永顺的逝世表示悼念，向马永顺的家属表示慰问。（《人民日报》2000 年）

秦基伟、廖汉生、伍修权、王恩茂等，对徐以新同志的逝世表示悼念，对家属表示慰问。（《人民日报》1995 年 1 月）

国家主席胡锦涛作出重要批示，对邓练贤的不幸逝世表示沉痛悼念，对邓练贤的亲属表示亲切慰问。（新华社 2003 年 4 月新闻报道）

郑州以外的单位和团体，也纷纷给常香玉的家人发来唁电，对大师的逝世表达悼念之情。（新华社 2004 年 6 月新闻报道）

对于他的逝世，印度总统、总理和工商界都表示沉痛哀悼。（张剑《世界 100 位富豪发迹史》）

党和国家领导人江泽民、乔石、朱镕基、胡锦涛等发来唁电，对白如冰同志的逝世表示沉痛哀悼。（1994 年报刊精选）

一些国家的领导人和著名学者发表谈话，称"波普尔是 20

世纪最伟大的哲学家之一"，对他的逝世表示深切哀悼。（1994年报刊精选）

他代表江泽民总书记、李鹏总理，对全国政协副主席、九三学社名誉主席周培源的逝世致以沉痛的哀悼，对周培源的夫人王蒂澂和子女家属表示深切的慰问。（《人民日报》1993年11月）

正在国外访问的全国政协主席李瑞环致电周培源家属，对周培源的逝世表示沉痛的哀悼。（《人民日报》1993年11月）

海外知名学者李政道、丁肇中、杨振宁、吴大猷、任之恭、林家翘等也发来唁电，对周培源的逝世表示沉痛哀悼。（《人民日报》1993年12月）

从目前使用的情况来看，我觉得对 F 式的用法还是持谨慎态度为好。

从结构搭配讲，AB 两式，形式和语义完全匹配。结构上明示"悼念／哀悼"的语义指向死者。

CDE 三式，"某某某（死者）"充当了"逝世"的主语，没有成为"悼念／哀悼"的直接指向对象（宾语），这种明示，显然弱化了，"悼念／哀悼"的语义似乎关涉的是一个事件。但是，因为"悼念／哀悼"的行为和语义总是以"某某某逝世"为前提的，如果没有"逝世"的事件，"悼念／哀悼"不可能与"某某某"搭配。因此，人们对于这样的表达还是乐意接受的，并且心理上认定"悼念／哀悼"的对象仍然指向死者，虽然结构上没有成为其宾语，但谁也不会误解这样的表达。

FG 两式将"某某某逝世"的陈述式，转换成偏正式。这种语义上的明示，显然进一步弱化。"某某某逝世"与"某某某的逝世"的差异，在于前者是陈述式，后者是指称式。动词"逝世"本来陈述一个过程，指称化之后这个过程隐退为背景，某某某逝世的过程作为一个整体凸现出来成为指称的对象。尽管整个结构因此而具有了名词性的特征，但其动态性、过程性并未因为其指称功能的获得而消失。也就是说，某某某仍在意念上是逝世的主语，我们仍然可以感觉到是某某某逝世。因而理解这样的句子，我们依然不会误解其表意，心中仍会觉得悼念的是某某某。

不少学者认为汉语是意合语法，或许这可以成为一例。记得邢福义在讨论"由于……使……"一类句子的合格性时，曾经提出"逻辑主语"的概念，也就是说，"由于……使……"一类句子尽管形式上没有主语，但介词结构中蕴含了一个逻辑主语，因而，这类句子不是缺主语的句子，只是缺形式上的主语的句子，仍然是合格的句子。仿此，是否可以认为 F 式中的某某某属于逻辑宾语，尽管它处于定语的位置上，仍然不影响人们对"悼念"的语义是指向某某某的理解。如果这个说法可以成立的话，似乎也就有了理性的依据。

其实，从语料看，"悼念／哀悼"的用法还出现了其他的偏离形式：

2011 年 12 月 19 日，朝鲜劳动党书记金正日逝世，我国中央电视台当天的新闻联播中全文播报了中国共产党中央委员会、中华人民共和国全国人民代表大会常务委员会、中华人民共和国国务院、中华人民共和国中央军事委员会向朝鲜发去的唁电。唁电开头说：

平壤，朝鲜劳动党中央委员会、朝鲜劳动党中央军事委员会、朝鲜民主主义人民共和国国防委员会、朝鲜民主主义人民共和国最高人民会议常任委员会、朝鲜民主主义人民共和国内阁：

惊悉，朝鲜劳动党书记、国防委员会委员长、朝鲜人民军最高司令官金正日同志不幸与世长辞，我们谨以无比沉痛的心情向全体朝鲜人民致以最深切的哀悼和最诚挚的慰问。

这则唁电中，"向全体朝鲜人民致以最深切的哀悼和最诚挚的慰问"一语把"哀悼"的对象指向了"全体朝鲜人民"。这种用法似乎也可以找到一些例证，如：

正在中国访问的联合国秘书长潘基文第一时间与索马里总统马哈茂德通电话，向袭击事件遇害者的家人致以哀悼和慰问。（《人民日报》）

国务院港澳办主任鲁平和正在北京的周南惊悉事故发生后分别致电，对事故中的伤亡者及亲属表示哀悼和慰问。（《人民日报》1993 年 1 月）

肖秧等有关方面负责人参加告别仪式并向侯宝林的家属表示哀悼。（《人民日报》1993 年 2 月）

唁电说："惊悉拉·普雷马达萨总统不幸遇刺身亡，我深感悲痛。普雷马达萨先生是斯里兰卡杰出的政治家，也是中国人民熟知的朋友，生前为推动中斯关系的发展作出了宝贵的贡献。我谨代表中国政府和人民向斯里兰卡政府和人民表示深切的哀悼，并请转达我对普雷马达萨先生的家属的诚挚慰问。"（《人民日报》1993 年 5 月）

这类用法自然是比较少见的。我觉得，这种偏离已经形成对象错位，超乎人们的正常接受，应该看作是误用。

"屡败屡战"溯源

在查阅某一问题相关资料的过程中，不意遇到"屡战屡败""屡败屡战"这老熟人，忽然心血来潮，想查一查它的原始出处。出乎意料的是：就我所见的资料，结论只能是"事出有因，查无实据"，众说纷纭，莫衷一是。

小时候就听说这是曾国藩和他幕僚之间的故事，我查阅的数百本书籍，极大部分都这样说，言之凿凿，甚至描述非常真实生动，如作者亲眼所见一般；而且几乎也都未注明出处。这又有两说，一是"屡战屡败"的是曾国藩，"屡败屡战"的是曾的幕僚；一是恰恰相反，掉了个个儿。还有的是将李鸿章扯了进来，说是当初李鸿章为曾国藩办理文案，几天后，李鸿章看到曾国藩的案上放着一个奏折。

> 三河一战大败，曾国藩很是内疚，在给朝廷的奏折中，自我批评道"出师不利，臣屡战屡败，上负朝廷圣恩，下负三湘黎民之望……"
>
> 李鸿章一看不妥，这样递交上去，朝廷肯定会大怒。他连忙将自己的想法婉转告诉了曾国藩，曾国藩道："你觉得怎么说好？"
>
> 李鸿章略微想了想，将"臣屡战屡败"调成"臣屡败屡战"，一字之差，却将湘军宁折不弯的勇气和曾国藩不惧失败的性格，体现得淋漓尽致。曾国藩看了大笑道："改得好！"奏折呈上之后，朝廷非但没有怪罪曾国藩，还反过来安慰他。（汪衍振：《李鸿章发迹史》上册，上海锦绣文章出版社 2010 年版，第 57 页）

李确实曾经做过曾的幕僚，这是"幕僚"说的进一步演绎。"幕僚"说的另一版本是：

> 另据传，曾国藩的幕僚李元度本是一介书生，不谙兵事。曾国藩令其将兵出征，不料屡屡受挫。李元度令一部从向曾国

藩报告军情，部从书曰"臣屡战屡败"。李元度大为不满，改为"臣屡败屡战"，只将战败两字颠倒使用，一个屡战屡败的败军之将摇身而变为不畏强敌的征战英雄。

以上引自《文牍趣话》（睦达明著，百花洲文艺出版社 2001 年版，第 203 页）。它是注明了出处的：《鄂尔多斯文秘》1994 年第 1 期；但我估计《鄂尔多斯文秘》这本杂志上的文章也非原始资料。

有一本书则又多出了"虽死无憾"四字，但也不知所据何书：

> 湘军统帅曾国藩在率领湘军攻打太平军的前期屡屡失利，他本人曾几次想以自杀方式表达对战场前景的悲观。一次，曾国藩在给慈禧太后汇报军情的奏折中有这么一句话："臣屡战屡败，虽死无憾。"一位幕僚看后建议修改为："臣屡败屡战，虽死无憾。"曾国藩非常乐意地接受了这一修改建议。（王向清：《逻辑趣话》，湖南大学出版社 2000 年版，第 84 页）

有的主角只说是清代一员战将：

> 相传清代有一个武将，打了败仗后准备向皇帝启奏说，"臣屡战屡败"。可是手下的人看后给他对调了两个字，改为"臣屡败屡战"。结果他不仅没有受到惩罚，居然还得到了皇帝的嘉奖。
>
> 当然是奏折词序换位成全了他……（许曦明：《英语重音动态研究》，上海交通大学出版社 2008 年版，第 100 页）

也有的书中"清代"变成了"历史上"：

> 历史上有一个很有名的故事，说的是一个在外与敌军作战的将军，由于种种原因总是吃败仗。在又一次被敌人打败之后，他急奏皇帝，一方面报告情况，一方面寻求对策，要求援

兵。他在奏折上有一句话是"臣屡战屡败，……"，他的上司看到这个奏折，觉得不妥，于是拿起笔来，将奏折上的这句话改为"臣屡败屡战，……"（何爱军：《网络技术应用信息技术》高一上册，华中科技大学出版社 2008 年版，第 41 页）

更有的将"屡战屡败""屡败屡战"之著作权分给了两个人：

有一个故事很有趣。说的是有位将军向皇上禀告军情臣屡战屡败，皇上听了不高兴。另一位将军却说臣屡败屡战，皇上一听，非常高兴，传令嘉奖……（李正元：《美的情结》上册，中国文联出版社 2001 年版，第 297 页）

我觉得最有价值的是下面三则。一则出自李永祥主编《刀笔精华新译》所引衡阳球痕楼主撰《刀笔余话》：

前曾文正公平匪屡败，上疏自责有语云"臣屡战屡败"，有幕僚见之请公将四字倒置用之，为"臣屡败屡战"，公称善不置。盖屡败屡战，便觉精神跃然纸上，自有余勇可贾，与前语之索然无兴，固相去霄壤也。甚矣，中国语言形之于文字中之难能也。（《刀笔精华新译》，山东友谊出版社 2000 年版，第 126 页）

据知《刀笔余话》出版于民国年间，胡编乱造的可能性较小。遗憾的是我找不到《刀笔余话》这本书。

一则出自启功先生笔下：

故老相传，清代有一武将，打了败仗，向皇帝奏明，写道："臣屡战屡败。"有人看了稿子，给他勾转二字，作"臣屡败屡战"，于是皇帝还嘉勉了他。因为"屡败"在后，便是只有败；"屡战"在后，便是还要再战。（《启功全集》第 1 卷，北京师范

大学出版社 2009 年版，第 143 页）

启功先生是皇室后裔，故老所传，必较可靠。

第三则出自一本普及型史书：

（广西提督）向荣不得不在给京城的奏章中，哀叹"臣屡战屡败"。幸得他的幕僚帮他改成"臣屡败屡战"，才避免了朝廷的严厉处分。（林汉达等:《最新版上下五千年》，少年儿童出版社 2012 年版，第 1175 页）

林汉达先生是著名的历史学家、教育家，想来绝对不会随便下笔。

我的结论是两个字：存疑。

经典管窥

"理会文字"

金圣叹在《读第五才子书法》中说："吾最恨人家子弟，凡遇读书，都不理会文字，只记得若干事迹，便算读过一部书了。"又说："旧时子弟读《国策》、《史记》等书，都只看了闲事，煞是好笑。""理会文字"，我以为就是关注语文品质，品味作品如何遣词造句、谋篇布局，也就是弄懂弄通其字法、句法、章法，字、句、章相关相连，字法、句法是基础，但也离不开章法，而章法也要靠字句体现出来。

金圣叹所说"最"可恨的，拿到今天来说，莫过于语文课程"不理会文字"了，虽说"好笑"，更为可忧。我曾说过，教育如天，语文是地。地都荒芜了，以后的日子怎么办？——田园将芜胡不归？

归来吧，语文！

《史记》的瑕疵

理会文字，贵在精细，不可囫囵而过。金代王若虚值得我们学习。他在《滹南遗老集》中指出："《史记·屈原列传》云：'每出一令，平伐其功，曰：以为非我莫能为也。''曰'字与'以为'意重复。"确实，"曰"与"以为"语意重复，而且只能两者选一，否则不通。此正不能为尊者讳也。

朱熹曾说："看文字，须逐字看得无去处，譬如前后门塞定，更去不得，方始是。"这一看似容易实则难以达到的要求，王若虚可以说是真正做到了。

"别时容易见时难"与"别易会难"

宋代胡仔《苕溪渔隐丛话》后集卷三十九引《复斋漫录》说："《颜氏家训》云：'别易会难，古今所重。……'李后主盖用此语耳。故长短句云：'别时容易见时难'。"李煜《浪淘沙》（帘外雨潺潺）这首词所创造的意境是那么圆融，遣词造句是那么精粹纯净流畅，且"别时容易见时难"指的是江山，而非《颜氏家训》所说的人与人之间一般的离别相见，此句说李"用"颜，似乎稍觉过分，但受到启发倒是极有可能的。

不过，我想要说的是，说话作文，也就是遣词造句，实在是一件极其普通极其平常的事，很多人即使是在梦里也会说话，但其奥妙可能我们至今也还没有十分透彻的认识。就拿"别易会难"和"别时容易见时难"来说，所说的意思几乎完全相同，前者四个字竟有三个和后者完全一样，怎么传播效果会有那么大的差距呢？一个脍炙人口，极富魅力，几乎人见人爱；另一个，大家虽会认同它所表达的意思，但也只是仅此而已，几乎没有什么感觉，"不来电"。为什么？我说不好，提出来只是想要引起人们关注并重视遣词造句这一极其普通极其平常的事，不能马虎从事。——倘若真要说说他们不同遭际的原因，我想到的是，首先是李煜这首词是词史上的顶尖作品，"别时容易见时难"自然也就跟着出名了。其次，颜之推可能着重要说的是此为"古今所重"，而李煜说的就是事情本身。最重要的我觉得"别时容易见时难"的对比要比"别易会难"来得鲜明强烈，好像一是正在燃烧的火焰，一是不大起眼的小小火星。说到底，"别时容易见时难"几乎就是大白话，比较贴近人们的生活，而"别易会难"文绉绉的，不够劲。翻看古代经典名句，总是接近大白话的多，文绉绉的文言比较少，用典的尤其少。我不认同文言总是比白话"高级"的观点。

刘知几谈史书的语文品质

文史早先混同一体，没有分家，唐代刘知几明确提出"文之于史，较然异辙"（《史通·核才》），而文人则常偏于雕饰而失实，认为"无异加粉黛于壮夫，服绮纨于高士"（《杂说》下），所以他反对文人撰史。至于史之叙事，他要求"尚简""用晦""戒妄"（见《叙事》），显然有别于文的标准。他说的虽然是史书的写作，实际上就是以叙事为主的写作，因而对于我们今天所说的语文品质具有很高的参考价值。

所谓"尚简"之简，指的是简要、简明、简洁、简朴，并非仅仅以简省为务，一味追求省字省句。他从正反两面都举出了非常有趣的例子，如：

> 《春秋经》曰："陨石于宋五。"夫闻之陨，视之石，数之五，加以一字太详，减其一字太略，求诸折中，简要合理，此为省

字也。其有反于是者，若《公羊》称郤克眇，季孙行父秃，孙良夫跛，齐使跛者逆（迎也）跛者，秃者逆秃者，眇者逆眇者。盖宜除"跛者"以下句，但云"各以其类逆"即可。必事加追述，则于文殊费，此为烦句也。《汉书·张苍传》云："年老，口中无齿。""年"及"口中"皆烦字，宜删去。夫此六文成句，而三字妄加，此为烦字也。（刘知几：《史通》，上海古籍出版社2008年版，第123页）

第一例，好，尤其是"加以一字太详，减其一字太略"十二字，可以说是遣词造句的最高境界，堪称至理名言；第三例也说得有理；只是第二例似可商榷："……各以其类逆"，事情当然是说清楚了，但与原文相比，我总觉得少了那么一点情趣。原文"齐使跛者逆跛者，秃者逆秃者，眇者逆眇者"，这一描述有画面感，让人忍俊不禁，甚至捧腹大笑；而改文却无此效果，不得斥原文为"烦芜"。不过话又说回来，遣词造句的繁简还得与语文品质的其他要求特别是和言语意图联系起来考察才能得出全面合理的结论。

所谓"用晦"之"晦"，系与"显"相对而言。他解说道："显也者，繁词缛说，理尽于篇中；晦也者，省字约文，事溢于句外。"（同上书，第126页）可见晦又比显更进了一步，不但力避繁缛，讲求省约，还要在无一浮词的前提下，做到意思完足，且富于言外之旨。他指出："夫能略小存大，举重明轻，一言而巨细咸该，片语而洪纤靡漏，此皆用晦之道也。"例如："《虞书》云：'帝乃殂落，百姓如丧考妣。'（前人注曰：德盛、民戴皆见。）《夏书》云：'启呱呱而泣，予不子。'（曾有记载云：'启，禹子也。禹治水，过门不入，闻启泣声，不暇子名之，以大治度水土之功故。'前人注曰：忧国、忘家皆见。）《周书》称：'前徒倒戈，血流漂杵。'（前人注曰：纣虐、

282

民愤皆见。)《虞书》云:'四罪(指流放欢兜、共工、三苗、鲧四人)而天下咸服。'(前人注曰:凶德、公心皆见。)此皆文如阔略,而语实周赡。"(同上书,第 126 页)遣词造句既要简洁而又要富于情味,确实是一个不易达到的境界。

所谓"戒妄",就是遣词造句必实事求是,反对以种种借口妄加修饰以至失真。他举例说:"当汉氏之临天下也,君实称帝,理异殷、周;子乃封王,名非鲁、卫。而作者犹谓帝家为王室,公辅为王臣。"称谓"假托古词,翻易今语",刘知几认为这是一种妄饰的行为,必须戒除。2014 年 9 月我们的媒体曾有"……共庆祖国 65 岁华诞"的说法,作者可能是特别喜欢"华诞"这个词,在客观上就把我们祖国数千年的历史无端缩短为 65 年,其影响不能不说是极其恶劣的。

《史通》有关论述,往深里说就牵涉到文、史如何分家这个大难题,我们只得就此止步。

仰视、俯视、平视

《艺概·文概》云:"文有仰视,有俯视,有平视。仰视者其言恭,俯视者其言慈,平视者其言直。"可见清代刘熙载已经洞见作者与读者的关系对于遣词造句的制约作用,令人敬佩。

"秃节"与"握节"

《随园诗话》:"宋子京手抄杜诗,改'握节汉臣归'为'秃节'。'秃'字不如'握'之有神也。"改者或以为"秃"更接近真实,然给人印象不佳,"握"则显庄重。汉诗用汉字,字形本身有联想、想象余地,不可不讲究。

"文章且须放荡"

我爱家乡白马山的蓝天白云，清凉萧爽，几乎年年夏天都要去住些日子。有一年天分外热，也分外蓝。早晨日出之后，我正在湖边晒太阳，沉醉于阳光的和煦，迷恋于天空之湛蓝。突然听到有人赞叹："这天蓝得一丝不挂！"好一个"一丝不挂"！

我由此想起南朝梁萧纲的绝妙论述："立身之道与文章异。立身先须谨重，文章且须放荡。"（严可均校辑《全梁文》卷十一《诫当阳公大心书》）

"放荡"者，陌生化之谓也，让人耳目生新，"一丝不挂"是对"万里无云"的超越。遣词造句也需推陈出新，这无异于探险，也有跌跤的极大可能。

近20多年来，我几乎年年上白马山躲凉，记得有一年头发黑还多于白时，我在文字里也小小"放荡"了一回：

一剪梅·白马山荡秋千

今日井蛙冲九霄，云海滔滔，银汉滔滔。往来箕斗任天高，身也逍遥，心也逍遥。

还我童年意气豪，日作球抛，月作球抛。群仙笑我太狂骄，天也动摇，地也动摇。

用"若"字有点笨

顾随《驼庵文话》指出：

……柳宗元山水记出自《水经注》，故生动飘逸之致少，长处在清楚逼真。如《小石潭记》写鱼："潭中鱼可百许头，皆若空游无所依。日光下澈，影布石上，怡然不动。"又《小丘记》，写石："其冲然角列而上者，若熊罴之登于山；其嵌然相累而下者，若牛马之饮于溪。"用雕刻的表现法，写逼真的形态。用"若"字已有点笨，不如"日光下澈，影布石上，怡然不动"十二字。

读来犹如醍醐灌顶；感到美中不足的是，如能给出后一例的修改方案，则十全十美矣！

"已是半下午了"

"已是半下午了"，这是莫言《大风》里的一句。"半下午"让我感到新奇有趣，而且也清楚简洁。我有一位朋友是浙江长兴人，他那里管"短裤"叫"半裤"，颇为形象。看来，"半"的潜力无穷。半，一半也，"一块半钱"就是"一块半钱"，既不是"一块四毛九"，也不是"一块五毛一"，这是不容置疑的常识。但在更多场合，"半"就不那么"硬挺"了，成了所谓"概数"，甚至连是不是"数"都难说。"饮酒半酣之际"，"半酣"固然与饮的数量有关，但却指饮者的主观状态而言，因人而异，难以"定量定性"。

李叔同的《送别》是我最爱听的歌曲之一，"天之涯，地之角，知交半零落"，让人无限感慨，不胜唏嘘。"知交半零落"，和杜甫的"访旧半为鬼"也许有某种血缘关系。"半"是多少？难言也。但两处之"半"都不能改成"多"，看来还是和数量相关。又如元稹的《离思五首·其四》："曾经沧海难为水，除却巫山不是云。取次花丛懒回顾，半缘修道半缘君。"虽未和数量绝缘，毕竟关系已经十分淡薄，诗人只是想说这与我修道和对你的感情两者都有关系，都是原因，仅此而已。

遣词造句，看似普通平常，仔细研究起来，还是很有讲究的。

句式的选择

鲁迅的《二丑艺术》中有这么几句：

义仆是老生扮的，先以谏诤，终以殉主；恶仆是小丑扮的，只会作恶，到底灭亡。而二丑的本领却不同，他有点像上等人模样，也懂得琴棋书画，也来得行令猜谜，但依靠的是权门，凌蔑的是百姓，有谁被压迫了，他就来冷笑几声，畅快一下，有谁被陷害了，他又去吓唬一下，吆喝几声。

开头写义仆与恶仆两个分句，句式、字数两两相等，而接着写二丑的可就完全不一样了。前者的两两相等，正是为了突出义仆与恶仆其为仆的相同，下文写二丑的"不同"就用与上文"不同"的句式、字数：形式强化了内容。至于"冷笑几声，畅快一下"与"吓唬一下，吆喝几声"更是意味无穷，若是改成"冷笑几声，畅快一下"与"吆喝几声，吓唬一下"或"畅快一下，冷笑几声"与"吓唬一下，吆喝几声"，那就几乎索然无味了。

妙用"望文生义"

遣词造句切忌望文生义，如把"悼亡"理解成为悼念过往的死者，又如认为"国是"乃"国事"之误，等等，不胜枚举。但，事情往往不能"一刀切"，有的作家硬是把望文生义作为一种言语策略写出精彩的好文章来。

关于鲁迅，有这么一段记载：

鲁迅曾在厦门大学担任教授。其间，校长林文庆经常克扣办学经费，刁难师生。某次开会，林提出将经费削减一半，教授们纷纷反对。林说："学校的经费是有钱人给的。所以，只有有钱人，才有发言权！"他刚说完，鲁迅就站起来，掏出两个银币，"啪"的一声放在桌子上，厉声说："我有钱，我也有发言权！"

林所说的"有钱人"，显然是指有很多钱的人，这一含义当是大家所认可的；但鲁迅偏偏来个"望文生义"，争得了本应有的发言权。只"我有钱"三个字，配以一个动作，抵过了有关"我也有发言权"长篇大论的理论论证。

这是生活中的实有之事，下面是文学虚构，来自王淑芬的《我是白痴》：

> 他又说："彭铁男，你的妈妈也一定为你吃过不少苦。"我其实不知道妈妈吃什么，我看过她吃饭和面。有没有吃苦，我也不晓得。

他这一无心的望文生义，为作家塑造人物作出了独特的贡献，让人印象深刻。

除了望文生义，还有"听音生义"。川籍诗人胡续冬，利用"泰坦尼克"之近于四川方言"太太留客"的发音，写了一首诗，题目就是《太太留客》，风趣横生，让人忍俊不禁。

"写，置物也"

《鲁迅自传》最后一段：

> 我在留学时候，只在杂志上登过几篇不好的文章。初做小说是一九一八年，因为一个朋友钱玄同的劝告，做来登在《新青年》上的。这时才用"鲁迅"的笔名（Pen-name）；也常用别的名字做一点短论。现在汇印成书的有两本短篇小说集：《呐喊》，《彷徨》。一本论文，一本回忆记，一本散文诗，四本短评。

别的，除翻译不计外，印成的又有一本《中国小说史略》，和一本编定的《唐宋传奇集》。

第一句，他肯定在留学时在杂志上登的几篇文章是"不好"的，但于后来作品的好坏就未置一词。但我觉得，此时无声胜有声，由于前面说了"不好"，后面的不说就等于说"尚可"或"较好"等等，他对自己的这些作品是有自信的，而且，绝不是盲目的自信，对于这些作品，文学史、学术史已经作出了很高的评价。

《说文》："写，置物也。"诗人、诗歌评论家西渡解释说："写作是词语的寻找、移置与安放。"信然！

咫尺波浪

老舍《著者略历》末段介绍自己的著作：

> 著有：《老张的哲学》，《赵子曰》，《二马》，《小坡的生日》，《猫城记》，《离婚》，《赶集》，《牛天赐传》，《樱海集》，《蛤藻集》，《骆驼祥子》，《火车集》，皆小说也。当继续再写八本，凑成二十本，可以搁笔矣。散碎文字，随写随扔；偶搜汇成集，如《老舍幽默诗文集》及《老牛破车》，亦不重视之。

只有三句话，却甚为致密。第一句，老老实实开出一本一本的书名，结以"皆小说也"，既是上文的概括，又为下句"当继续再写八本"省去"小说"两字。已经写成的究竟有几本？它已给你算好了：20−8=12。"小说"之外，别的写过没有？"散碎文字，随写随扔"，似乎没了；然而不然，还有一些甚至不少"散碎文字"，只是"随写随扔"罢了。请注意，"扔"字后面用的是分号，表示告一段落，但句子未完；紧接着是"偶搜汇成集"，"偶"字力能扛鼎，它上承"随写随扔"——这是常态，下启"搜汇成集"的两本，"如"字又表明只是举例而已，究竟多少，却便连忙刹住。结尾"亦不重视之"，呼应"随写随扔"。

咫尺之间，波浪迭起，天衣无缝，滴水不漏，诚大手笔也。

看老舍修改文字

老舍的小说，就个人的喜好而言，除了《骆驼祥子》，就数《月牙儿》了。兹从熊海龙先生《从〈月牙儿〉的修改看老舍的语言艺术》（《外交学院学报》1998年第2期）一文中，选摘了以下数例，略去了该文关于老舍何以作此修改的分析，以给读者留下更大的思考空间：

（1）这次的月牙泉儿比哪一会都清楚，都可怕；我是要离开这住惯（了）的小屋了。（改文加"了"）

（2）我心中明白，妈妈和我现在是有吃（有）喝的，都因为有了这个爸，我明白。（改文加"有"）

（3）妈妈就在这暗中像个活鬼似的走了，连个影子也没有。即使她马上死了，恐怕也不会和爸埋在一处了，我连她将来的坟在哪里都不（会）知道。（改文加"会"）

（4）我知道我得保护自己，……（原文：我知道得保护自己，……）

（5）我看见了妈妈！在个小胡同里（，）有一家卖馒头的，门口放着个元宝筐，……（改文加"，"）

（6）可是我不敢，我怕学生们笑话我，她们不许我有这样的妈妈。越走越近（了），我的头低下去，从泪中看了她一眼，她没看见我。（改文加"了"）

老舍小说的语言是改出来的，细到一个逗号、一个作为助词的"了"字，不断地反复修改，是他能够成为语言大师的重要因素。

对比见高下

"采着花瓣时得不到花的美丽"，我知道；但也管不了这么多了，请允许我从余光中《哀中文之式微》《怎样改进英式中文？——论中文的常态与变态》两篇文章里，姑且摘出其中的一些例句，从对比中见识一下何为顺畅、简洁、灵动，何为生硬、冗赘、呆板。

关于李商隐的锦瑟这一首诗，不同的学者们是具有着很不同的理解方式。——李商隐锦瑟一诗，众说纷纭。

陆游的作品里存在着极高度的爱国主义精神。——陆游的作品富于爱国精神。

我的手已经丧失了它们的灵活性。——我的两手都不灵了。

当被询及其是否竞逐下届总统，福特微笑和不作答。——记者问福特是否竞选下届总统，他笑而不答。

他不愧为热情型的人。——他不愧为热情的人。

昨晚的听众对访问教授作出了十分热烈的反应。——昨晚的听众对访问教授反应十分热烈。

我们对国际贸易的问题已经进行了详细的研究。——我们对国际贸易的问题已经详加研究。

红楼梦是中国文学的名著之一。——红楼梦是中国文学的名著。

月光是隔了树照过来的，高处丛生的灌木，落下参差的斑驳的黑影，峭楞楞如鬼一般；弯弯的杨柳的稀疏的倩影，却又像是画在荷叶上。——月光是隔了树照过来的，高处丛生的灌木，落下参差而斑驳的黑影，峭楞楞如鬼一般；弯弯的杨柳投下稀疏的倩影，却又像是画在荷叶上。

最后的鸽群……也许是误认这灰暗的凄冷的天空为夜色的来袭，或是也预感到风雨的将至，遂过早地飞回它们温暖的木舍。——最后的鸽群……也许是误认这灰暗而凄冷的天空夜色来袭，或是也预感到风雨将至。

白色的鸭也似有一点烦躁了，有不洁的颜色的都市的河沟里传出它们焦急的叫声。——白鸭也似有一点烦躁了，都市的脏河沟里传出它们焦急的叫。

我不会被你这句话吓倒。——你这句话吓不倒我。

他这意见不被人们接受。——他这意见大家都不接受。

下面带"病"的例句，我们能否试着来改一改？

大家苦中作乐地竟然大唱其民谣。

关于一个河堤孩子的成长故事。

由于他的家境贫穷，使得他只好休学。

来自四十五个国家的一百多位代表们以及观察员们，参加了此一为期一周的国际性会议，就有关于成人教育的若干重要问题，从事一连串的讨论。

欢迎某教授今天来到我们的中间，在有关环境污染的各种问题上，为我们作一次学术性的演讲。

看来，即使从技术层面看，码字这活儿也是挺不容易的。

"我听见自己在朗声大笑"

1999 年诺贝尔文学奖得主、德国作家格拉斯，在声誉日隆的晚年，向世人坦露了这件数十年前的往事——他曾经是党卫军，轰动世界。

其中有一句是："我听见自己在朗声大笑，也不知道在笑什么……"我感到这样的表达很新鲜："我"所听见的对象不是别人而是自己的笑声，这就出现了两个角度的交叉，一个是当下正在写回忆录的"我"，仿佛听见了当年的我的朗声大笑，同时也许是在回忆当年的"我"在朗声大笑。如果写成："我朗声大笑……"，就完全失去了这种复杂微妙的效果。

叙述方式的创新，意味着人看自己和世界的角度、方式的创新，意味着对人的精神世界新的发现；或者说是拓展了人的精神世界新的领域。

"看见一个好的故事"

遣词造句，有时就是要认真听听它的声音，辨辨它的色彩，掂掂它的分量，摸摸它的"体温"，把它摆在和整体的关系之中，摆在语境之中反复审视、掂量、咀嚼、玩味，从而使所造之句，所写之文具有优良的语文品质。

鲁迅的《好的故事》中写道："我在蒙胧中，看见一个好的故事。"平常我们总说"听故事"而不说"看故事"，鲁迅为什么说"看见一个好的故事"？下文就在这"看"和"故事"的张力中展开。因为所说的故事其实是一幅优美的图画。由于是画，自然就用"看见"比用"听到"合适了。但是这里又引出一个问题，既然是画，鲁迅为什么偏不说它是画，而要说成故事呢？我们知道，"故事"总是已发生了的、过去了的、不可复得的。这里用"故事"不用"图画"，更因为故事也确实是有的："我"坐在船里所经历的故事，一丈红和种它的村女的故事，还有，最主要的是现在的"我"在看这些故事的故事，洋溢着作者对这幅美丽的图画和故事的追忆、珍惜、恋慕，还有幻灭的无奈。

平常与神奇

"这些树木将一片荷塘重重围住；只在小路一旁，漏着几段空隙，像是特为月光留下的。"这是朱自清《荷塘月色》里的一句。倘若着眼于内容，无非是说：荷塘四周都有树，只在小路旁边有几段空地，遍地都是月光。——太平常了，可以说毫无诗意。诗意从何处而来？来自朱自清的笔下，他别出心裁地构建了荷塘、树木、小路、空地与月光之间全新的关系，树木之围住荷塘，是树木有意为之，而"漏着"云云更是特殊的安排。为什么作此安排？看来"像是特为月光留下的"。全新的关系来自作者眼光的独特发现，来自作者心灵此时此地的独特感受，最终体现于作者独特的遣词造句。如果对文章的理解仅仅停留在我上面所说的着眼于所谓内容的层次，无异于化神奇为腐朽，把鱼和熊掌全都丢光了。

"江山"与"屁股"

王跃文《大清相国》：

傅山不再搭话，起身走人。陈廷敬追出客堂，把傅山送出大门方回。回到屋里，翁婿俩相对枯坐，过了好久，陈廷敬突然长长地叹了口气，道："说到头他们都只是帮着帝王家争龙椅，何苦呀！所谓打天下坐江山，这天下江山是什么？就是百姓。打天下就是打百姓，坐江山就是坐百姓。朝代换来换去，不过就是百姓头上的棍子和屁股换来换去。如此想来，甚是无趣！"

老太爷也是叹息，道："廷敬，你这番话倒是千古奇论，只

是在外头半个字都不可提及啊！"（《大清相国》，湖南文艺出版社2012年版，第106页）

"千古奇论"，奇在何处？此论一针见血，发前人之所未发，识见具有极强的穿透力，犹如暗夜里一道闪电，瞬间照亮了数千年的历史事实，读者无不有"原来如此"的茅塞顿开、恍然大悟、豁然开朗的感觉，此其一。其二，"朝代换来换去，不过就是百姓头上的棍子和屁股换来换去"，比喻何等精妙！这一奇论，说奇其实一点也不奇，其实只是平平常常、普普通通的常识而已。它说的，和黑格尔说的"中国的历史从本质上看是没有历史的，它只是君主覆灭的一再重复而已。任何进步都不可能从中产生"，和元曲"兴，百姓苦！亡，百姓苦！"异曲同工。我觉得这番"千古奇论"，其价值超过了这部48万字的小说。

"as"的翻译

一位翻译家告诉我们，《物种起源·导言》第一句原译作："当我在比格尔号皇家军舰充当自然学者的时候……"，"充当"一词是按原著中"as"译出的。"as"在这里到底是什么意思，该怎样翻译才好，译者当时曾反复推敲。因为这涉及一段历史情况：英国进入发达的资本主义社会后，曾多次组织过探险航行，而每次都配备有自然学者，从事动植物和地质矿物的调查。在比格尔号探险中，当局不给"自然学者"支付薪金，但可以正式任命，因此，"自然学者"好像是一个职称，而又不是一个职称，其性质介乎公私之间；如果把"as"译作"担任"，那么"自然学者"就是一个职称了；若译作"作为"，又好像达尔文完全是以私人身份参加航行，也不妥。故而勉强译作"充当"。译者后来说，如果把这句译为"当我以自然学者的身份参加比格尔号皇家军舰航行时",可能更为稳妥一些。(参见叶笃庄《关于〈物种起源〉的翻译》)了解了其中的原委,我们在敬佩译者严谨的同时,不禁会为"以……身份参加……"报之以会心的一笑。

"像追求真理一样去追求语言"

孙犁曾说:"从事写作的人,应当像追求真理一样去追求语言,应当把语言大量贮积起来。应当经常把你的语言放在纸上,放在你的心里,用纸的砧,心的锤来锤炼它们。"像这段话一样,孙犁小说的语言也往往能让读者一见钟情,久久难忘。贾平凹《孙犁论》认为:"……他的模仿者纵然万千,但模仿者只看到他的风格,看不到他的风格是他生命的外化,只看到他的语言,看不到他的语言有他情操的内涵,便把清误认为了浅,把简误认为了少。"《荷花淀》的不少描写,清而不浅,简而不陋,耐读耐嚼,百看不厌。

"怎么了,你?"

水生小声说:

"明天我就到大部队上去了。"

女人的手指震动了一下,像是叫苇眉子划破了手,她把一个手指放在嘴里吮了一下。

丈夫离家到大部队去,显然出乎她的意料,事前毫无思想准备,一听之下,心里不能不受到震动。但作者没有写她的心理活动,只是写了她"手指震动了一下",可见可感,清也;真正是所谓十指连心,其中富含极为复杂微妙的感情,若诉诸语言,似难说清——诚如一位语言学家所说的,语言在具体的情感面前是太无能为力了,作者舍难就易,以手为"眼",直通心灵,把复杂微妙等全都留给了读者自己去从容品味，此所谓清而不浅也。然而，作者没有就此停步，紧接着写了她有意无意对"震动"的掩饰，这一掩饰是对上文的补充："震动"多半是惊异甚至紧张，而且她不愿意让丈夫感觉到这一点，因为她要强——这比上面所说的"不浅"又更深了一层。再看：

> ……水生说：
> "今天县委召集我们开会。假若敌人再在同口安上据点，那和端村就成了一条线，淀里的斗争形势就变了。会上决定成立一个地区队。我第一个举手报了名的。"
> 女人低着头说：
> "你总是很积极的。"

她这是表扬他吗？似乎当然是，但又不尽是，同时也有那么一点埋怨的成分：积极得连家都不顾了。她的这一句话，可谓简而不陋。

> ……
> "你走，我不拦你。家里怎么办？"
> 水生指着父亲的小房叫她小声一些。说：
> "家里，自然有别人照顾。可是咱的庄子小，这一次参军的就有七个。庄上青年人少了，也不能全靠别人，家里的事，你就多做些，爹老了，小华还不顶事。"
> 女人鼻子里有些酸，但她并没有哭。只说：
> "你明白家里的难处就好了。"

我前面何以判定"同时也有那么一点埋怨的成分"？就凭这"你走，我不拦你。家里怎么办？"——中间那个句号，我已说过多次，就不再啰唆了。丈夫其实是非常体贴妻子的，家里的难处可能比她自己想得还要周到。她之所以"鼻子里有些酸",一是家里难处确实不小不少,再是感念丈夫的体贴,最主要的是毕竟离别在即。但她仍然是坚强的:

> ……
>
> "你有什么话嘱咐我吧!"
>
> ……
>
> "不要叫敌人汉奸捉活的。捉住了要和他拼命。"
>
> 那最重要的一句,女人流着眼泪答应了他。

由"震动"而鼻酸,离别的痛苦,抗敌的决心,这时交汇在了一起,她至此终于流下了眼泪。这眼泪,固然是由于"不要叫敌人汉奸捉活的。捉住了要和他拼命"的触发——可能真就是生离死别,这可不是闹着玩的,也是她感情之流几经起伏自然生成的高潮。

作家要能够真正体贴到人物的心,难;将之曲曲传出,形之于笔墨,更难:笔墨清而不浅,简而不陋,则是一种难得的境界。

信、达、雅的不倦追求

歌德《流浪者的夜歌》,有多种汉译。我当初比较喜欢的是梁宗岱的译文:

> 一切的峰顶
>
> 沉静,
>
> 一切的树尖
>
> 全不见
>
> 丝儿风影。
>
> 小鸟们在林间无声。

> 等着吧：俄顷
> 你也要安静。

但总觉得结尾的"安静"不太够味，因为这里要表达的实际上是死亡的意思。于是就找来其他译本进行比对。为节省篇幅，大多只是引用结尾两行。

宗白华：

> 等着吧，你不久，
> 也将得到安宁。

杨武能也用"安宁"。我觉得"安宁"比"安静"要好，因为似乎比"安静"向"死亡"接近了一点。

郭沫若和飞白也是用"安静"。冯至：

> 且等候，你也快要
> 去休息。

宁敏用的也是"休息"。"休息"也没有到位。

朱湘：

> 不多时，你亦将神游
> 睡梦之中。

好像差距更大。

绿原和钱春绮用的是"安息"，看来此处只有"安息"最为恰切。绿原的全译如下：

> 群峰之巅
> 一片静穆，

众梢之间
你觉不出
一丝风意；
小鸟歇于林。
且稍等，俄顷
君亦将安息。

从整首诗看，似乎又不及钱春绮：

群峰一片
沉寂，
树梢微风
敛迹。
林中栖鸟
缄默，
稍待你也
安息。

钱译不但语言更加精炼，节奏感更强，而且全诗的情调、氛围更富悲凉之味，可能更接近歌德原作——我根本不懂德文，只是根据下面的事实作出的判断：据知，歌德多少年后重游原来题诗的地方读到此作时，难抑伤感之情，不禁泪流满面。

让我喜出望外的是，友人、翻译家周林东兄见告，他发现自己曾经手抄如下一个版本：

群峰
一片沉寂，
树梢

微风敛迹。

林中

栖鸟缄默，

稍待

你也安息。

　　他估计是钱春绮先生对自己的译作所作的修改。两者文字完全一样，没有任何改动增减，只是节奏由四二变为二四，只此一变，味道就变得更醇厚浓烈了。由于句中停顿的改动，所强调的部分也就跟着发生了变化，例如最后两行，由原来的强调"安息"，变成强调"稍待"，比之原译，确已更上层楼——我体会诗人所感伤的主要不是人之必死，而是生之短暂。如何遣词造句，固然与所遣之字词关系甚大，而字词如何调遣、编织，实在也不可小觑。

还是"放下"好

　　十多年前，我第一次接触《心经》时，"揭谛揭谛，波罗揭谛，波罗僧揭谛，菩提萨婆诃"，这至关重要的"般若波罗蜜多咒"，网上有人推荐说最好的解释是："去吧去吧，到彼岸去吧，让我们都到彼岸去吧，快快地得到觉悟。"这些年来，我也一直都是这样理解的。后来偶然看到一新的翻译："放下吧！放下吧！把欣赏的一切都放下！甚至连我们所追求的清净、解脱、自在、放下等意识念头也要放下，这样就能证得我们的圆满智慧心性了。"使我顿有豁然开朗的感觉。放下，其实前文已经作了极好的铺垫，一切皆空，还执著什么呢？"色受想行识"其实都是蒙骗人的假象，绝对不能被其蒙蔽，当然放下为是！而且，愈早愈好，愈快愈好，愈彻底愈好！放下是唯一实现心性解脱的途径。这才是真正的大神咒，大明咒，无上咒，

300

是无等等咒！是上游顺流而下的必然结论，何等坚决，果断，干脆，痛快！这才是真正的"究竟涅槃"啊！相比之下，"去吧，去吧……"就显得有点黏黏糊糊，犹犹豫豫，婆婆妈妈，也可以说是大大不如前者准确！——我既不懂梵文，也不懂佛经，当然没有资格来作谁更准确谁更接近原意的判断，我只是说我的一孔之见而已。

语言的情调

"情调"之为物，难言而可感，一个人的穿着打扮，一套房子的装修布置，大至一座城市的建筑格局，如果真有情调，它一定会向你扑面而来。说话为文，高手也可以创造出特有的情调来。《史记》之所以高于其后的断代史，成为"史家之绝唱，无韵之离骚"，语言富有情调是不可或缺的重要因素。在现当代作家中，何其芳是自觉致力于情调的创造并取得了不俗成绩的作家之一。他说：

> 我企图以很少的文字制造出一种情调：有时叙述着一个可以引起许多想象的小故事，有时是一阵伴着深思的情感的波动。正如以前我写诗时一样入迷，我追求着纯粹的柔和，纯粹的美丽。一篇两三千字的文章的完成往往耗费两三天的苦心经营，几乎其中每个字都经过我的精神的手指的抚摩。（易明善，陆文璧，潘显一：《何其芳研究专集》，四川文艺出版社1986年版，第236页）

《画梦录》的《墓》里有如下一段文字，可为典型的例子：

> 有时，她望着他的眼睛问：
> "你在外面爱没有爱过谁？"
> "爱过……"他俯下吻她，怕她因为这两字生气。

"说。"

"但没有谁爱过我。我都只在心里偷偷的爱着。"

"谁呢？"

"一个穿白衫的玉立亭亭的；一个秋天里穿浅绿色的夹外衣的；一个在夏天的绿杨下穿红杏色的单衫的。"

"是怎样的女郎？"

"穿白衫的有你的身材，穿绿衫的有你的头发，穿红杏衫的有你的眼睛。"说完了又俯下吻她。

若在平庸的手里，或简简单单地说"一对情人在谈情说爱"，写得细致一点的也就只不过是写他们说了些什么，如：她问他在外面爱过谁没有，他肯定地说，没有。——根本和情调搭不上边。何其芳让他们绕了一个不小的弯子，在这中间，不知是由于细节还是由于语言，就有了浓浓的情调。实际上应该是细节与语言相生相成，相得益彰，就像工笔画，一笔一笔地，直到最后一个形象或一段情节或一个场面的完整呈现，一种氛围、一种心理、一种情绪也就同时弥漫于字里行间。

情调，就好比是乐曲的旋律，只不过创造它的不是音符，而是文字。当然文字也有声音，这里是指包括字音在内的字的意义、色彩、情味等等交融在一起的给人的整体感觉。"两句三年得，一吟双泪流"，古人诚不我欺也！

豆腐更"肥"

丰子恺的散文《山水间的生活》写道："我往往觉得山水间的生活，因为需要不便而菜根更香，豆腐更肥。因为寂寥而邻人更亲。"（《丰子恺散文》，人民文学出版社 2013 年版，第 69 页）形容豆腐的这个"肥"字，"白""嫩""饱满"等全在其中了，让人一见难忘。

试想，能有更准确、恰切的词吗？没有！恐怕确实没有。套用王国维的话来说，此处着一"肥"字而形态全出矣！

以比喻说禅

佛理禅味，难懂难说，因此常以比喻说之，比喻的运用可以说在佛教中达到了极致。近读《星云法师答问》，不得不佩服他的智慧。如：

一个来访者问：法师，我想问一个不太恭敬的问题。

师：请讲！

来访：您在公众场合是素食，您一个人在房间会不会吃肉呢？

（师并没有回答他的问题）反倒问他：您是开车来的吗？

来访：是的。

师说：开车要系安全带。请问您是为自己系还是为警察系？如果是为自己系，有没有警察都要系。

来访：喔，我明白了！

众：请问法师，我的小孩不听话、不爱学习怎么办？

师：您影印过文件吗？

众：影印过。

师：如果影印件上面有错字，您是改影印件还是改原稿？

（场内立刻响起雷鸣掌声。后有人答道：改原稿。）

师：应该原稿和影印件同时改，才是最好。父母是原稿，家庭是影印机，孩子是影印件。孩子是父母的未来，父母更是孩子的未来。

我觉得此答问对于语文教学也很有启发。星云比喻的说服力乃来自他对相关道理的深刻理解和感悟，理与心已经相互融合，成为一个统一的整体，同时又能迅即发现事物之间的相同相通之处，于是能够口吐莲花。

文言的白话翻译

2013年，朋友送了一套钟叔河先生的《念楼学短》给我孙女，我知道这是难得的好书，但一直没有向孙女借阅，并没有别的原因，就只一个字——懒！真不好意思啊！后出于功利的目的借来看了，竟爱不释手，决心一篇篇、一本本地读完。我从中发现他用白话译的一副对联，一读之下，为之击节称赏：

原作是：白发消穷达；青山傲古今。

钟先生的译作是：白发添新，缕缕记一生辛苦；青山依旧，匆匆看百代兴亡。

有人说，诗歌不可翻译，勉强为之，高手亦难免有所损耗。其实，富有诗意的对联亦然；文言、白话虽同是汉语，互译也难完全讨好。细细品之，钟叔河先生的译笔仍有可进一步推敲的空间，并没有完全能够跳出诗歌翻译的这一宿命。试看下联以"看"译"傲"，就觉得"看"没有穷尽"傲"的内涵，缺了那种以青山之永恒俯视古今人、事之短暂的情味，显得比较单薄。上联似乎也有遗憾，主要是"记"未能与"消"完全匹配；况且，"消穷达"有看穿"穷达"、已到比较逍遥自在这种人生境界的意蕴，并不只是"记一生辛苦"而已。

如果有人说，那么你来试试看。我只有举手投降的份，连做钟先生弟子的资格我怕都没有——这点自知之明还是有的。

病例选析

语文是什么？

　　一次我到某地讲：语文是什么？这是一个大问题，但也可以用一个小例子来说明：刚才我上台发言之前，看见电脑大屏幕上闪过一条标语——"热烈欢迎专家学者前来莅临指导！"其实，"莅临"已经包含了"前来"的意思。"前来莅临"，叠床架屋，不通不顺，就好像张天翼《包氏父子》里面那个可怜的父亲所说的"你已经留了三次留级"一样。这就是语文的问题。

"桥洞"还是"桥拱"？

　　浙江温州陈小平先生所著《初中语文语义探究》（浙江古籍出版社 2004 年 10 月出版）一书，以是非为是非，诚恳、坦率指出了语文课本中的一些语文品质问题，即使是名家大家也决不为之讳，这种科学态度我很钦佩。如，《中国石拱桥》："石拱桥的桥洞成弧形，就像虹。"陈著以为不妥，把它改为："石拱桥的桥拱呈弧形，就像虹。"改笔显然胜过原句。《苏州园林》："大致说来，那些门和窗尽量工细而决不庸俗，即使简朴而别具匠心。"陈著以为"工细"与"庸俗"构不成正反对比，关联词语"即使"也不宜与"而"搭配。如此等等，恕不枚举。总之，要真正做到如朱光潜所论的"语文的精确妥帖"，决非易事，名家大家也要做到老，学到老，更何况正在打基础的中小学生呢！

说到这里，我还想给小平先生提个醒，本书偶尔也有疏忽之处，如，"'我暗暗地在那里匿笑，却一声儿不响。''暗暗地'与'匿笑'语意重叠……"，似作"'暗暗地'与'匿笑'之'匿'语意重叠……"更为精确妥帖。

"失守"乎？"解放"乎？

2003 年巴以又打起来了，有一份报纸就此作了报道，标题是《巴以再起硝烟，加沙再陷危局》："以色列武装直升机 24 日袭击了巴勒斯坦加沙地带几处目标，至少炸死 4 人，炸伤 9 人。这之前几个小时，以色列境内遭到 26 枚'卡桑式'土制火箭袭击，共有 5 人受伤。这是加沙撤离计划完成后以色列第一次空袭加沙地带，也是巴勒斯坦武装人员在加沙撤离计划后第一次较大规模袭击以色列。"我看了这段话，百思不得其解：记者报道某一新闻事件，一般总是按照时间顺序来写，发生在前面的事件写在前面，发生在后面的事件写在后面；但这一则看来是故意把发生在后面的事情——以色列怎样袭击加沙的提到前面去写，而把巴勒斯坦怎样袭击以色列这发生在前面的事情摆到后面去写，为什么呢？我认为，从这个怎么说里面，可以明显看出这则报道作者的思想观念和立场。当年英美联军去打伊拉克的时候，巴士拉被英美占领，我在《参考消息》上看到两种不同的说法，一是巴士拉"失守"，一是巴士拉"解放"。面对巴士拉被英美联军占领这个客观事实，记者下笔写的时候，就会把自己主观的思想情感、主观的态度渗透进去——记者往往"狡猾"得很，他们一般总是不把自己的立场观点明明白白、干干脆脆地直说出来，而是悄悄地将其渗透进言语形式，从而达到让读者于不知不觉间接受他的立场观点的目的。从表面上看，他写的"是"事实，文章里"只有"事实，"客观"得很！实际上，他的"主观"是隐含在文章的言语形式里的，"不声不响"，但它确实在试图影响你对它所报道的事件的看法。

"然后"何其多也

《八个"然后"引发的思考》："周末休息在家，电视里正播放一则新闻，主持人就某个民生话题采访一位部门负责人。我留意到这位负责人在短短一两分钟里，一连用了八个'然后'。无独有偶，另一个采访节目中，一位目击者还原事件现场，也是'然后'不断。"（《小学语文教师》2016年第5期，第31页）

只是语文课程不理会文字，长此以往，就可能没有"然后"了。

"保持了"≠"增加了"

就在故宫"撼"事的风波中，一位读者指出：

说老实话，我对锦旗上的错字，开始并没感到惊讶。这些年来，错字如过江之鲫，早已锻炼了我们的神经。我见过高等学府校庆时把"鹏程万里"误为"鹏程万裹"，见过国家级比赛奖牌上"篮球赛"误为"蓝球赛"，见过政府公告里把"国计民生"误为"国际民生"，见过大会会标上把"第一届"误为"第一界"……锦旗上有个错字，还不是小菜一碟？当然，无论写错还是用错，都不是什么光彩的事，当事人应该吸取教训，但别人不必大惊小怪。

但，事情也不能一概而论，报纸上有一篇文章是报道语文教材改革的，其中有一处错误，着实让我"感到惊讶"："修订后的教材保持了原有教材古诗文的比例，并在这一基础上增加了古诗文比重。"（新华网，2016 年 5 月 24 日，来源:《法制晚报》）

前一分句刚刚说是"保持了"，紧接着居然又说"增加了"，说的都是同一对象！语无伦次一至于此，实在是太荒唐了！——说真的，如果是谈论别的事情，我的忍受力会强一点，偏偏谈的是语文，让人情何以堪?!

言语意图的博弈

王跃文《大清相国》，写陈廷敬在南书房公事之暇，有时喜欢到窗下老槠树旁弹琴。一日正弹琴时，皇上闻曲而至，问:"老相国，你弹的是什么曲子？"陈廷敬道:

> 回皇上，这曲子叫《鸥鹭忘机》，典出《列子》，皇上是知道的。说的是有个渔人每日去海边捕鱼，同海鸥相伴相戏，其乐融融。一日渔人妻子说，既然海鸥那么好玩，你捉只回来给我玩玩。渔人答应了他的妻子。第二日，渔人再去海边，海鸥见了他就远远飞走了。原来海鸥看破了渔人的机心。（湖南文艺出版社2012年版，第476页）

看这段话，有两重意图。一是，小说人物即陈廷敬的意图：向皇上说明这曲子的来由；二是，小说作者的意图：除了体现人物的意图外，还兼有向读者说明《列子》这一典故的意图。果是，我以为小说所写人物的意图体现得不太准确。因为"鸥鹭忘机"实在不是什么冷僻的典故，自五岁开始就饱读诗书的康熙哪有不知之理？因此话说到"……皇上是知道的"即可，"说的是"云云显然就是蛇足，因为向皇上讲述常识，就是把皇上当作没有常识的白痴，大不敬啊！"等、稳、忍、狠、隐"的陈廷敬断不会如此说话。我猜测是小说作者怕现在有些读者不了解这个典故才让陈廷敬说给读者听的。我觉得这分明是作者意图篡改了人物意图的典型例子。

"扑朔迷离"与"瑕瑜互见"

"我们每天看书、看报、看杂志，看的东西很多，而这里面往往瑕瑜互见，扑朔迷离，叫人对于文章的好和坏、语句的正和误，不容易有正确的认识。在这种情况之下，'熟读唐诗三百首'的老办法自然就难于适用了。在这种情况之下，首先得养成一种鉴别好和坏、正和误的能力，然后阅读的时候才能判断别人的文章哪些地方可以取法，写作的时候才能检点自己的文章哪些地方应该修正。这就不得不有点语法和修辞学的知识，而这两者之中，又应该先从语法入手。"

上面这段文字里，我觉得"扑朔迷离"有用词不当之嫌，因上文既已肯定"瑕瑜互见"，即已看清阅读对象有缺点也有优点的实际情况，再用"扑朔迷离"就有点相互矛盾了。"在这种情况之下"，两句连用也觉不是十分妥帖。这是语言表达的瑕疵。在内容方面，离开了阅读实践，我以为"养成一种鉴别好和坏、正和误的能力"就无从谈起。再说，"有点语法和修辞学的知识"，就一定能够养成鉴别好和坏、正和误的能力吗？似乎有欠缜密。——浅见恳望读者批评指正！

这段文字录自吕叔湘、朱德熙的《语法修辞讲话》。吕、朱两位是我十分崇敬的前辈，我用这个例子只是想说明，即使大家、权威有时也难免出错，"语文品质"问题谁都马虎不得。

这条弧线"优美"吗?

杨更生君曾以下面的材料见示：读了某著名学者写的一篇杂感，谈的是中学生跳楼事件。文章如此开头："听闻我所在的这个城市，又有一个年青的生命从暗夜中矗立的高楼滑落，以一条优美的弧线，结束了今生之痛，开启了来世之门。"学生跳楼竟然是"一条优美的弧线"！他说：如此行文，得体吗?

他曾经是我的学生，至今对我仍执弟子礼甚恭；但他遣词造句的功夫着实了得，我每有所作，最后往往都要请他过目、把关。我曾有一篇短文开头说，某某杂志以某某问题相询，实在卑之无甚高论云云。他建议"实在"前应加"我对此"三字。这几乎把我惊出一身冷汗来，虽然我主观上确实没有批评该杂志的意思，但实际上却无法排除这种可能，往轻里说，原句起码是有歧义的。

每一个句子应都有自己的家

我一直想找一个比喻来说明在文章里字词与句子、句子与句子的关系，但一直未能如愿。近读《老舍文集》第16卷，在第680页发现如下文字，让我喜出望外：

…… 初学写快板者，往往使句子找不着家，唱起来就疙疙瘩瘩，例如：

打竹板，迈大步，

一来来到了十里铺。

十里铺，十里长，

有一道清清的小溪，

还有不少的柳树，

鸟儿歌唱花儿香。

这里的第四第五两行便是找不着家的，因为脱离了辙口，断了线儿，不能顺口溜了。

快板必须两行成为一对儿，句子挺拔，辙口结实，才能够一气呵成，若改成下边的样子，就好一些了：

打竹板，迈大步，

一来来到了十里铺。

十里铺，十里长，

清清的溪水柳成行。

鸟儿唱，花儿香，

真是一片好风光。

所谓"好一些"了，就是每一个句子都找着家了。

"家"，分明就是我想要的比喻。遣词造句，就好比是营造一个字句的家，家中每一个成员虽然年龄有大小，辈分有高低，职业不相同，脾气不一样，对这个家的贡献也有差别，但都与这个家有一份亲情；缺了这份亲情，就找不着这个家了。于是我想起《红楼梦》里的薛蟠，一次和宝玉等行酒令，他作品的每一句几乎都找不着家，如"女儿愁，闺房跳出个大马猴"，何其俗也；而"女儿喜，洞房花烛朝慵起"，又"何其雅也"；更有的俗不可耐，就是淫词秽语：它们都找不着自己的家，因为它们没有家！

罗素的建议

一篇社会学论文里有这样一个句子：

人类之得以完全免除不合乎社会道德标准的行为模式是为由当某些为大部分实际实例无法达到要求的先决条件，经由一些不管是天生还是自然环境的有利机运的偶然组合，早就某一人的过程中碰巧结合起来，由于在社交方面占有优势的做事方法，使他身上许多因素都背离了基准。

说实在话，我反复看了几遍都没能看懂。罗素说：

　　试看，如果我们能够以浅显的文字给这段话重新措辞的话，那么我的建议如下：
　　"人类全部都是坏蛋，或至少差不多都是。那些不是坏蛋的人必然具有他们在先天和后天上非比寻常的运气。"

这段话较简短，也较为明白易懂，而且说的是同一回事。一个人如何遣词造句，其背后的动机常常不是单一的，就像开头引文的作者，他当然有向读者表达他有关这一社会学问题见解的动机，同时也还有炫耀自己的学问是何等高深的动机，而且很可能是后一动机更为强烈；否则，他为什么不像罗素所建议的写得清楚明白一些呢？

在"文革"期间，有一位老兄若听到了一点小道消息，就会先问我们想不想听，当然想听；这还不够，他又会问是不是真的想听；得到肯定的答复后，还要问："是不是十分想听？"等一个一个都分别表示"十分"之后，还要慢条斯理地拿出一包香烟，又慢条斯理地从中抽出一支在桌子上"笃"几下，再慢条斯理地拿出火柴点上，深深吸上一口，一圈一圈地吐出烟雾，然后再慢条斯理地说到正题。这样多次以后，每当他要上演同样的戏码时，大家都主动表态"一点都不想听"，这才让他改了原先的套路，变得比较爽快了。

关于遣词造句，罗素的建议是：第一，如果可以使用一个简单的词，就永远不要使用一个复杂的词。第二，如果你想要做一个包含大量必要条件在内的说明，那么尽量把这些必要条件放在不同的句子里分别说清楚。第三，不要让句子的开头导致读者走向一个与结尾有抵触的结论。

　　总之，对语言，对语文品质，我们要有敬畏之心。

跋　守护语文教育的价值

——五十余年语文教育生涯回顾

一、走上语文教学的探究之路

明年就八十了，回首前尘，感慨万千，当然有愧悔、遗憾……，但深感快慰的是，50多年来基本上能够一直在学语文，教语文，谈语文，行进在守护语文教育价值的路上，并认定以此为自己生命价值的主要体现。这赋予我激情，让我活得充实，这是命运对我的眷顾，出自人生道路上种种因素的成全，来自我的亲人、贵人、友人，特别是我的学生给我的推动，我理当感激、感恩！如果真有来世，我将虔诚地祈求让我再学语文，教语文，谈语文。

我家高祖手上，是财主，他抽鸦片，是秀才，会给人打官司时做讼（为打官司的人写争是非曲直的文字）。一年大年初一祭祖的时候，我曾祖父突然跪在他面前，恳求他不要再干这行当了——因为难免要颠倒是非、混淆黑白，尽管酬金很高。高祖父说：当然可以，只是我鸦片是戒不掉的，以后只能卖田，你可别怪我。我曾祖父感激地含泪答应了。我曾祖、祖父、伯父都是教师。我们那里传统观念认为，做讼，有损阴功；而教人断文识字、知书达理，则是行善积德之举。因此，我从小就向往教书；但后来证明，我这只是叶公好龙而已。初中毕业时，眼看别的同学大多都去读了普高，以后就能读大学，前程远大；而我虽然成绩优秀，但由于家境贫寒，只能去读中师，毕业也只能回到山区老家去当小学教师。常言道，家有三担粮，不做孩子王。当时我只有14岁，个子又小，身体又差，中师毕业也才17岁，当得了"孩子王"吗？这是我第一次感到人生的苦闷。不过，纵感委屈，读书还是认真的，用现在的话来说，我只能用优秀的学习成绩为自己刷存在感。1956年，我中师毕业。就在这一年，国家破天荒允许中师毕业生可以报考高师院校，早一年不行，晚一年也不行。我当然考上了，是浙江师范学院（1958年改为杭州大学）中文系，别提有多么高兴了！——家里人说，一定是我曾祖父当年在他父亲前面一跪的福报。

1960年我毕业分配到金华师范教了两年语文，接着在金华一中教了26年语文。在中师读书时我就是一个文学爱好者，到大学文学阅读几乎进入了疯狂状态，快毕业时我爱上了苏东坡，决心跟他一辈子。参加工作后，有几年我可以说是极度省吃俭用，为了购置研读苏东坡的基本书籍。但我于教学从不马虎，头两年主要是怕教不好而认真，到一中后是清醒地意识到我的教学与学生高考分数的关系而不敢不认真，教书不就是行善积德吗？做人得讲良心不是？学生对我教学的反映也都相当不错，心里多多少少也有点成就感。但是，教书和所谓业余读书在当时还是两张皮，以为没什么联系。就在"文革"结束之后，有一个问题时时纠缠着我，挥之不去，有时竟至深夜难眠：我们可爱的学生为什么会在一夜之间失去人性，变得那么野蛮、冷酷、凶残，到处烧书打人，甚至把老师、校长毒打致死？我想，这个问题不弄明白，"文革"的浩劫就有可能重新上演。在这个问题面前，苏东坡好像有意疏远了我。几年间，几经犹豫，几经反复，我终于收起了有关苏东坡的书籍、资料以及我自己相关的读书笔记，取出珍藏的苏东坡像，以几碟蔬果祭拜之，向他告别，并郑重约定退休后再见。在我向他三鞠躬后，想起他被贬海南所谓瘴疠之地仍然热心普及文化教育，我突然感到我这是真正走近了东坡，不禁留下了两行热泪。

在摇摆、犹豫的这几年里，我逐渐发觉语文教学和其他学科不同。古人早就指出，言为心声，文为心学，我们语文老师教"言"教"文"，必须以心投入；不管自觉与否，都不会也不能"照书请客"，总是伴以自己的感情，流露出自己的个性，表现出自己的独特，和数理化等讲究客观性至上、科学性第一大异其趣。后来我慢慢总结出"语文老师所能教给学生的只有自我"这点心得，对语文教学的人文价值开始有了感悟。当时语文教育界的主流观点是语言的工具性，语文教学的工具性——我深信，语文教学绝不能走这条路，阐明这个道理并实践之，对广大青少年的健康成长无疑是有意义的，由此我认识到研究语文教学是有价值的。这就是我终于告别苏东坡的最主要原因。决定转向之后，我发觉自己在语言学、教育学、心理学、教育哲学等方面几乎就是穷光蛋，一切都得从头开始。于是萌发了调往浙师大的念头。记得向一中校长提出调动请求时，校长再三动员我安心工作，并答应我下次的特级教师名额一定给我；我当然不为所动，并终于走完艰难的调动之路，于 1988 年 9 月调到了浙师大任教语文教学法。到师大不久，就有好心人劝我可以要求改教古代文学什么的，说是教学法在学校不受重视，教教学法的老师也被人瞧不起，这我自己也深有感受，但我却坚定地婉拒了。上个世纪 90 年代后期，金华市某民主党派曾经希望我加入并担任领导职务，同时可去市政协当个官，我回复说"参政议政正是我之所短，也非志趣所在……本职的科研教学工作已经常感力不从心，再也不能似也不应旁骛它涉了"——我岂能忘掉我的初心?!

到师大时，"语文教改的第三浪潮"这个概念我已胸有成竹。我当时的认识是：49年以来，语文教改曾有以片面强调政治性为基本特征的第一浪潮和以片面强调工具性为基本特征的第二浪潮。为了深化语文教改、提高语文教学质量，应当掀起以突出人文性为基本特征的第三浪潮，把语文教学与青年一代的思想、感情、个性、心理等的成长发展有机地结合起来。除了写成文章发表，还于1990年出版了一本20万字的专著，但只印了三千本，几乎没有产生什么影响，连百度也查无此书；虽然如此，总算是迈出了万里长征的第一步。

二、试图抓住牛鼻子，促进语文教育健康发展

写下这个小标题，我只有惭愧和不安：所图不可谓不大，用力也不可谓不勤，只是所成就者实在太少太小。

基础教育之所以设置语文课，就是为了培养学生的母语能力，这是语文教学的根本，无论如何都必须守住这个根本，就像安泰不能离开大地一样。所谓语文教学的牛鼻子，我认为在理论层面，必须弄清人的语言能力究竟是怎么来的；否则，所有的研究都经不起推敲。关于这个问题，叶圣陶、吕叔湘等前辈已经指明是人的语感（我的《语感论》只是他们观点的一个比较长的注脚），但当时的主流意见认为是语文知识，语文能力由语文知识通过训练转化而来，我称之为"知识中心说"；我针锋相对提出了"语感中心说"。在实践层面，由于母语能力就是正确理解与运用祖国语言文字的能力，在听说读写的实践中培养这种能力，就是语文教育实践的牛鼻子。据我的理解，"理解"与"运用"是一个整体，并非"理解"对应于

阅读教学，"运用"对应于写作教学，理解也应包括理解为什么这样运用的道理；总之，关键是在"运用"两字。几乎所有课程都重在教理解语言文字，只有我们语文重在教学生如何运用。为此，就得正确认识语言作品内容与形式的关系，即形式实现内容，内容生成于形式。其他课程专注于课本"说什么"，而语文则专注于"怎么说"。此其一。其二，一定要处理好语文与人文的关系。在90年代的"语文教育大讨论"之前，我不遗余力地批判"工具说"；在大讨论中，我又反对向"人文"一边倒；在大讨论之后，果然出现了离开语文讲人文的所谓泛语文、非语文现象，我接连发表了《紧紧抓住"语文"的缰绳》《语文教学要走在"语文"的路上》《为"咬文嚼字"鼓与呼》《关于语文课程与教学的十对关系》等系列文章。鉴于"工具""人文"的语文课程性质之争几乎成为当时语文教育界关注的焦点，我认为关于课程性质两种貌似对立的观点其实是有共通之处的，我曾发文呼吁同行求同存异，把主要精力放到如何培养母语能力上头，因为这才是牛鼻子。

新课标发布以来，语文课逐渐"出轨"，似乎变成了语文加这样加那样的课，于是我先后发表了《回归语文的必由之路》《"把语言用得正确"的启示》《问世间，语文何物？》等进行辨析。即将发表的《语文教育改革中的"吕叔湘之问"》一文质疑所谓"人文性与工具性统一"这一影响深广的观点。其实在2000年出版的《语感论（修订本）》中，对这一观点已经表明我不能同意的态度并申述了我的理由，这一次则是加大了论证的力度。我对我的朋友说，鉴于吕叔湘此问的严肃性、重要性、紧迫性，我这个语文老兵，寤寐思服，不惜以身试"答"，即使"死"于众矢之下，亦将含笑言谢！我认为，语文就像人的眼睛，从中可以看到人的精神状态、心灵活动；而人文则像是语文的神经，假若神经是麻木的，语文也就呆滞了，变得毫无生气活力。为了"语文"也得"人文"，有人文的渗透、滋养，语文才有自己鲜活的生命和无穷的魅力，语文才是真正的语文。削弱了语文，也就同时削弱了人文；削弱了人文，同时也就削弱了语文。另一方面，即使仅仅为了"人文"，我们也得"语文"，因为人文在其中获得了具体独特的内容和感人的力量，能够真正走进我们师生的心灵。跟在语文之外而被硬生生加进来的与语文并列的人文相比，我们宁要人文渗透的一两，也不要两者相加的千斤。

90 年代以来我参与主编的教材，如《新语文读本》《现代语文中学读本》等，其实也是我守护语文教育价值所作努力的一个组成部分，浙师大版初中语文课本（实验本）的编写指导思想可以概括为"学习民族语，铸造民族魂"。编写这几套教材，虽然所花的时间心力远超我其他论文著作的写作，但限于篇幅，不再展开。

以分数专政为核心的应试教育从根本上颠覆了语文教育价值，经过一段时间的调查和思考，我于 2008 年发表《解开语文教改的死结》一文。应试之祸甚于秦火，这是我二十几年前的一个判断。何以故？秦火烧掉了书，却没能烧掉人们对书的渴望和追求；现在应试教育搞的分数专政却相当彻底地毁灭了青少年对书的兴趣。每当高考结束，同学们一边撕书一边欢呼的情景，不禁让人想起教育行政部门和我们学校对历史的亏欠！与其由后人来算账，何不我们自己现在就真心悔过、老实改革？本来考试应为教学服务，到底是什么魔法能够把它彻底颠倒过来，教学几乎完完全全变成应试的仆从呢？从语文教学的角度看，我发现，原来就是中考、高考每年的克隆卷！它们几乎全是同一命题思路，同一命题结构！例如一共是几道大题目，某道大题目下又有几道小题目，每个题目考的是什么内容，分值几何等等，年年如此，卷卷相仿。既然今年将考之卷是去年的克隆，甲卷又是乙卷的翻版，为什么不走这获取分数的捷径？

人人想得高分，天经地义！个个想走捷径，无可厚非。几年前我就曾听一位老师慨叹说：今年的某套模拟试卷有一道小题目和正式高考试卷几乎完全相同，可惜我们没有做，白白流失了 1 分！对于中考、高考来说，苦读书、勤写作，其效果哪里比得上做试卷？两者成本之高低、见效之快慢、风险之大小，对比鲜明，一望而知，无人不知，无人不晓。语文素质本来是一个有机的立体结构，可以有千百种甚至无数种测试内容和形式，现在这种同一母卷的克隆卷却将语文素质由一个立体结构变成了由若干个固定的点组成的一条固定的线，语文教育不变成旨在掌握这由若干个固定的点组成的一条固定的线的反复训练才怪！作文题情况可能稍好一些，但题型乃至题目今年与往年也可能会有某种程度的相似性，隐约仍有克隆的影子；而且由于拨钱太少，每位阅卷老师每天的阅卷量太大，用于每篇作文的时间过少，甚至只能以"秒"来计算，大大影响了分数的信度，谓之草菅人命似也不太过分。我建议来个釜底抽薪，有关部门应当明令禁止再出这种克隆卷，年年都是新的试题，不但具体题目是新的，而且思路、类型、结构也都是新的。考什么，怎么考，在考前绝对保密，所可奉告者仅有一点：只考学生的语文素质。这样也许能救语文教育于绝境，能救学生于应试之水火。

该文发表后看见过表示赞同的文章，但有关方面则是不理不睬，照样我行我素。这不能不让人感到深深的遗憾！

三、关于语文教师素质的思考

语文教师是语文教育的主导者，倘若语文教师自身素质低下，一切无从谈起。语文教师的素质主要是语文素质和教学素质两个方面，语文素质（实际上就是正确理解与运用语言文字的能力）是其根本。语文教学的许多毛病虽然表现在"教学"上，但根子却往往在"语文"中，手无缚鸡之力，如何打虎即使谈得头头是道又有何用！语文功底差，"教学"研究用的功夫再多，也是白搭，甚至还不如不研究的好。我曾不止一次撰文呼吁教师培训不能只关注教学素质而忽视语文素质。至于我自己，则是遵从"斅学半"的古训，不敢稍忘，虽然实际长进不大。由于应试教育出来的学生又已当上了教师，几已形成恶性循环，这个问题更是非引起重视不可。

教育者确实应当先受教育，但这并不意味着，他成为教育者之后，他的职责就只在于教育别人。不，对于教育者来说，教育本身就不但可能是而且必然是、应当是对自己的教育。教，同时也在学，向教材学、向经典学等等，也在向学生学。我的结论是：教师应当比学生更可教。语文教师要提升自身的素质，我认为最主要的一条就是变基于自我付出的教为基于自我学习的教，变基于教学生的学为基于教自己的学。由于教师的人格未必比学生高贵，教师的心灵未必比学生高尚，教师的能力未必比学生高强（我称之为"三未必"现象），语文教学就是师生一起学语文，即一起读经典、学写作。师生之间不是传授者与接受者的关系，即不是奉献者与接受者的关系，而是平等的对话者，但教师必须是"平等者中的首席"。"尊师爱生"应作为互文来看：学生尊重教师也应爱护教师，教师爱护学生也应尊重学生。语文教师不仅仅在"备课"时在备课，他在读书、思考、交谈时都是在备课，前者我称为直接备课，后者我称为间接备课，而且间接备课重于直接备课。因为语文教师不仅仅是以书教之，同时也是以人教之，即以自己整个人、整个心投入教学。对一篇课文的理解、感悟必然会融入教师自己的个性、自己的人生阅历与感悟，即我所谓的语文教学的"全息性"。

从教数十年来，我深深感觉到，学生值得我学的地方，或者说，值得我学习的学生实在是太多太多了。正如帕克·帕尔默所指出的，学生也是教师的创造者。这里试举一例。"文化大革命"破四旧时，红卫兵知道我有一些所谓"封资修"的书，就拿了几只箩筐放在我房间门口，让我"自觉革命"主动交出来。我当然只得从命，再说我当时已经完全心灰意冷，几近绝望，书交得非常干脆、彻底。当晚我睡下以后，忽然有人敲门，敲门声几乎可以说是温柔的。我起床开了门，一个学生塞给我一个纸包，对我说："你怎么把这本也交了？我给你从一堆一堆的乱书中找回来了，快收好。"我收过纸包，他便闪入夜色之中。关上门，打开一看，原来是《李白研究论文集》，中华书局出的。里面收入了我的第一篇论文：《试论李白诗中的一些艺术形象》，大四时发表于《光明日报·文学遗产》。在这本书里，我的文章和闻一多、陈寅恪、俞平伯、朱光潜等一些大家名家排在一起，是我的骄傲，也是我存在的证明，但我却给丢掉了，实际上也就是把自己给丢掉了。这位学生把它找了回来，交还给我，让我在迷茫、绝望中找回了自己！这一夜，我心潮起伏难平，惭愧，学生比我看得远；感激，他为了我敢冒风险，并带给了我希望。我一生最要好的朋友有不少是我的学生，我为此感到无比庆幸！

70 岁彻底退休以后，我并没有遵守和苏东坡先前的约定。为了对在大学时教我文学课程的夏承焘、马骅、吴熊和、蔡义江等老师有所交代，临时出差到文学领域，补写了一份作业《后唐宋体诗话》；除此之外，我一直继续孜孜矻矻于语文教育的探究。行进于守护语文教育价值之路，实际上就是行进于自我教育之路。路上，风景真的很好。读书做学问，并不只有苦，更有乐，也是责任所在，使命所在。为了进一步促成向语文教育本体价值的回归，2014 年我提出了"语文品质"这一概念，三年来像情人相思般地念兹在兹，像老农种自留地般地辛勤耕作，现在《语文品质谈》即将出版，心情异常激动，我电脑技术之蹩脚所带来的纠结和苦恼，也变成了愉快的回忆；只是留下了其间不断打扰儿子、媳妇、孙女的歉疚；孔子曰"色难"，他们一直不厌其烦，总是和颜悦色，对此我不能没有感念。

感谢傅惠钧教授在百忙中为本书作序，他的人品和学问素所钦敬。上个世纪末他和我联合主编浙师大版初中语文课本（实验本），常常在他家里和他一起熬夜，每次他夫人都为我们做可口而富有营养的点心。编课本，犹如"下地狱"，这是我在编写过程中的真切体会。开初我知道会很艰难却万万没有料到竟会如此艰难，但我和傅惠钧及王国均、郑友霄、朱昌元、邰金生、胡小敏等多位编写者手拉着手一起挺过来了。现在回忆起这段日子，倍感珍惜，共同的信念、理念鼓舞我们，艰难考验我们、锻炼我们，并赐给我们真诚的友谊和真正的幸福，让我们永远难忘。感谢吴克强教授在工作间隙逐字逐句审读了本书的全部书稿，从内容到表达都提出了许许多多宝贵的意见和建议，他的认真，让我感动；他的敏锐和见地，让我佩服。在本书写作过程中，不少部分曾以单篇文章的形式发表，在发表前曾是我学生的朋友杨更生先生对每篇文稿字斟句酌，这次书稿编成后，他又曾从头校阅，不少修改建议让我惊喜不已。作为一个作家和优秀语文老师，他的品格、智慧、素养，值得我虚心学习。就书中所涉及的问题，我曾多次与周文叶、颜炼军、王诗客商讨，谢谢三位的真知灼见提高了本书的质量。感谢出版社林茶居先生和他的同仁张思扬等为本书出版所付出的心力，他们的敬业精神和专业水平令人印象深刻。我特别要感谢的是叶圣陶等语文教育前辈们对我的谆谆教导，我为守护语文教育价值所作的努力，都离不开他们的指点，即使我在相关文章里提出不甚相同的意见，我也坚信他们是不会怪罪于我的。

本书第一部分由 2016 年出版的《教育如天，语文是地》的第一辑"漫话'语文品质'"增删修改而来。《教育如天，语文是地》也将出修订版，修订版第一二辑易以新稿"走进语文之汉语课程""走进语文之文学课程"，第三四辑的内容也有新的补充。

我虽年将八十，还是非常乐意在这条守护语文教育价值的路上继续走下去。由于考虑到"语文品质"研究的是非文学作品的语言，即日常实用文文字，而文学作品在语文课本中比例不轻，学生的课外阅读似也多以文学作品为主，在本书书稿杀青之后，我开始了"文学语言"的探讨。我觉得不能将读书、思考、写作与养生完全对立起来。2010 年立春前一日我曾填过一首《江城子·为开博客致新老朋友》，兹录其下片以结束这篇跋文：少年意气老来狂，梦难忘，逐云骧。滴水知微，赤裸向汪洋。天若有心天有眼，冬垂尽，绿茫茫。

2017 年 5 月 24 日

图书在版编目（CIP）数据

语文品质谈/王尚文著 . —上海：华东师范大学出版社，2018

ISBN 978－7－5675－7390－1

Ⅰ.①语 ...　Ⅱ.①王 ...　Ⅲ.①语文教学—教学研究　Ⅳ.① H19

中国版本图书馆 CIP 数据核字（2018）第 000606 号

大夏书系·名家谈教育

语文品质谈

著　者	王尚文
策划编辑	林茶居
审读编辑	张思扬
封扉设计	吴元瑛

出版发行	华东师范大学出版社
社　址	上海市中山北路 3663 号　邮编　200062
网　址	www.ecnupress.com.cn
电　话	021－60821666　行政传真　021－62572105
客服电话	021－62865537
邮购电话	021－62869887　地址　上海市中山北路 3663 号华东师范大学校内先锋路口
网　店	http://hdsdcbs.tmall.com

印 刷 者	北京汇林印务有限公司
开　本	890×1240　32 开
插　页	1
印　张	10.75
字　数	260 千字
版　次	2018 年 2 月第一版
印　次	2020 年 10 月第三次
印　数	9 101-11 100
书　号	ISBN 978－7－5675－7390－1/G·10884
定　价	48.00 元

出 版 人	王 焰

（如发现本版图书有印订质量问题，请寄回本社市场部调换或电话 021－62865537 联系）